深圳学派建设丛书·第四辑

邓达奇◎著

# 妇女权益保障的法治逻辑

中国社会科学出版社

**图书在版编目（CIP）数据**

妇女权益保障的法治逻辑／邓达奇著．—北京：中国社会科学出版社，2017.5
（深圳学派建设丛书．第四辑）
ISBN 978-7-5203-0169-5

Ⅰ．①妇…　Ⅱ．①邓…　Ⅲ．①妇女权益保障法-研究-中国　Ⅳ．①D922.74

中国版本图书馆 CIP 数据核字（2017）第 070147 号

出 版 人　赵剑英
责任编辑　王　茵　马　明
责任校对　胡新芳
责任印制　王　超

出　　版　中国社会科学出版社
社　　址　北京鼓楼西大街甲 158 号
邮　　编　100720
网　　址　http://www.csspw.cn
发 行 部　010-84083685
门 市 部　010-84029450
经　　销　新华书店及其他书店

印　　刷　北京明恒达印务有限公司
装　　订　廊坊市广阳区广增装订厂
版　　次　2017 年 5 月第 1 版
印　　次　2017 年 5 月第 1 次印刷

开　　本　710×1000　1/16
印　　张　20.5
插　　页　2
字　　数　295 千字
定　　价　88.00 元

# 总序：学派的魅力

王京生*

**学派的星空**

在世界学术思想史上，曾经出现过浩如繁星的学派，它们的光芒都不同程度地照亮人类思想的天空，像米利都学派、弗莱堡学派、法兰克福学派等，其人格精神、道德风范一直为后世所景仰，其学识与思想一直成为后人引以为据的经典。就中国学术史而言，不断崛起的学派连绵而成群山之势，并标志着不同时代的思想所能达到的高度。自晚明至晚清，是中国学术尤为昌盛的时代，而正是在这个时代，学派性的存在也尤为活跃，像陆王学派、吴学、皖学、扬州学派等。但是，学派辈出的时期还应该首推古希腊和春秋战国时期，古希腊出现的主要学派就有米利都学派、毕达哥拉斯学派、埃利亚学派、犬儒学派；而儒家学派、黄老学派、法家学派、墨家学派、稷下学派等，则是春秋战国时代学派鼎盛的表现，百家之中几乎每家就是一个学派。

综观世界学术思想史，学派一般都具有如下的特征：

其一，有核心的代表人物，以及围绕着这些核心人物所形成的特定时空的学术思想群体。德国 19 世纪著名的历史学家兰克既是影响深远的兰克学派的创立者，也是该学派的精神领袖，他在柏林大学长期任教期间培养了大量的杰出学者，形成了声势浩大的学术势力，兰克本人也一度被尊为欧洲史学界的泰斗。

---

* 王京生，现任国务院参事。

其二，拥有近似的学术精神与信仰，在此基础上形成某种特定的学术风气。清代的吴学、皖学、扬学等乾嘉诸派学术，以考据为治学方法，继承古文经学的训诂方法而加以条理发明，用于古籍整理和语言文字研究，以客观求证、科学求真为旨归，这一学术风气也因此成为清代朴学最为基本的精神特征。

其三，由学术精神衍生出相应的学术方法，给人们提供了观照世界的新的视野和新的认知可能。产生于20世纪60年代、代表着一种新型文化研究范式的英国伯明翰学派，对当代文化、边缘文化、青年亚文化的关注，尤其是对影视、广告、报刊等大众文化的有力分析，对意识形态、阶级、种族、性别等关键词的深入阐释，无不为我们认识瞬息万变的世界提供了丰富的分析手段与观照角度。

其四，由上述三点所产生的经典理论文献，体现其核心主张的著作是一个学派所必需的构成因素。作为精神分析学派的创始人，弗洛伊德所写的《梦的解析》等，不仅成为精神分析理论的经典著作，而且影响广泛并波及人文社科研究的众多领域。

其五，学派一般都有一定的依托空间，或是某个地域，或是像大学这样的研究机构，甚至是有着自身学术传统的家族。

学派的历史呈现出交替嬗变的特征，形成了自身发展规律：

其一，学派出现往往暗合了一定时代的历史语境及其“要求”，其学术思想主张因而也具有非常明显的时代性特征。一旦历史条件发生变化，学派的内部分化甚至衰落将不可避免，尽管其思想遗产的影响还会存在相当长的时间。

其二，学派出现与不同学术群体的争论、抗衡及其所形成的思想张力紧密相关，它们之间的“势力”此消彼长，共同勾勒出人类思想史波澜壮阔的画面。某一学派在某一历史时段“得势”，完全可能在另一历史时段“失势”。各领风骚若干年，既是学派本身的宿命，也是人类思想史发展的“大幸”：只有新的学派不断涌现，人类思想才会不断获得更为丰富、多元的发展。

其三，某一学派的形成，其思想主张都不是空穴来风，而有其内在理路。例如，宋明时期陆王心学的出现是对程朱理学的反动，但其思想来源却正是前者；清代乾嘉学派主张朴学，是为了反对陆王心学的空疏无物，但二者之间也建立了内在关联。古希腊思想作为欧洲思想发展的源头，使后来西方思想史的演进，几乎都可看作是对它的解释与演绎，“西方哲学史都是对柏拉图思想的演绎”的极端说法，却也说出了部分的真实。

其四，强调内在理路，并不意味着对学派出现的外部条件重要性的否定；恰恰相反，外部条件有时对于学派的出现是至关重要的。政治的开明、社会经济的发展、科学技术的进步、交通的发达、移民的汇聚等，都是促成学派产生的重要因素。名震一时的扬州学派，就直接得益于富甲一方的扬州经济与悠久而发达的文化传统。综观中国学派出现最多的明清时期，无论是程朱理学、陆王心学，还是清代的吴学、皖学、扬州学派、浙东学派，无一例外都是地处江南（尤其是江浙地区）经济、文化、交通异常发达之地，这构成了学术流派得以出现的外部环境。

学派有大小之分，一些大学派又分为许多派别。学派影响越大分支也就越多，使得派中有派，形成一个学派内部、学派之间相互切磋与抗衡的学术群落，这可以说是纷纭繁复的学派现象的一个基本特点。尽管学派有大小之分，但在人类文明进程中发挥的作用却各不相同，有积极作用，也有消极作用。如，法国百科全书派破除中世纪以来的宗教迷信和教会黑暗势力的统治，成为启蒙主义的前沿阵地与坚强堡垒；罗马俱乐部提出的“增长的极限”“零增长”等理论，对后来的可持续发展、协调发展、绿色发展等理论与实践，以及联合国通过的一些决议，都产生了积极影响；而德国人文地理学家弗里德里希·拉采尔所创立的人类地理学理论，宣称国家为了生存必须不断扩充地域、争夺生存空间，后来为法西斯主义所利用，起了相当大的消极作用。

学派的出现与繁荣，预示着一个国家进入思想活跃的文化大发展时期。被司马迁盛赞为“盛处士之游，壮学者之居”的稷下学宫，之所以能成为著名的稷下学派之诞生地、战国时期百家争鸣的主要场所与最负盛名的文化中心，重要原因就是众多学术流派都活跃在稷门之下，各自的理论背景和学术主张尽管各有不同，却相映成趣，从而造就了稷下学派思想多元化的格局。这种“百氏争鸣、九流并列、各尊所闻、各行所知”的包容、宽松、自由的学术气氛，不仅推动了社会文化的进步，而且也引发了后世学者争论不休的话题，中国古代思想在这里得到了极大发展，迎来了中国思想文化史上的黄金时代。而从秦朝的“焚书坑儒”到汉代的“独尊儒术”，百家争鸣局面便不复存在，思想禁锢必然导致学派衰落，国家文化发展也必将受到极大的制约与影响。

**深圳的追求**

在中国打破思想的禁锢和改革开放30多年这样的历史背景下，随着中国经济的高速发展以及在国际上的和平崛起，中华民族伟大复兴的中国梦正在进行。文化是立国之根本，伟大的复兴需要伟大的文化。树立高度的文化自觉，促进文化大发展大繁荣，加快建设文化强国，中华文化的伟大复兴梦想正在逐步实现。可以预期的是，中国的学术文化走向进一步繁荣的过程中，具有中国特色的学派也将出现在世界学术文化的舞台上。

从20世纪70年代末真理标准问题的大讨论，到人生观、文化观的大讨论，再到90年代以来的人文精神大讨论，以及近年来各种思潮的争论，凡此种种新思想、新文化，已然展现出这个时代在百家争鸣中的思想解放历程。在与日俱新的文化转型中，探索与矫正的交替进行和反复推进，使学风日盛、文化昌明，在很多学科领域都出现了彼此论争和公开对话，促成着各有特色的学术阵营的形成与发展。

一个文化强国的崛起离不开学术文化建设，一座高品位文化城市的打造同样也离不开学术文化发展。学术文化是一座城市最内在的精神生活，是城市智慧的积淀，是城市理性发展的向导，是文化创造力的基础和源泉。学术是不是昌明和发达，决定了城市的定位、影响力和辐射力，甚至决定了城市的发展走向和后劲。城市因文化而有内涵，文化因学术而有品位，学术文化已成为现代城市智慧、思想和精神高度的标志和“灯塔”。

凡工商发达之处，必文化兴盛之地。深圳作为我国改革开放的“窗口”和“排头兵”，是一个商业极为发达、市场化程度很高的城市，移民社会特征突出、创新包容氛围浓厚、民主平等思想活跃、信息交流的“桥头堡”地位明显，是具有形成学派可能性的地区之一。在创造工业化、城市化、现代化发展奇迹的同时，深圳也创造了文化跨越式发展的奇迹。文化的发展既引领着深圳的改革开放和现代化进程，激励着特区建设者艰苦创业，也丰富了广大市民的生活，提升了城市品位。

如果说之前的城市文化还处于自发性的积累期，那么进入新世纪以来，深圳文化发展则日益进入文化自觉的新阶段：创新文化发展理念，实施“文化立市”战略，推动“文化强市”建设，提升文化软实力，争当全国文化改革发展“领头羊”。自 2003 年以来，深圳文化发展亮点纷呈、硕果累累：荣获联合国教科文组织“设计之都”“全球全民阅读典范城市”称号，原创大型合唱交响乐《人文颂》在联合国教科文组织巴黎总部成功演出，被国际知识界评为“杰出的发展中的知识城市”，三次荣获“全国文明城市”称号，四次被评为“全国文化体制改革先进地区”，“深圳十大观念”影响全国，《走向复兴》《我们的信念》《中国之梦》《迎风飘扬的旗》《命运》等精品走向全国，深圳读书月、市民文化大讲堂、关爱行动、创意十二月等品牌引导市民追求真善美，图书馆之城、钢琴之城、设计之都等“两城一都”高品位文化城市正成为现实。

城市的最终意义在于文化。在特区发展中，“文化”的地位正发生着巨大而悄然的变化。这种变化首先还不在于大批文化设施的兴建、各类文化活动的开展与文化消费市场的繁荣，而在于整个城市文化地理和文化态度的改变，城市发展思路由“经济深圳”向“文化深圳”转变。这一切都源于文化自觉意识的逐渐苏醒与复活。文化自觉意味着文化上的成熟，未来深圳的发展，将因文化自觉意识的强化而获得新的发展路径与可能。

与国内外一些城市比起来，历史文化底蕴不够深厚、文化生态不够完善等仍是深圳文化发展中的弱点，特别是学术文化的滞后。近年来，深圳在学术文化上的反思与追求，从另一个层面构成了文化自觉的逻辑起点与外在表征。显然，文化自觉是学术反思的扩展与深化，从学术反思到文化自觉，再到文化自信、自强，无疑是文化主体意识不断深化乃至确立的过程。大到一个国家和小到一座城市的文化发展皆是如此。

从世界范围看，伦敦、巴黎、纽约等先进城市不仅云集大师级的学术人才，而且有活跃的学术机构、富有影响的学术成果和浓烈的学术氛围，正是学术文化的繁盛才使它们成为世界性文化中心。可以说，学术文化发达与否，是国际化城市不可或缺的指标，并将最终决定一个城市在全球化浪潮中的文化地位。城市发展必须在学术文化层面有所积累和突破，否则就缺少根基，缺少理念层面的影响，缺少自我反省的能力，就不会有强大的辐射力，即使有一定的辐射力，其影响也只是停留于表面。强大的学术文化，将最终确立一种文化类型的主导地位和城市的文化声誉。

近年来，深圳在实施“文化立市”战略、建设“文化强市”过程中鲜明提出：大力倡导和建设创新型、智慧型、力量型城市主流文化，并将其作为城市精神的主轴以及未来文化发展的明确导向和基本定位。其中，智慧型城市文化就是以追求知识和理性为旨归，人文气息浓郁，学术文化繁荣，智慧产出能力较强，学习型、知识型城市建设成效卓著。深圳要建成有国际影响力的智慧之城，提高文化软实力，学术文化建设是其最坚硬的内核。

经过30多年的积累，深圳学术文化建设初具气象，一批重要学科确立，大批学术成果问世，众多学科带头人涌现。在中国特色社会主义理论、经济特区研究、港澳台经济、文化发展、城市化等研究领域产生了一定影响；学术文化氛围已然形成，在国内较早创办以城市命名的“深圳学术年会”，举办了“世界知识城市峰会”等一系列理论研讨会。尤其是《深圳十大观念》等著作的出版，更是对城市人文精神的高度总结和提升，彰显和深化了深圳学术文化和理论创新的价值意义。

而“深圳学派”的鲜明提出，更是寄托了深圳学人的学术理想和学术追求。1996年最早提出“深圳学派”的构想；2010年《深圳市委市政府关于全面提升文化软实力的意见》将“推动‘深圳学派’建设”载入官方文件；2012年《关于深入实施文化立市战略建设文化强市的决定》明确提出“积极打造‘深圳学派’”；2013

年出台实施《“深圳学派”建设推进方案》。一个开风气之先、引领思想潮流的“深圳学派”正在酝酿、构建之中，学术文化的春天正向这座城市走来。

“深圳学派”概念的提出，是中华文化伟大复兴和深圳高质量发展的重要组成部分。树起这面旗帜，目的是激励深圳学人为自己的学术梦想而努力，昭示这座城市尊重学人、尊重学术创作的成果、尊重所有的文化创意。这是深圳 30 多年发展文化自觉和文化自信的表现，更是深圳文化流动的结果。因为只有各种文化充分流动碰撞，形成争鸣局面，才能形成丰富的思想土壤，为“深圳学派”的形成创造条件。

**深圳学派的宗旨**

构建“深圳学派”，表明深圳不甘于成为一般性城市，也不甘于仅在世俗文化层面上造点影响，而是要面向未来中华文明复兴的伟大理想，提升对中国文化转型的理论阐释能力。“深圳学派”从名称上看，是地域性的，体现城市个性和地缘特征；从内涵上看，是问题性的，反映深圳在前沿探索中遇到的主要问题；从来源上看，“深圳学派”没有明确的师承关系，易形成兼容并蓄、开放择优的学术风格。因而，“深圳学派”建设的宗旨是“全球视野，民族立场，时代精神，深圳表达”。它浓缩了深圳学术文化建设的时空定位，反映了对学界自身经纬坐标的全面审视和深入理解，体现了城市学术文化建设的总体要求和基本特色。

一是“全球视野”：反映了文化流动、文化选择的内在要求，体现了深圳学术文化的开放、流动、包容特色。它强调要树立世界眼光，尊重学术文化发展内在规律，贯彻学术文化转型、流动与选择辩证统一的内在要求，坚持“走出去”与“请进来”相结合，推动深圳与国内外先进学术文化不断交流、碰撞、融合，保持旺盛活力，构建开放、包容、创新的深圳学术文化。

文化的生命力在于流动，任何兴旺发达的城市和地区一定是流动文化最活跃、最激烈碰撞的地区，而没有流动文化或流动文化很少光顾的地区，一定是落后的地区。文化的流动不断催生着文化的分解和融合，推动着文化新旧形式的转换。在文化探索过程中，唯一需要坚持的就是敞开眼界、兼容并蓄、海纳百川，尊重不同文化的存在和发展，推动多元文化的融合发展。中国近现代史的经验反复证明，闭关锁国的文化是窒息的文化，对外开放的文化才是充满生机活力的文化。学术文化也是如此，只有体现“全球视野”，才能融入全球思想和话语体系。因此，“深圳学派”的研究对象不是局限于一国、一城、一地，而是在全球化背景下，密切关注国际学术前沿问题，并把中国尤其是深圳的改革发展置于人类社会变革和文化变迁的大背景下加以研究，具有宽广的国际视野和鲜明的民族特色，体现开放性甚至是国际化特色，也融合跨学科的交叉和开放。

二是“民族立场”：反映了深圳学术文化的代表性，体现了深圳在国家战略中的重要地位。它强调要从国家和民族未来发展的战略出发，树立深圳维护国家和民族文化主权的高度责任感、使命感、紧迫感。加快发展和繁荣学术文化，尽快使深圳在学术文化领域跻身全球先进城市行列，早日占领学术文化制高点，推动国家民族文化昌盛，助力中华民族早日实现伟大复兴。

任何一个大国的崛起，不仅伴随经济的强盛，而且伴随文化的昌盛。文化昌盛的一个核心就是学术思想的精彩绽放。学术的制高点，是民族尊严的标杆，是国家文化主权的脊梁骨；只有占领学术制高点，才能有效抵抗文化霸权。当前，中国的和平崛起已成为世界的最热门话题之一，中国已经成为世界第二大经济体，发展速度为世界刮目相看。但我们必须清醒地看到，在学术上，我们还远未进入世界前列，特别是还没有实现与第二大经济体相称的世界文化强国的地位。这样的学术境地不禁使我们扪心自问，如果思想学术得不到世界仰慕，中华民族何以实现伟大复兴？在这个意义上，深圳和全国其他地方一样，学术都是短板，与经济社会发展不相匹配。而深圳作为排头兵，肩负了为国家、为民族文化发展探路的光荣使命，尤感责任重大。深圳的学术立场不能仅限于一隅，而应站在全国、全民族的高度。

三是“时代精神”：反映了深圳学术文化的基本品格，体现了深圳学术发展的主要优势。它强调要发扬深圳一贯的“敢为天下先”的精神，突出创新性，强化学术攻关意识，按照解放思想、实事求是、求真务实、开拓创新的总要求，着眼人类发展重大前沿问题，特别是重大战略问题、复杂问题、疑难问题，着力创造学术文化新成果，以新思想、新观点、新理论、新方法、新体系引领时代学术文化思潮。

党的十八大提出了完整的社会主义核心价值观，这是当今中国时代精神的最权威、最凝练表达，是中华民族走向复兴的兴国之魂，是中国梦的核心和鲜明底色，也应该成为“深圳学派”进行研究和探索的价值准则和奋斗方向。其所熔铸的中华民族生生不息的家国情怀，无数仁人志士为之奋斗的伟大目标和每个中国人对幸福生活的向往，是“深圳学派”的思想之源和动力之源。

创新，是时代精神的集中表现，也是深圳这座先锋城市的第一标志。深圳的文化创新包含了观念创新，利用移民城市的优势，激发思想的力量，产生了一批引领时代发展的深圳观念；手段创新，通过技术手段创新文化发展模式，形成了“文化+科技”“文化+金融”“文化+旅游”“文化+创意”等新型文化业态；内容创新，以“内容为王”提升文化产品和服务的价值，诞生了华强文化科技、腾讯、华侨城等一大批具有强大生命力的文化企业，形成了读书月等一大批文化品牌；制度创新，充分发挥市场的作用，不断创新体制机制，激发全社会的文化创造活力，从根本上提升城市文化的竞争力。“深圳学派”建设也应体现出强烈的时代精神，在学术课题、学术群体、学术资源、学术机制、学术环境方面迸发出崇尚创新、提倡包容、敢于担当的活力。“深圳学派”需要阐述和回答的是中国改革发展的现实问题，要为改革开放的伟大实践立论、立言，对时代发展作出富有特色的理论阐述。它以弘扬和表达时代精神为己任，以理论创新为基本追求，有着明确的文化理念和价值追求，不局限于某一学科领域的考据和论证，而要充分发挥深圳创新文化的客观优势，多视角、多维度、全方位地研究改革发展中的现实问题。

四是“深圳表达”：反映了深圳学术文化的个性和原创性，体现了深圳使命的文化担当。它强调关注现实需要和问题，立足深圳实际，着眼思想解放、提倡学术争鸣，注重学术个性、鼓励学术原创，不追求完美、不避讳瑕疵，敢于并善于用深圳视角研究重大前沿问题，用深圳话语表达原创性学术思想，用深圳体系发表个性化学术理论，构建具有深圳风格和气派的学术文化。

称为“学派”就必然有自己的个性、原创性，成一家之言，勇于创新、大胆超越，切忌人云亦云、没有反响。一般来说，学派的诞生都伴随着论争，在论争中学派的观点才能凸显出来，才能划出自己的阵营和边际，形成独此一家、与众不同的影响。“深圳学派”依托的是改革开放前沿，有着得天独厚的文化环境和文化氛围，因此不是一般地标新立异，也不会跟在别人后面，重复别人的研究课题和学术话语，而是要以改革创新实践中的现实问题研究作为理论创新的立足点，作出特色鲜明的理论表述，发出与众不同的声音，充分展现特区学者的理论勇气和思想活力。当然，“深圳学派”要把深圳的物质文明、精神文明和制度文明作为重要的研究对象，但不等于言必深圳，只囿于深圳的格局。思想无禁区、学术无边界，“深圳学派”应以开放心态面对所有学人，严谨执着，放胆争鸣，穷通真理。

狭义的“深圳学派”属于学术派别，当然要以学术研究为重要内容；而广义的“深圳学派”可看成“文化派别”，体现深圳作为改革开放前沿阵地的地域文化特色，因此除了学术研究，还包含文学、美术、音乐、设计创意等各种流派。从这个意义上说，“深圳学派”尊重所有的学术创作成果，尊重所有的文化创意，不仅是哲学社会科学，还包括自然科学、文学艺术等。

“寄言燕雀莫相啅，自有云霄万里高。”学术文化是文化的核心，决定着文化的质量、厚度和发言权。我们坚信，在建设文化强国、实现文化复兴的进程中，植根于中华文明深厚沃土、立足于特区改革开放伟大实践、融汇于时代潮流的“深圳学派”，一定能早日结出硕果，绽放出盎然生机！

# 前　言

众所周知，妇女解放是社会解放的一个天然尺度，也是社会变迁的一个简单缩影。新中国成立60多年来所取得的成就是多方面的，而实现妇女自我意识觉醒，从卑贱逐步走向平等、从家庭缓步踏入社会就是其中的一个重要体现。然而，由于历史、现实以及理念等种种原因，我国妇女权益的保障水平在整体上仍滞后于英、美、日、法等世界主要发达国家，侵害妇女权益的违法犯罪活动以及社会丑恶现象仍时有发生。2014年10月，在北京召开的中共中央十八届四中全会正式审议并对外颁布了《中共中央关于全面推进依法治国若干重大问题的决定》。其首次从法治建设的角度勾画了中国特色社会主义事业的伟大发展蓝图，并为促进国家治理体系和治理能力的现代化设计了一整套立体的、动态的实践方案。作为中国特色社会主义事业一个极为重要的组成体，我国有关妇女权益保障无疑会因此迎来重大的发展契机。总体而言，就是要将男女平等这一宪法精神和原则进一步贯彻落实到科学立法、严格执法、公正司法以及全民守法的法治工作基本格局之中，继而用一种法治的逻辑来引导和指挥我国的妇女权益保障工作。如此，我们有理由相信，在中国共产党的领导下，在依法治国理念的指引下，我国涉及妇女权益保障的立法、执法、司法以及守法工作必将迈上一个新的台阶。

# 目 录

# 绪　论

## 一　研究意义

众所周知，妇女权益保障是我国人权保障事业、社会主义法治建设事业等中国特色社会主义事业中的一个重要组成部分。虽然，现如今，我国已经在宪法的高度赋予了公民非常广泛的权利，并且还规定了公民理应平等地享有和行使自己的各项权利。然而，在现实中，我国一些公民并没有真正实现这一愿景，特别是在男女两性之间的权利平等性上，许多权利比如政治权利、财产权利、劳动权利以及人身权利都呈现出了严重的不平等，这对中国特色社会主义事业的建设是非常不利的。相关数据显示，2015 年中国人口总数达到了 137462 万人。从性别结构看，男性人口 70414 万人，女性人口 67048 万人。[①] 由此可见，从一个“法治逻辑”的视角来研究和探讨我国妇女权益的现状、问题及保障，不仅会关系到广大妇女自身权益的实现，而且还会对包括人权保障事业、法治建设事业在内的整个中国特色社会主义事业提供支持。

其一，推动我国人权保障事业的进步。在人权获得普遍发展的今天，世界上许多国家的人权保障状况同以前相比都取得了较为明显的进步，在一些国际条约以及各国的宪法文本中也都陆续体现和规定了保护人权这一基本理念与原则。然而，从现实状况来看，同男性的权益保障状况相比，妇女权益的保障仍然停留在一个相对较

① 数据来源于中华人民共和国国家统计局（http：//data. stats. gov. cn/ks. htm? cn=C01）。

低的水平。20 世纪中后期，有关妇女权益保障运动的发生频次不断增加，这就引起了国家社会的普遍关注并最终导致在 1993 年的维也纳世界人权大会上正式提出“妇女人权”这一概念，妇女人权事业成为世界人权事业的一个重要构成部分，保障妇女人权就是保障人权的集中体现。在我国，1995 年第四次世界妇女大会之后，一个新的概念，即“社会性别”被逐渐引入国内。紧接着，这一概念体系开始在我国得到广泛地宣传和教育，中国的妇女权益保障研究也正式开始同国际相接轨。然而，在我国，同男性相比，女性无论是在先天的生理构造上，还是在后天的培养教育上，往往都处于一种相对弱势的地位，并且大都还要承担更多的责任。就我国的现实状况而言，妇女的人权保障总体上依旧处于一种相对不被重视的阶段，妇女的政治权益、文化教育权益等诸多法律所赋予的基本权益依旧不能得到很好的维护和实现。而追其缘由，则既有传统历史观念上的因素，也有现今立法不够完善的因素。有鉴于此，本文首先会对我国现今妇女权益保障上所存在的各种问题进行简单的梳理，然后在此基础上探究出可能导致这些问题发生的原因，并参照和借鉴国际上通行的一些人权标准，提出一些比较富有针对性的对策建议，这对助推我国人权保障事业的进步和完善颇有价值。

其二，促进我国法治国家的建设。2014 年 10 月，在北京召开的中共中央十八届四中全会正式审议并对外发布了《中共中央关于全面推进依法治国若干重大问题的决定》。其首次从法治建设的角度勾画了中国特色社会主义事业的发展蓝图，并为促进国家治理体系和治理能力的现代化设计了一整套立体的、动态的实践方案。“依法治国，是坚持和发展中国特色社会主义的本质要求和重要保障，是实现国家治理体系和治理能力现代化的必然要求……全面建成小康社会、实现中华民族伟大复兴的中国梦，全面深化改革、完善和发展中国特色社会主义制度，提高党的执政能力和执政水平，必须全面推进依法治国。”作为中国特色社会主义事业的重要组成部分，我国妇女权益保障的治理也必须在依法治国理念的指导下来看展和进行。因此，可以说，从法治逻辑的角度来阐释我国妇女权益保障所存在的各种问题，并据此提出各种完善路径，继而打造出立法、执法以及司法和守法为一体的妇女权益保障机制，会极大地促进我国法治国家的建设。

其三，加快我国和谐社会的实现。对社会主义和谐社会，也可以从法治的角度来进行解读，即通过一个健全的民主机制起草和制定一些良法，对公民的权利和义务，国家的职权和责任等要素进行科学、合理的配置与安排，并通过一个有效的法律实施机制和保障机制确保这些权利义务、职权责任关系得到全面贯彻落实，继而形成一个全社会各主体的合法权益都能够和谐共存的良好环境。因此，可以说，开展社会主义和谐社会建设，必须要对男女平等，两性协调等相关理念加以重视。殊不知，倘若占全国人口总数一半的妇女群体的权益得不到很好的保障，那么就不能说这个社会是一个公正社会和法治社会，也就更谈不上和谐社会了。一言以蔽之，妇女权益的保障于社会主义和谐社会的建设休戚相关，尊重妇女、爱护妇女、保障妇女是社会主义和谐社会的一个重要标志。由此可见，在我国，加强对妇女权益保障的研究，会加快我国和谐社会的实现。

## 二　研究现状

追本溯源，妇女权益保障问题的兴起主要源于西方国家一系列女权运动的开展。我国在尊重本国实际国情的基础上，学习和借鉴西方的一些相关理论，对妇女权益保障展开了一定研究并取得了些许成果。通常，我国妇女权益的研究状况可以以两个时间节点为分割点，划分为三个阶段：第一阶段为 1992 年之前的自发研究阶段；第二阶段为 1992 年《妇女权益保障法》正式颁布到对其进行修改的形成时期；第三阶段为 2005 年《妇女权益保障法》修改到至今的成熟阶段。截至目前，以“妇女权益”为主题，在中国知网上检索，共导出相关文献 9000 余篇，其中，期刊论文 5000 余篇，学位论文 800 余篇。另外，有关“妇女权益”的专著也已经有数十本。通过对这些已有研究文献的梳理和分析，总体而言，我国对妇女权益研究的内容主要集中在如下几个方面：

其一，对妇女权益保障的缘由和理论进行研究。有从人权保障的角度来进行论述的，代表性的如徐显明在《人权研究》（第三卷）一书中写道：以前的国际人权相关条约对广大妇女权益的保护并不是太强，这推动了一系列国际妇女人权运动的兴起和扩大，继而导致一些新的国际人权相关条约的起草和颁布，并在内容上有所突破，将对妇女人权的保护确立为一种国家责任。孙萌在《从妇女人权的特性看男女平等的法律定位》一文中说道：对于男女平等的真实意涵，应当从妇女人权特性这一角度来进行理解，要意识到妇女的弱者地位以及妇女的女性身份，继而实现男女之间的一种“差别平等”和“事实平等”；有从妇女发展的角度来进行论述的，代表性的如丁文在《科学发展观视野下的妇女发展》一文中说道：加强对妇女权益的保障，有利于推动妇女的自身发展和进步，进而使她们在社会的发展中发挥更好的作用。可见，对妇女权益的保障是深入贯彻落实科学发展观，推动人的全面发展和进步的一个必然要求；有从国家视角来对我国加强妇女权益保障进行论述的，代表性的如胡玉坤的《知识谱系、话语权力与妇女发展——国际发展中的社会性别理论与实践》一文，就是从一种国际的视角来出发，通过回顾和梳理世界发展过程中妇女发展相关理论与实践的演变，阐释这些理论和实践可能对联合国等众多国家机构以及各国公共政策的影响。

其二，对妇女权益的相关立法进行研究。这其中，有对宪法中有关妇女权益保障条款进行论述的，代表性的如李奕潇在其《浅论宪法对妇女权利的保障》一文中指出：由于我国宪法对妇女权利保障的规范性规定可操作性不强，在妇女权利的适用对象、执法主体方面规定不明确以及对妇女权利的保障缺乏司法保护，使得妇女权益不能得到有效保障。因此，应当学习和借鉴国际公约中的相关规定，细化并完善我国宪法及相关法律中有关妇女权益保障的条款。比如，可以尝试建立宪法诉讼或者违宪审查制度，给予妇女群体更为广泛的救济渠道；有对《妇女权益保障法》的制定和修改问题进行论述的，代表性的如巫昌祯在其《回顾与展望——记〈中华人民共和国妇女权益保障法〉的诞生与发展》一文中写道：为了满足国内发展的需要以及顺应国际发展的趋势，起草和出台一部有关妇女权益保障的专门性法律，十分必要！我国的《妇女权益保障法》就是在这个大环境和背景下应运而生的。可以说，这部法律的出台，不仅使我国妇女权益保障法律体系更加完善，而且还为妇女权益提供了更多的保障措施与救济路径。总而言之，《妇女权益保障法》是中国妇女权益保障历史上的一个重要里程碑，它的起草和出台，是我国政府坚持承担国际责任，并贯彻履行国际公约义务的一种体现。李明舜在其《修改和完善妇女权益保障法实施办法应注意的几个问题》一文中写道：准确理解和认识我国《妇女权益保障法》的历史地位和现实功能，是未来做好妇女权益保障法实施办法制定和修改工作的一个基本前提。强调地方特色，突出实际问题，则是未来做好妇女权益保障法实施办法制定和修改工作的关键所在。另外，还有对《反家庭暴力法》的相关问题进行论述的，代表性的如薛宁兰在其《论我国家庭暴力法的定位与宗旨》一文中指出：家庭暴力法是保障生活在婚姻家庭等亲密关系中的人们免遭暴力侵害，平等相处，充分享有人格尊严权、健康权、生命权、性自主权等基本权利的“诸法合体式”立法。家庭暴力法在本质上主要是属于一种社会保护法的范畴，它并不是对所有家庭成员的权利都进行一种平等的保障，而是对那些受害人的权利进行相对倾斜性地保护和救济。

其三，对妇女权益中的某个权益进行研究。其中，有对妇女政治权益进行论述的，代表性的如雷扬在其《我国妇女政治权利虚化问题探析》一文中所言：在党和国家的重视与推动下，我国妇女政治参与已经取得很大的进步，但传统社会意识所导致的妇女政治参与权利虚化、认同度低等问题仍较为明显。通过解构传统社会意识、奖励的激励和建构新的社会意识三者相结合，我国妇女政治权利行使的有效性必将得到更大的提升。有对妇女人身权益进行论述的，代表性的如陈婴虹在其《和谐社会与农村妇女人身权利的保护》中指出：农村妇女的人身权利是妇女行使法律权利和履行法律义务的一个前提性条件。倘若广大农村妇女缺少了人身权利，那么她们可能会难以去参加任何的社会活动。由此可见，农村妇女的人身权利是与其他权利有着密切关联的。有对妇女财产权益进行论述的，代表性的如罗虹在其《制约我国农村妇女土地权益保护的法学分析》一文中说道：男女平等的制度安排和设计在土地权益保护的实践中并没有得到有效实施。究其原因，除经济、文化、社会方面的诸多制约外，法律制度规定本身的不完备（法律制度缺乏社会性别视角；立法缺乏前瞻性；法律规定之间存在着冲突；法律缺乏可操作性，不能提供有效的救济手段，等等）是影响农村妇女土地承包权完全、充分实现的一个重要因素。还有对妇女劳动权益进行论述的，代表性的如孙伟在其《完善妇女劳动权益保障的立法构想》一文中所言：经济体制转变、经济危机、妇女劳动意识觉醒等社会变革对妇女劳动权益的保障提出了一系列新的要求和挑战。故此，应当对我国妇女劳动权益保障立法进行反思。同时，借鉴域外先进立法模式，从法的效能角度出发，以社会性别为视角，结合女性劳动权益的自然保护和社会保护，建立社会性别影响评价制度，明确法律责任，消除立法中的性别盲点，以更好地保障劳动权公平，促进社会和谐发展。

其四，对某些特殊的妇女群体进行研究。这其中，有对农村妇女权益保障进行专门研究的，代表性的如蚌埠市村规民约修订工作调研组在其撰写的调研报告《村规民约视角下的农村妇女权益保护——以蚌埠为例》中写道：村民通过自己制定规章制度，直接参与村务决策、管理和监督，保障农村妇女权益，在现行条件下起到了弥补法律空白、延伸政府职能、加强基层民主管理的作用，促进了农村社会的和谐稳定。通过对蚌埠市的村规民约进行全面调查发现，在村规民约的修订中存在着维护妇女权益的内容薄弱、妇女土地权益得不到有效保障、妇女生殖健康权利易被忽视、留守妇女婚姻家庭问题隐患多等诸多问题，必须通过加大宣传和培训力度，增强男女平等意识。提高妇女在村务管理中的参政水平。建立并完善保护妇女土地权益的法律体系。加强对村规民约的修订工作的指导和监督等切实有效的措施形成保护妇女权益的氛围，加大维护妇女权益的力度。王绍霞在其《从农村妇女权益保护看村民自治法律制度的完善》一文中说道：目前，在我国村民自治实践中，出现了对农村妇女财产权、政治权、人身权等保护不力问题，村民自治法律制度不完善是很重要的原因。在村民自治法律制度中，应明确规定确定集体经济组织成员资格的标准、规定集体经济组织成员个人的权利义务，完善村民自治的表决程序、外部行政监督、司法救济途径，进一步保护农村妇女的合法权益，促进农村社会和谐发展。有对少数民族妇女权益进行专门研究的，代表性的如雷明光在其《少数民族妇女权益法律保护的再思考》一文中所言：民族地区少数民族妇女权益法律保护状况如何，直接关系到广大妇女参与社会主义市场经济建设的积极性和主动性，也关系到民族地区和谐社会的建立。目前，民族地区少数民族妇女的权益保障还存在诸多问题，尤其是在身体健康权、土地承包权、继承权、家庭暴力、教育权以及社会保障权和劳动就业权等方面，各种侵权行为比较严重。我国立法、执法部门以及各级政府都应重视和切实关怀少数民族妇女的权益保障，在立法、执法以及司法和政策方面给予一定倾斜。

其五，对域外国家的妇女权益保障情况进行介绍。这其中，有对英美法系国家的妇女权益保障进行介绍的，代表性的如袁锦秀在其《美英妇女权益保障与我国立法的完善》一文中指出：美国、英国在妇女权益保护立法方面具有先进性。美国历经了两次声势浩大的妇女运动，男女平等、反对歧视、加强对妇女保护的理念已经深入人心。另外，在美国和英国，妇女权利（女权）通常被认为是一种宪法权利，两国还有专门的反就业歧视法律、反性骚扰法律以及反家庭暴力法律，等等。陆伟芳在其《对19世纪英国妇女运动的理论考察》一文中说道：英国的女权主义运动主要是由一些知识文化女性所发动和领导。这种运动产生重大作用，并率先在妇女的教育权、财产权以及监护权和婚姻家庭权上获得进展，并逐步在一些政治权利上获得突破，从而实现了广大妇女由他人的附属物向独立的人格主体的角色转变。可以说，英国现今妇女权益保障的成果，既是其长期的女权主义运动的结果，亦是英国政治民主化和经济快速发展的必然产物。另外，还有对大陆法系国家的妇女权益保障进行介绍的，代表性的如谢增毅在其《德国妇女劳动权保护的立法与实践》一文所言：德国在女性劳动者保护方面积累了丰富的立法和实践经验。反就业歧视法、非全日制工立法、家政工立法、生育保护法等法律从不同方面保护了女性劳动者的权利。与此同时，德国在反就业歧视法实施、家政工的保护、非全日制工的社会保险待遇、生育保护与雇主灵活性的协调等方面也面临挑战。

毋庸置疑，上述所有的研究都会对我国妇女权益保障事业的进步和完善有所裨益，也会为我国未来妇女权益保障研究的开展提供较为充足的知识储备。但是，2014 年 10 月，十八届四中全会正式审议和通过了《中共中央关于全面推进依法治国若干重大问题的决定》，其明确指出："依法治国，是坚持和发展中国特色社会主义的本质要求和重要保障，是实现国家治理体系和治理能力现代化的必然要求，事关我们党执政兴国，事关人民幸福安康，事关党和国家长治久安。"可见，在依法治国的时代大背景下，我国任何事业的开展都必须要始终围绕着"法治"这一轴心而进行。具体到我国妇女权益的保障，也就是指要从法治的角度来构建妇女权益保障的体制机制。显然，在这一方面，我国过往的研究都有所欠缺，难以满足实践需求，对这一欠缺的弥补是今后我国妇女权益保障研究的重点所在。

## 三 研究框架

全书共划分为五大板块，其中，第一板块为"绪论"部分，主要是对本书的研究背景、研究意义以及研究现状和研究方法等相关内容进行梳理和介绍。在此基础上，继而引出开展本书研究的必要性和可能性。后四板块则拟围绕"法治逻辑"这个轴心从立法、执法以及司法与守法四个层面对我国妇女权益的保障展开论证和研究。这其中，有关妇女权益保障的立法研究居于首要地位，它是后续工作开展的前提和基础，有关妇女权益保障的执法研究和司法研究则居于核心地位，而有关妇女权益保障的守法研究则是本书的收尾部分。

本书第一板块为“绪论”部分，主要是对“妇女权益保障的法治逻辑”这一主题的相关背景性资料进行简单的梳理和介绍。在研究背景方面，我们指出：加强对妇女权益的保障顺应时代发展潮流，并与我国的各项法律规定和政策要求相契合；在研究意义方面，我们强调：加强对妇女权益保障不仅十分有助于我国社会稳定和经济发展，并且从法治逻辑的角度来进行铺开，还对我国的法治国家和法治社会之建设大有裨益；在研究现状方面，我们发现：固然近年来国内外已经对妇女权益保障问题展开了较为丰富的研究，但是从研究的方向和重心来看，尚缺乏从整个法治构建的视角来进行观察和分析；在研究框架方面，我们设想：从法治的四个基本要素，亦即立法、执法以及司法和守法出发，来安排与架构整个妇女权益保障体系；在研究方法方面，我们尝试：在规范分析法的统领下，采取理论分析法、实证分析法以及价值分析法和比较分析法等多种研究方法。

本书的第二板块为“立法研究”部分，共有四个小节，主要是对我国现今有关妇女权益保障的法律规范体系及其存在的问题和未来的完善进行论述。其中，第一节是对我国现今有关妇女权益保障的法律规范体系进行梳理：时至今日，经过多年的发展和积累，我国在妇女权益保障领域已经初步形成了以《宪法》为基础，以《妇女权益保障法》为主体，包括《婚姻法》《选举法》《刑法》《民法》《继承法》《母婴保健法》等10余部法律和相关司法解释以及40余种国家行政法规和80余种地方性法规在内的法律规范体系；但是，从立法体系和立法质量的两个角度来审视，我国现今有关妇女权益保障的法律体系还存在着立法体系不完善、立法质量不高这两个基本弊病。第二节是关于在我国制定《家庭暴力防治法》的论述。家庭暴力是一种特殊现象，其在行为方式、发生场所以及损害后果等多个方面都与一般暴力存在着差异，这就导致对两者的规制必须采取不同的路径。另外，来自司法、社会以及各地方的实践，无论是在家庭暴力的定罪量刑和举证责任的分配上，还是在家庭暴力专门立法的框架设计上，都积累了较为丰富的实证经验，进而为我国进行反家暴专门立法奠定了良好的基础。我国的《家庭暴力防治法》应当实行“综合化治理”的立法理念，采取“实体程序一体化”的体系设计，“作出民行刑责多元化”的责任安排。第三节是关于在我国制定《性骚扰防治法》的论述。近些年来，性骚扰无论是在发生场域上，还是在行为主体上都出现了一定的扩张趋势，对我国广大妇女的合法权益造成严重侵害。然而，我国目前仍未制定和出台专门法律对性骚扰问题予以规制，甚至对于“性骚扰”的基本概念都还未明确，这不能不说是我国立法中的一大缺憾。因此，有必要参照域外国家和地区的经验，制定专门的《性骚扰防治法》，以明确性骚扰的概念和构成要件，并据此建立起一个完整的性骚扰防治体系。第四节是对“如何提高我国相关立法质量”这一问题展开论述。针对我国现今妇女保障法律在内容上存在的问题，相继提出改善立法技术，提高立法的科学化水平，贯彻性别意识，提高立法的民主化水平这两个重要举措。

本书的第三板块为“执法研究”部分，共有四个小节，主要是对我国妇女权益保障法律的实施机制以及其所存在的问题和未来完善的对策展开研究。其中，第一节我们通过一系列的实证分析得出：纵然，时至今日，我国已经初步形成了有关妇女权益保障的法律规范体系，但是很难说上述法律规范在实践中得到了比较好的落实和执行，尤其是虽然《妇女权益保障法》赋予广大妇女的各项基本权益，如政治权利、劳动和社会保障权利以及财产权利和人身权利等，但是在社会中仍然时时受到各种各样的威胁和侵犯，需要各级主体和部门加紧落实和完善。第二节针对我国上述存在的问题，我们分别从妇女政治权利、文化教育权利、劳动和社会保障权利以及财产权利和人身权利等诸多方面提出了一些富有成效的对策建议，以推动我国妇女权益保障相关法律的落实。第三节我们对农村妇女权益保障的相关问题进行了专门研究。我们指出：农村妇女是属于一个特殊的社会弱势群体。作为女性，相对于男性，她们是处于弱势的；作为农民，相对城市居民，由于经济发展和社会条件等一系列因素的影响，她们又是弱势中的弱势。所以，对于她们的保护不仅有利于我国整个妇女工作的开展和妇女权益的维护，而且会对促进农村社会经济的发展大有裨益，最终也当然会有利于我国社会的和谐发展。第四节我们对少数民族妇女权益保障的相关问题进行了专门研究。虽然总体而言少数民族妇女在我国的人口总基数中所占的比例并不是太大，但是，作为一个特殊的弱势群体，她们的权益保障理应受到社会的广泛关注与高度重视。另外，从一种人权保障的视角来看，少数民族妇女是“少数民族”与“妇女”双重角色的一个统一体，这就会导致这个特殊的群体，在社会生活中不仅有可能因其民族身份而遭受到各种民族歧视，而且还有可能因其性别因素而遭受到各种性别歧视。因此，其不仅应该分别享有对“少数民族”和“妇女”的双重保护，而且还更应当得到更多的政策倾斜和社会关注。

本书的第四板块为“司法研究”部分，共有四个小节，主要是从法律效果和社会效果两个角度对我国涉及妇女权益保障的一系列司法制度及其运作展开研究。其中，第一节是对妇女权益案件中的法律救助制度进行论述。从功利主义的立场来看，加强对妇女的法律救助，可以产生震慑潜在犯罪分子、实现男女实质平等、维护社会和谐稳定等诸多积极效应。它主要包括法律咨询、律师援助以及司法特殊通道和伤害救助等多个类型。第二节是对妇女权益保障案件中的公益诉讼机制进行论述。近年来，随着经济全球化趋势的加快以及中国社会的迅速转型，违法侵犯妇女权益的行为和事情呈现出一种日益复杂化、团体化以及规模化的特征。现有的救济机制和规则日渐难以应对。因此，采取哪些具体措施去有效保护在社会中处于弱势地位的妇女群体的合法权益，继而梳理和清除相关制度和立法、执法中对妇女维权的制度障碍，业已成为我国妇女权益保障的一个核心问题，创建公益诉讼机制也就因此显得尤为必要。第三节是对妇女权益保障案件中的人民陪审员制度进行论述。人民陪审员制度是发挥司法民主，将社会效果寓于法律效果之中的一个重要路径，它可以弥补职业化法官的社会经验之不足。在我国，直接将女性人员、妇联工作人员或者其他妇女权益保障专业人士纳入人民陪审员之中，让其参与涉及妇女权益保障的审判，会对妇女权益的保障大有裨益。第四节是对妇女权益保障案件中的调解制度进行论述。一方面，婚姻家庭权益在妇女的整个权益保护中占据着至关重要地位，其往往交织着复杂的亲情和人情；另一方面，婚姻家庭纠纷一直是妇联系统信访的主要问题，也是基层妇女组织维权工作的主要内容。某些时候，如果我们一味地强调司法审判，进行简单的对抗式处理，反而不利于亲情的修复与家庭的稳定，受害妇女的权益也就难以得到根本的保护。相对于司法判决而言，调解可能是更好的婚姻家庭纠纷解决机制，它可以在较短的时间内，用一种较低的成本来灵活化解妇女权益纠纷，并调和婚姻家庭矛盾，继而收到妇女权益保障中的最佳社会效果。

本书的第五板块是“守法研究”部分，共有两小节，主要是从妇女自身和社会主体两个角度对加强我国妇女权益保障的社会宣传工作，继而提升妇女权益保障的社会意识展开研究。其中，第一节是对提升广大妇女自身维权意识的工作进行论述。众所周知，妇女自身的维权意识是避免侵害妇女权益行为发生的第一道关卡，只有其自身的维权意识得到提高后，才能够使她们在现实中勇于同侵害妇女权益的各种现象做斗争，以防止其再次发生。因此，可以说，这是改善我国妇女权益保障现状的一个治本之策。第二节是对树立全民妇女权益保障观念的工作进行论述。无可否认，加强对广大妇女的法制宣传和教育，以提升其自身的维权意识，是改善我国现今妇女权益保障现状的一个治本之策，但要想使这个策略能够更好地发挥效用，还必须辅之以“全民守法、护法”观念的树立。只有两者同时进行，相互促进，方可达到事半功倍的效果。因此，我们必须加大宣传、普法力度，着力提升国家机关和企事业单位的妇女权益保障观念。

## 四　研究方法

以一种法治的逻辑和视角来研究和讨论妇女权益保障这一问题，是一个相对新的课题，也是党中央和国务院当前高度重视与关心的现实问题，其具有非常重大的理论价值和实践意义。故此，在该课题的研究过程中，我们必须始终坚持马克思主义的基本立场、观点与方法，并以历史唯物主义为根本方法论，来思考和化解中国特色社会主义法治体系建设过程中我国妇女权益保障的问题。考虑到妇女权益的保障往往会涉及到法学、社会学、管理学、哲学以及政治学和经济学等多个学科领域，因此，在开展此项问题研究时必然要采取多样的研究方法。具体而言，本课题主要采取如下几种研究方法：

其一，规范分析法。所谓“规范分析”，即指从现有法律规定的角度来进行研究和分析，它所要解决的是“在法律上是什么”的问题。在依法治国的时代大背景下，规范分析是进行任何研究都必须使用的一种研究方法。于本书而言，笔者将会从宪法层面、普通法律层面以及行政法规和地方性法规层面对我国妇女权益的保障展开规范分析。希望借此能够为我国妇女权益保障工作的开展提供充足的法律依据，并对未来我国在该领域的立法完善打好基础。

其二，系统分析法。所谓“系统分析”，即指把要解决的问题作为一个系统，对系统要素进行综合分析，找出解决问题的可行方案的方法。系统分析是咨询研究的一个最基本的方法，可以准确地诊断问题，深刻地揭示问题的起因，并有效地提出解决方案。于本书而言，笔者将妇女权益的保障看作法治建设的一个重要构成部分，并将其划分为立法工作、执法工作以及司法工作和守法工作这四大板块，继而有针对性地提出解决我国现今妇女权益保障困境的解决方案。

其三，价值分析法。所谓“价值分析”，即指从研究对象所具有的价值和意义角度来阐释进行该项研究的必要性和可能性。它所要解决和回答的是“在理论上应该是什么”的问题。此种方法往往能够揭示研究事物之本质，挖掘出其所具有的一种现实意义。于本书而言，笔者将主要从两个方面进行价值分析：一则是妇女权益保障对我国特色社会主义的建设和完善有何裨益；二则从法治的角度来探讨我国妇女权益保障事业的开展，对我国的法治建设有何价值。

其四，实证分析法。所谓“实证分析”，即指着眼于当前现实，通过实例和经验等考察，来论证现有理论之不足的一种研究方法。它是人文社会科学的一个重要研究方法，所要解决和回答的是“在事实上是什么”的问题。于本书而言，笔者将集理论性和实践性于一身，采取现场访谈和问卷调查两种主要的实证调研方式，对我国现今妇女各项基本权益的保护现状及其存在的困境展开详细的考察和分析，以为我国妇女权益保障的研究提供丰富的研究素材。

其五，比较分析法。所谓“比较分析”，就是指把所要研究的对象进行相互比较，取其长处，补其短处，继而力求达到真正认识事物的本质与规律，并据此做出一个正确评价的研究方法。比较是认识事物的前提和基础，是人类把握事物之间异同关系的一个最为常用的思维方法。比较研究法现在已经被广泛地运用于科学社会主义研究的各个领域。于本书而言，笔者将会对一些域外发达国家和地区的妇女权益保障工作进行论述，并据此总结和概括出一些比较有益的经验和做法，以为我国妇女权益保障工作的完善提供借鉴。

# 第一章

## 形成妇女权益保障的法律规范体系

我党十八届四中全会审议通过的《中共中央关于全面推进依法治国若干重大问题的决定》明确指出："法律是治国之重器，良法是善治之前提。建设中国特色社会主义法治体系，必须坚持立法先行，充分发挥立法的引领和推动作用，时刻抓住提高立法质量这个关键。要恪守以民为本、立法为民的理念，贯彻社会主义核心价值观，使每一项立法都符合宪法精神、反映人民意志、得到人民拥护；就是要把公正、公平、公开原则贯穿立法全过程，完善立法体制机制，坚持立改废释并举，继而增强法律法规的及时性、系统性、针对性、有效性。"于妇女权益保障而言，虽然经过多年的不懈努力，我国业已形成了以《宪法》《妇女权益保障法》《刑法》《民法》以及《婚姻法》和《劳动法》为主的法律规范体系，但是，我们也必须意识到，法律规范体系的形成并不必然意味着法律规范体系已经完备。事实上，囿于各种理念和体制性因素，我国妇女权益保障领域的法律无论是在宏观的体系架构上，还是在其具体的内容规定上，都还存在着这样或那样的不足之处。在国家妇女权益保障的实践中，仍然存在着些许无法可依的现象，特别是在一些重点领域，法律的缺项会更多。另外，有些法律法规也未能全面准确地反映机构编制的客观规律以及人民的真实意愿，法律法规的针对性和可操作性并不强，有些法律法规作为部门利益或地方利益博弈的结果，带有严重的部门化、地方化倾向，致使实践中争权、推诿的现象较为突出，有些法律法规甚至互相冲突，使执法者和司法者无所适从。

## 第一节 我国妇女权益保障的立法情况

马克思曾经说过："在民主的国家里，法律就是国王；在专制的国家里，国王就是法律。"[①] 在我国，妇女在法律上正式获得与男性的平等地位的时间非常早、范围也极为广泛。这一点也一直被世界上很多国家所称赞。在新中国的第一部宪法当中就已经明确规定了男女平等原则，经过这六十多年的努力和发展，我国已经基本形成了一套相对完善和科学的保障妇女权益的法律规范体系。[②]

### 一 新中国成立前的妇女权益保障状况

大家都知道，在几千年的封建社会里，广大妇女在我国封建伦理纲常的（男尊女卑、三从四德、三纲五常）束缚和影响下，没有任何社会地位可言，她们的权利遭受极端忽视和侵害。具体而言，在政治上，女性没有任何参与权，完全被排斥在社会和政治生活之外；在经济上，妇女往往依赖于她们的父母或丈夫，并没有财产所有权和继承权；在文化上，她们大多被剥夺了接受教育和参与社会活动的权利；在婚姻中，"父母之命，媒妁之言"已成为一则规律，并被要求从一而终，还要受到一夫多妻和娼妓制度的迫害；等等。总而言之，处在封建社会的妇女基本没有独立的人格和身份，在家从父、出嫁从夫、夫死从子。[③]

1911 年 10 月 10 日，武昌起义爆发，掀起了轰轰烈烈的辛亥革命运动，并最终在南京创建中华民国，结束了中国长达两千多年的封建历史王朝。虽然与封建时期相比我国大众的社会观念得到了显

① 《马克思恩格斯全集》第 9 卷，人民出版社 1961 年版，第 148 页。

② 参见汤水清《从社会解放到自我解放：60 年来中国妇女解放的历程》，《江西社会科学》2009 年第 10 期。

③ 李明舜：《新中国成立以来的妇女权益立法保障》，《中华女子学院学报》2009 年第 6 期。

著改善，妇女的社会地位也获得了一定的提高，但是由于资产阶级革命的历史局限性，也并没有使妇女获得应有的解放，男女不平等现象依然是当时社会的主流，有关歧视妇女的规定仍充斥在各种法律之中。可以说，妇女权益的保障仍任重而道远。

## 二　新中国成立到改革开放前的立法

1949 年，新中国成立，我国妇女权益的保障终于迎来了一道曙光。为了确保广大妇女在社会和家庭中免受歧视与迫害，新中国政府不仅完全否定和彻底废除了旧中国遗留的那些歧视、压迫以及残害广大妇女的法律和司法制度，而且还及时地颁布了体现男女平等、保护妇女权益的新法律，采用法律的形式对妇女的权益加以确认和保护，以逐步纠正传统封建腐朽思想。概而言之，新中国的妇女权益保障立法使中国妇女的法律地位发生了历史性的改变。

1949 年 9 月 29 日，中国人民政治协商会议第一届全体会议在北京顺利召开，并通过了起临时宪法作用的《中国人民政治协商会议共同纲领》（以下简称《共同纲领》）。其不仅在第六条明确规定："中华人民共和国废除束缚妇女的封建制度。妇女在政治的、经济的、文化教育的、社会的生活各方面，均有与男子平等的权利，实行男女婚姻自由。"而且在第四十八条之中进一步要求："提倡国民体育。推广卫生医药事业，并注意保护母亲、婴儿和儿童的健康。"这些规定在新中国第一次宣告了男女法律地位的平等，开创了中国妇女解放的新时代。

1950 年 4 月 13 日，中央人民政府委员会第七次会议在北京顺利召开，并审议通过了《中华人民共和国婚姻法》（以下简称《婚姻法》）。其提出了诸多富有变革性质的理念和制度，继而彻底废除了歧视、压迫女性的传统封建婚姻家庭制度。比如，其废除了"包办强迫、男尊女卑、漠视子女权利"的封建主义婚姻制度；其实行"男女婚姻自由、一夫一妻、男女权利平等、保护妇女和子女利益"的新民主主义婚姻制度；等等。总而言之，《婚姻法》的颁布标志着在新中国首次以正式法律的形式确认了男女权利平等和保护妇女权利的基本原则。毫无疑问，这使我国广大妇女成为实施

《婚姻法》的最大受益者。

1950年6月28日，中央人民政府委员会第八次会议在北京顺利召开，并审议通过了《中华人民共和国土地改革法》（以下简称《土地改革法》）。该部法律不仅明确了“按人口分配土地”的基本原则，而且对烈士家属、丧偶妇女等特殊妇女群体给予了应有的关注。同时，为了保障妇女在土地改革中应得的利益和妇女在社会上应有的权利，刘少奇同志在做《土地改革法》草案说明时特别强调：“农民协会应切实注意吸收农民家庭中的妇女来参加，并吸收妇女中的积极分子来参加领导工作。为了保障妇女在土地改革中应得的利益和妇女在社会上应有的权利，并讨论有关妇女的各种问题，在农民协会中召集妇女会议或代表会议是必要的。”可见，《土地改革法》的实施，使广大农村妇女与男子一样分得了土地，成为土地的主人，继而从根本上改变了男女在经济上不平等的状态。

1954年9月20日，中华人民共和国第一届全国人民代表大会第一次会议在北京顺利召开，并庄严地通过了《中华人民共和国宪法》（以下简称《宪法》）。《宪法》第八十六条明确规定：“中华人民共和国年满十八周岁的公民，不分民族、种族、性别、职业、社会出身、宗教信仰、教育程度、财产状况、居住期限，都有选举权和被选举权。但是有精神病的人和依照法律被剥夺选举权和被选举权的人除外。妇女有同男子平等的选举权和被选举权。”《宪法》第九十六条又进一步强调：“中华人民共和国妇女在政治的、经济的、文化的、社会的和家庭的生活各方面享有同男子平等的权利。婚姻、家庭、母亲和儿童受国家的保护。”新中国的第一部宪法就以国家根本大法的形式确认了妇女与男子法律地位上的完全平等，而且还强调了对妇女权益实行一种特殊保护。可以说，这种将妇女权益保障提升到宪法层面的做法，无疑具有重大的历史意义。

1957年10月22日，全国人民代表大会常务委员会第八十一次会议在北京顺利召开，并审议通过了《中华人民共和国治安管理处罚条例》（以下简称《治安管理处罚条例》）。该部条例特别规定了“用猥亵的言语、举动调戏妇女的”，处十日以下拘留或者警告，突出了对妇女人身权利的保护。同其他法律不同，《治安管理处罚条例》的制定，为妇女的人身权利提供了法律保障。

综上所述，新中国成立后，一系列关于妇女权益保障的立法，切实地保障了广大妇女的合法权益，使她们获得了历史性的解放，其具有重大的历史意义。大多数妇女的参与范围也逐渐扩展到了政治、经济和社会等各个领域，为祖国的建设和防卫贡献了自己的力量。与此同时，我们也必须看到，这一时期的妇女立法，虽然在提高中国妇女的法律地位方面功不可没，但也缺乏系统性，于法律框架上仍存在许多薄弱环节，加之“左”倾思想的泛滥，民主与法制遭受了极大的破坏和践踏，与妇女权益保护相关的法律也不可能发挥其应有的作用。①

### 三　改革开放后的妇女权益保障立法

改革开放以后，我国的社会主义民主法制建设进入了新的历史时期，与此相适应，我国妇女权益保障领域的立法也呈现出了一个崭新的局面。在改革开放初期，我国颁布的有关妇女权益保障的法律有：《宪法》（1982 年）、《选举法》（1979 年）、《刑法》（1979 年）、《刑事诉讼法》（1979 年）、《婚姻法》（1980 年）、《继承法》（1985 年）、《民法通则》（1986 年）、《义务教育法》（1986 年）、《民事诉讼法》（1991 年）和《关于严惩拐卖、绑架妇女、儿童的犯罪分子的决定》（1991 年），等等。上述这些法律都在自己调整的领域赋予了妇女与男子平等的权利，并给予妇女一种特殊的保护。

在改革开放后颁布的各项法律法规中，特别需要说明并解释的有四个：第一个是 1982 年颁布的宪法，它是在 1954 年宪法的基础上，与新时代的实际情况相结合，再次以国家基本大法的形式确认了妇女和男性享有平等的法律地位这一事实，也强调了对妇女权利的特别保护。宪法的这一规定为妇女权利的保护和其他有关法律、

① 李明舜：《新中国成立以来的妇女权益立法保障》，《中华女子学院学报》2009 年第 6 期。

法规和规则的制定提供了引导和依据。第二个是1979年的刑法典，其中特别增加了很多侵害女性的犯罪，如强奸妇女罪、奸淫幼女罪等，并规定了严厉的制裁制度，而且还规定了审讯时怀孕的女性不适用死刑。第三个是1980年婚姻法，它在提升妇女婚姻和家庭地位方面提出了诸多规定，如“婚姻自由的实施，一夫一妻制婚姻系统”“妇女、儿童和老人合法权益的保护”“登记结婚后，根据男女双方约定，女方可以成为男方家庭的成员，男方也可以成为女方家庭成员”“在家庭中夫妻的地位是平等的”“离婚时，由夫妻双方协议处理共同财产，当协议失败时，由人民法院根据财产的具体情况，按照照顾女方权益的原则判决”等。第四个则是1991年的《关于严惩拐卖、绑架妇女、儿童的犯罪分子的决定》，其有力地打击了贩卖人口、绑架妇女、儿童的犯罪活动，同时对保护妇女和儿童的人身安全起到了重要作用。

1992年4月3日，为了落实宪法的有关规定，完善社会主义法制，同时也为了顺应国内外新的形势，履行我国参加的有关国际公约的义务①，体现社会主义制度的优越性，我国颁布了《中华人民共和国妇女权益保障法》（以下简称《妇女权益保障法》）。《妇女权益保障法》通过对妇女的政治权利、人身权利、婚姻家庭权利以及文化教育权利和财产权利等各项权益的全面确认，使之成为一部综合性的、系统性的全面保障妇女权益的基本法。《妇女权益保障法》作为我国第一部全面保障妇女权益的专门法律，它的出台和实施，不仅是广大妇女政治生活中的一件幸事，也是我国社会主义民主法制建设中的一件大事。它正式标志着我国以《宪法》为根据，以《妇女权益保障法》为主体，包括国家各种单行法律、地方性法规以及政府各部门规章和我国已签署的国际社会有关妇女权益问题的人权约法在内的一整套保护妇女权益与促进男女平等的法律体系已经初步形成。②

---

① 我国参加的有关妇女权益保障的国际公约主要有：《消除对妇女歧视宣言》《消除对妇女一切形式歧视公约》《维也纳宣言和行动纲领》《消除对妇女的暴力宣言》，等等。

② 巫昌祯：《回顾与展望——记〈中华人民共和国妇女权益保障法〉的诞生与发展》，《中华女子学院学报》2008年第4期。

《妇女权益保障法》颁布实施后，随着社会的发展和理念的进步，有关保障妇女权益、促进男女平等的法律体系在外部与内部两个维度上都得到不断修正和完善，如《劳动法》（1994 年制定）《母婴保健法》（1994 年制定）《老年人权益保障法》（1996 年制定）《刑事诉讼法》（1996 年修改）《刑法》（1997 年修改）《婚姻法》（2001 年修改）《人口和计划生育法》（2001 年制定）《农村土地承包法》（2002 年制定）《妇女权益保障法》（2005 年修改）《治安管理处罚法》（2005 年制定）《义务教育法》（2006 年修改）《物权法》（2007 年制定）《劳动合同法》（2007 年制定）《就业促进法》（2007 年制定）《未成年人保护法》（2007 年修改）《残疾人保障法》（2008 年修改），等等。

上述这些制定和修改的法律中，需要特别指出的有四个：第一，1994 年的《母婴保健法》。为了保护母亲的健康，提高出生人口的素质，《母婴保健法》对婚前保健，孕产期保健，婴幼儿保健做出了明确且具体的规定。第二，1997 年修订的《刑法》。其进一步增设了专以妇女为侵害对象的犯罪类型，如强制猥亵、侮辱妇女罪，拐卖妇女、儿童罪，收买被拐卖的妇女、儿童罪，聚众阻碍解救被收买的妇女、儿童罪，引诱幼女卖淫罪，嫖宿幼女罪，不解救被拐卖、绑架妇女、儿童罪，阻碍解救被拐卖、绑架妇女、儿童罪，等等。这些规定为打击侵害妇女合法权益的犯罪提供了法律武器。第三，2001 年修改的《婚姻法》。新婚姻法在 1950 年、1980 年婚姻法的关注弱者、保障人权规定之外，又对家庭暴力的禁止、无效婚姻、可撤销婚姻制度的设定、法定离婚理由的具体化、离婚补偿制度和离婚损害赔偿制度的确立、救助措施与法律责任的增加进行了细致的规定。第四，2005 年修改的《妇女权益保障法》。新的《妇女权益保障法》明确规定，“性别平等的实现是一项基本国策”，明确了执法主体和政府的责任，规范了妇联职责，对妇女政治权利、财产权利、婚姻家庭权利以及文化教育权利做了更有针对性和可操作性的保护规定，进一步强化了法律责任，从而使《妇女权益保障法》更加具有鲜明的中国特色和时代特征。

综上所述，时至今日，我国在妇女权益保障领域已经大致形成了一个以《宪法》为基础，以《妇女权益保障法》为核心和主体，涵盖《婚姻法》《选举法》《刑法》《民法》《继承法》《劳动法》《人口与计划生育法》《农村土地承包法》《母婴保健法》《物权法》等10余部法律和相关司法解释以及40余种国家行政法规和80余种地方性法规在内的法律规范体系。[①] 这些法律规范体系共同将我国现有的妇女权益保障工作纳入法制轨道，也必将会为我国妇女权益保障的进一步加强做出巨大贡献，值得称赞！

## 四　我国妇女权益保障立法的困境

如前文所述，我国妇女正式获得法律上的平等地位的时间非常早，范围也极为广泛。从新中国第一部宪法就已经明确规定了男女平等的原则，到今天，经过60多年的努力和发展，我国已经基本形成了一套相对完善和科学的妇女权益保障法律规范体系。成绩值得称赞和肯定，但是问题也必须要予以重视，从国际人权保障经验和标准以及我国现实国情需要来看，我国现行法律规范体系，无论在外部结构上，还是在具体内容上都还存在些许不足之处，需要进一步完善：

### （一）在外部结构上，缺乏一些专门性法律

在我国现有的妇女权益保障法律规范体系中，只有《妇女权益保障法》这一部专门性的法律，而对于其他一些社会生活中比较突出的侵害妇女权益的现象，并没有起草和制定专门性的法律来进行规制，这显然不合时宜，也与世界发展趋势不相符。另外，从域外一些法治发达国家来看，很多国家在家庭暴力、防治性骚扰的治理等热点领域，都出台了专门的法律来进行规范。当然，我们也需要说明的是，专门性立法的原因并不是其他国家有我们中国就必须有，也不是对已有的法律原则与法律制度进行重复性提及。相反，专门性立法主要是针对现行一些法律规定过于原则和有所疏漏这一

① 薛宁兰：《95世妇会以来中国妇女人权法律保障述评》，《妇女研究论丛》2015年第6期。

方面的缺陷，并根据一些比较特殊的侵害妇女权益现象的具体特点，实施一种更具有针对性和操作性的、专门化防治措施，这种专门性的法律在妇女权益保障治理程序的安排上、举证责任的分配上以及相关法律责任的设置上，都会同一般法律有着一定区别。[①]

（二）在内部结构上，立法质量还不是太乐观

具体到我国妇女权益保障而言，虽然近年来其立法进程中的科学化和民主化水平得到了显著提升，[②] 相关法律的质量也因此而实现了些许的进步，但总体而言仍不免存在着诸多的缺漏，还有诸多需要完善的地方。比如说，《妇女权益保障法》是中国妇女权益保障领域的“基本法”，其彰显了我国妇女权益保障的决心和意志，也为我国妇女权益的保障提供了基本的价值引导和操作规则。但是，通过对该法的体系和条款进行大致的审视之后，可以发现其立法技术较为粗糙，科学化水平根本没有达到理想的程度——在内容设置上，其没有设置专门的监管机构来保障法的实施，可诉性条款也基本缺失，造成在具体实践中其几乎难以发挥很大的实效；在语言表述上，其也往往比较笼统，大多是一些纲领性的宣言，很多基本概念，如性骚扰、家庭暴力以及性别歧视等都没有做出明确的界定，导致其在具体适用时缺乏可操作性。[③] 在1995年世界妇女大会明确提出将性别意识纳入所有法律和政策制定过程之中的大背景下，同许多发达国家开始将性别意识评估作为立法一个重要环节的做法相比，我国显然做得还不够（引入妇联组织的参与是否为立法

① 薛宁兰：《中国妇女权利法律保障体系的结构》，《中华女子学院学报》2008年第4期。

② 在中央层面，五年来，全国妇联依据法律赋予的权利和组织章程的规定，围绕十一届全国人大常委会的立法工作计划，先期部署、统筹规划源头维权工作，主动、及时跟进国家立法和政府决策进程。五年来，全国妇联共参与刑法、人民调解法、侵权责任法、农村土地承包经营纠纷调解仲裁法、村民委员会组织法、社会保险法、婚姻法司法解释（三）等百余件次涉及妇女利益的法律和公共政策的制定、修改；在地方层面，五年来，全国妇联推动31个省区市全部完成了妇女权益保障法实施办法的修订工作，将国家法律的规定具体化。另外，在地方妇联的推动下，28个省区市制定了反家暴地方性法规或规范性文件。参见陈丽平《妇联持续推动立法保护妇女权益》，《法制日报》2013年10月28日第003版。

③ 参见张燕《妇女权益条款中的预言失范研究》，《中华女子学院学报》2014年第1期。

的必备环节、妇联组织的意见是否必须参考和吸收等）。这也就造成我国现今许多法律中都或明或暗地存在着某些违背妇女权益保障的相关条款。

## 第二节　制定《家庭暴力防治法》[①]

对于我们所有人来说，“家”往往是一个比较温馨的字眼，“家庭”则是一个非常幸福的词汇。然而，再完美的事物也会存在一定的不完美。早在20世纪70年代，家庭暴力的问题就已经受到全球范围内的广泛关注和重视，在我国，家庭暴力现象也早已有之，并且近年来随着社会生活压力的陡增，我国家庭暴力发生的频率逐渐提升。据相关调查与统计，在我国，家庭暴力的发生率为30%—36%。考虑到家庭暴力的严重负面影响，我国政府近年来给予了家庭暴力极大地重视。

### 一　我国在家庭暴力规范上的现状

长期以来，我国并没有一部专门调整和规制家庭暴力的法律，有关家庭暴力的法律规范主要是散见于一些其他法律文本当中。在《宪法》《妇女权益保障法》《民法通则》《婚姻法》《继承法》以及《刑法》《老年人权益保障法》等法律文本中，几乎都或明或暗地存在些关于家庭暴力的规定。以2001年的《婚姻法》修正案为例，此次修正案将对“救助措施与法律责任”专设一章进行了规定。此章的设立可以说是我国婚姻家庭立法上一个非常重大的突破，这其中有关法律责任和救助措施的各项规定当然会对我国家庭暴力的防治有很大的价值。另外，还需要指出的是，2001年的《婚姻法》修正案还专门对家庭暴力问题给予了关注，它在总则中

① 虽然在2015年12月27日我国《反家庭暴力法》正式审议通过，但是由于该法与预期仍存在一定的差距，所以，在本书中，继续对制定《反家庭暴力法》的必要性和可能性展开论证，并对其应然的体例设计进行阐释，这仍具有极大的理论价值和现实意义！

明确规定了“禁止家庭暴力”，这个规定的意义是十分重大的。除了婚姻法之外，2005 年 8 月修正后的《妇女权益保障法》也对家庭暴力进行一定的规定，它指出：“禁止对妇女实施家庭暴力。国家采取措施，预防和制止家庭暴力。公安、民政、司法行政等部门以及城乡基层群众性组织、社会团体，应当在各自的职责范围内预防和制止家庭暴力……”2008 年 3 月，最高人民法院中国应用法学研究所还研究起草发布了《涉及家庭暴力婚姻案件审理指南》，并且将全国选取的九个基层法院作为《指南》的试点法院。2008 年 7 月 31 日全国妇联等七部委联合起草和发布了《关于预防和制止家庭暴力的若干意见》。这些都对我国家庭暴力的防治进行了规定。

在一些地方政府层面，我国各地政府积极充分发挥自身优势，对“反家暴”展开了丰富多彩的法律实践，并取得了阶段性的成果，甚至在统一立法方面已经走在了中央的前面。[①] 经过相关统计，截至目前，我国共有反家暴相关法律文件 50 个左右。这其中，地方性法规共有 18 个，比较具有代表性的有《浙江省预防和制止家庭暴力条例》（2010 年发布）、《吉林省预防和制止家庭暴力条例》（2007 年发布）《重庆市预防和制止家庭暴力条例》（2006 年发布），等等；地方规范性文件共有 22 个，比较具有代表性的有《湖南省公安厅关于印发〈湖南省公安机关办理家庭暴力案件工作规定〉的通知》（2013 年发布）《嘉兴市人民政府办公室关于成立嘉兴市预防和制止家庭暴力委员会的通知》（2011 年发布）《温州市预防和制止家庭暴力规定》（2006 年发布），等等；地方司法文件共有 6 个，比较具有代表性的有《湖南省高级人民法院关于加强对家庭暴力受害妇女司法保护的指导意见（试行）》（2009 年发布）《江苏省高级人民法院、江苏省公安厅、江苏省妇女联合会关于依法处理涉及家庭暴力婚姻家庭案件若干问题的指导意见（试行）》（2010 年发布），等等。

通过以上梳理，可以发现，近几十年来，我国在反家暴的立法上已经取得了些许进步，基本构建起了全国性立法和地方性立法纵

① 参见张洪林《反家庭暴力法的立法整合与趋势》，《法学》2012 年第 2 期。

横交错的法律体系，为我国预防和惩处家庭暴力提供了一定的法律依据。但不可否认的是，这些规定大都分布较为零散，且内容抽象、笼统，多是一些口号式、宣言式的规定，简单粗糙，可操作性不强，继而导致在具体的法律实践中关于受暴对象的保护和救济以及对施暴者的制裁和惩处缺乏协调性与统一性，诸多问题开始逐渐暴露出来。

## 二　我国制定《家庭暴力防治法》的缘由

家庭暴力是一种特殊的现象，其与一般暴力在发生的场所、行为的表现形式以及造成的损害后果等多个方面都有所区别，因此，也导致了对二者的监督和管理必须采取不同的方案。传统上的将“一般暴力”的管理方法简单地移植到“家庭暴力”上的实践，与实际严重脱离，显然是过时的。[①]具体而言，它主要有三个方面的原因。

首先，家庭暴力大都发生在家庭成员之间。也正因为如此，使得家庭暴力犯罪通常具有一种隐蔽性。其具有如下两种表征：第一，家庭暴力的受害者由于受到“家丑不外扬”观念的影响，尽管感到屈辱和受到伤害，但总是以容忍、宽恕以及沉默的方式来对待，不到忍无可忍的境地，一般不会诉诸法律，生怕被外人知晓后引来大家的嘲笑和讥讽。第二，家庭暴力发生在家庭内部，外人很难感知和察觉，并且受害者在遭受侵害之初，并不具有收集、保留证据的意识。还有些施暴者专打女性的隐私部位，往往让女性难以启齿。这些都给有关家庭暴力的举证工作带来极大的困难，特别是

① 除了《妇女权益保障法》《未成年人权益保护法》《老年人权益保障法》等特殊法律的规制外，对于家庭暴力，一般会通过《刑法》《民法》《行政法》以及《诉讼法》等相关法律来加以规制。《刑法》通过对杀人罪、伤害罪、强奸罪、侮辱罪、非法拘禁罪、拐卖妇女儿童罪、暴力干涉他人婚姻罪、虐待罪、遗弃罪等罪名和刑罚的规定，对实施家庭暴力构成犯罪的人予以惩处；《行政法》通过行政处罚对家庭暴力行为进行惩处。如《治安管理处罚条例》对侵犯他人人身权利尚不够刑事处罚的“殴打他人、造成轻微伤害”“非法限制他人人身自由”“虐待家庭成员，受虐待人要求处理”等规定应由公安机关予以拘留、罚款或警告；《诉讼法》主要是指刑事诉讼法和民事诉讼法，通过自身的程序规则和证据规则对家庭暴力案件的司法审判进行规制，等等。

在施暴者极力否认家暴的情况下，要求被害人提供证据证明施暴者实施了家暴显然是强人所难。然而，根据我国现行《刑事诉讼法》的规定，涉及家庭暴力的罪行，如虐待罪、轻伤害罪等，大都属于告诉才处理的自诉案件，并且由自诉人自己来承担举证责任，而缺少针对家庭暴力案件的专门处理程序和证据规则，这显然不利于家庭暴力案件的处置。

其次，在过去，我们对家庭暴力中“暴力”的理解，大多局限于身体暴力，立法在此基础上，根据不同的侵害法益，将其行为分别划归于相应的罪名，如故意杀人罪、故意伤害罪、虐待罪和遗弃罪等。[①] 然而，随着人们研究的深入以及知识的增加，将家庭暴力仅仅限定于身体方面的暴力，显然不能满足预防和打击家庭暴力现象的需要，况且像“虐待罪”“遗弃罪”这些罪名，还大都是以“情节恶劣”“情节严重”作为犯罪构成的一个重要方面，这就造成在实践中真正能够适用上述罪名被定罪处罚的家庭暴力行为少之又少。在实践中，家庭暴力也产生了一些新的形式：语言暴力，也就是说以语言持续威胁、恐吓、诽谤和辱骂，导致对方不舒服；冷暴力，是指一方对另一方持续冷淡、轻视、放任和疏远，使对方遭受精神压力等；性暴力，主要是指故意攻击、损害女性的性器官或者强迫女性与其发生性关系、进行性接触。这个性暴力的比较明显的例子就是近些年来频繁发生的“婚内强奸”；经济暴力，就是以不法手段破坏受害人的经济活动，致使其遭受经济损失等经济控制行为。[②] 上述这些新的行为类型在法律上究竟该如何定位，又该如何规制和惩处，至今还尚存疑问。

最后，家庭暴力案件中的施暴者不顾亲情、泯灭人性，轻则恶言相向、凌辱诽谤，重则拳脚相加、殴打残害，这不仅会给受害者的身心健康造成重大损害，使其长期心情压抑、精神低落，而且还会引起“暴力循环”和“代际传递”，最终影响到整个社会的和谐

① 参见刘晓霞、王丽丽《反家庭暴力研究》，中国政法大学出版社 2012 年版，第 154 页。

② 参见肖洁、风笑天《中国家庭的婚姻暴力及其影响因素——基于家庭系统的考察》，《社会科学》2014 年第 11 期。

与稳定。有鉴于此，对于家庭暴力的防治，理应构建一个系统性的工程。其要义有二：第一，对受暴者的救助不仅是国家的责任，而且是整个社会的责任。一个有目共睹的事实是，家暴行为发生后，受害人会在心理上和精神上受到很大程度的打击，这些层面的损害远非单一的刑事审判和刑事处罚就能完全化解。此时，来自社会方面的辅助、安慰和调适就显得十分必要。[①] 第二，既要注意事后的治，也要重视事前的防。在实践中，我们可以看到，对家庭暴力行为实施一种事后惩治，通常取得的效果非常有限，并且还非常容易进一步恶化家庭成员之间的关系，继而使本不理想的家庭生活又雪上加霜。有鉴于此，应当努力采取一些比较积极的措施加强对家庭暴力行为的事前预防，将那些本可以进行避免的家庭暴力行为消灭在萌芽状态，这也自然应当成为贯穿于家庭暴力防治之始终的一个基本价值理念。可是，在我国现今的家庭暴力防治法律体系中，只能看到国家公权力的干预，却鲜见社会私权利的介入，往往比较强调对施暴者事后的惩治，而对事前的预防却很少提及，一个系统性的防治工程远未形成。

## 三 我国制定《家庭暴力防治法》的条件

现有的家庭暴力防治法律体系并不是太健全，内容也不够系统，这就造成家庭暴力这一严重的社会问题在实践中通常并不能得到很好的解决。在这样的大背景下，起草和出台一部专门的《家庭暴力防治法》就显得十分必要。经过近些年来的多方研究和努力，我国各地方以及政府各部门在家庭暴力的立法方面已经积累了一定的经验，这为我国一部完整的《家庭暴力防治法》的起草和出台打下良好的基础，继而使家庭暴力领域统一立法成为一种可能。

---

① 以英国为例，其在反家庭暴力上主要存在三种模式，即“预防——零忍耐运动”“救治——多机构合作”以及“妇女支持——社会救济服务”。在这三种模式中，一些社会组织发挥着极为重要的作用。英国零忍耐福利基金会利用各种手段在大众媒体、公共场所广泛宣传禁止家庭暴力；英国妇女救助联合会在英格兰全境为在家中遭受身体的、性的或感情虐待的妇女和儿童设立庇护所，提供安全的食宿、实际的和精神的支持以及法律和福利权益上的帮助，并开展妇女援助全国帮助热线业务。参见曹诗权《中英维护妇女权益、防止家庭暴力研讨会综述》，《法商研究》2000 年第 3 期。

如前所述，在家庭暴力的预防和惩处上，除了强调国家公权力的干预外，社会的作用也是不容忽视的，而且国外在这方面已经取得了较为显著的成效。① 在我国，近年来，诸如妇联、居（村）委会、人民调解委员会、法律援助机构以及一些救助组织等社会力量也开始积极参与到家庭暴力的治理当中，并扮演着越来越重要的角色，亦积累了较为丰富的实践经验。在反家庭暴力的事前宣传上，中国妇联将反家暴普法宣传作为工作重点，以“三八”妇女维权周、法律宣传咨询服务日为契机，综合运用广播、电视、报纸等宣传媒介，在全国范围内大力推广“家庭暴力零忍耐”行动，以提高普通市民对家庭暴力的认知；在家庭暴力的事中处理上，居（村）委会、人民调解委员会积累了丰富的调解经验——对于某些情节较为严重的身体暴力，并不能为了家庭的和睦而一味地追求和解，相反，对于一些情节较轻的“冷暴力”，考虑到法院通常会不予受理，因而投诉到居（村）委会或人民调解委员会，由它们进行处理，可能会取得更好的效果；在家庭暴力的事后救助上，我国也开始有所起步。在国家的鼓励和带动下，许多社会组织和私人企业积极参与，通过组建各种社会救助和心理咨询机构为受暴者提供救济。比如，上海市安亭镇成立了“疏心大姐维权工作室”，广东省惠州市成立了“闺中密友室”，专门为受暴者提供道德教导、心理疏导以及情绪诱导等服务。

近些年来，我国在家庭暴力防治方面的相关司法实践也为我国《家庭暴力防治法》的起草和出台提供了一定的借鉴。众所周知，“司法不仅是纠纷的解决机制，还是法律的解释和填补机制，即制

① 在美国，20世纪70年代，民间成立了首个家庭暴力受害妇女庇护站，其后各州陆续开始建立非官方的救援组织，为家暴受害者提供了方便、安全的场地；在加拿大，将反家庭暴力意识培训纳入到各医学院校的教学课程中，并要求医护人员、社会工作者、精神病专家负有报告家暴事件的义务；在澳大利亚，各社区都有专门的家暴处理员，其主要职责在于为家暴受害者提供及时的咨询或接受受害者及相关人的投诉。参见赵颖《美国警察针对家庭暴力的逮捕政策及其干预模式研究》，《中国人民公安大学学报》2005年第1期；简-乌索尔、朱晓青《加拿大家庭暴力项目的发展》，《环球法律评论》2003年第2期；卫杰《澳大利亚家庭法的家事调解制度对我国的启示》，《山西农业大学学报》2007年第2期。

度生成机制。"[①] 观察法院对家庭暴力案件处理的探索和态度，就是观察家庭暴力案件在司法领域的生长。2015 年 5 月 20 日，在北大法宝上检索，以"家庭暴力"为关键词，案件类型为"全部"，法院级别为"全选"，文书性质为"全选"，审理程序为"全选"，共有记录 1254 个，包括公报案例、典型案例、经典案例、精选案例以及普通案例五个类型，涵盖民事、刑事以及行政和知识产权四类案件。如此多的家庭暴力案件必然会逼迫法院对该类案件的处理表明自己的态度。以"庄丽琴诉范春勇离婚案"为例［（2007）温龙民初字第 548 号］，当时案件争议的焦点之一即为"应当由谁来承担家庭暴力事实的举证责任"。法院经过详细讨论认为：根据《民事诉讼法》，民事案件一般适用"谁主张、谁举证"的证据规则。但鉴于家庭暴力案件的隐蔽性，在这种一对一的证言中，如果严格适用此种规则，由原告承担全部的举证责任，将导致裁判结果实质上的不公平，违背公平和正义的价值取向。故此，采取举证责任倒置或更为妥当。另外，在有关家庭暴力的具体认定上、正当防卫上以及惩治措施的设定上，我国司法审判实践也都积累了一些颇为有益的经验，阐释了其不一样的处理态度和方式。还有，最近几年，我国最高人民法院联合相关部门，陆续出台了《涉及家庭暴力案件审理指南》《关于预防和制止家庭暴力的若干意见》《关于依法办理家庭暴力犯罪案件的意见》，这些都会对实现我国家庭暴力的全国统一立法大有裨益。

## 四　我国《家庭暴力防治法》的框架安排

总体而言，我国理想中的《家庭暴力防治法》应当做出如下安排和设计：

第一，有关家庭暴力的概念界定。家庭暴力的法律概念应当是明确、具体的，以指引人们不为此种行为，达到立法者的预期目的

---

① 叶必丰：《行政合同的司法探索及其态度》，《法学评论》2014 年第 1 期。

和效果。[①] 在家庭暴力的内涵界定上，主体范围和行为范围是其两个核心要素。正确认识家暴的主体范围，有利于保障当事人的合法权益；正确认识家暴的行为范围，则有利于增进家庭暴力的禁止实效。

对于家庭暴力的主体，各国还存有一定争议，进而形成不同的立法体例。比如，新西兰《家庭暴力法案》，在主体方面不仅包括异性夫妻，而且还包括了“伴侣”和“任何按照婚姻的本质关系共同生活的人（无论是同性还是异性）”。[②] 1996 年英国《家庭法案》确认的主体范围主要包括配偶、前配偶、同居者和前同居者等。[③] 在韩国，1997 年颁布的《家庭暴力惩治专项法案》，则将家暴的主体范围仅限定在家庭成员之间。于我国而言，考虑到家暴主体是一个具有较强民族性、文化性的概念，应当从本国的固有实际和传统道德观念出发，而不能一味地将某些国家对家暴主体的宽泛概念盲目移植。在广义上，我国对家庭成员的理解已经涵盖了在一个家庭内共同生活的具有血缘关系、姻亲关系或法律上的继、养关系的人。因此今后争论的焦点主要集中在如下三类人群：（1）非婚同居的异性恋。在我国现今的地方立法中，有的已经将此纳入，如《银川市预防和制止家庭暴力条例》；有的却未纳入，如《海南省预防和制止家庭暴力规定》。笔者认为，在我国非婚同居数量日益增多的前提下，将其纳入家暴主体范围，比较符合我国的国情和一般民众的认知，况且家暴主体的重点应当倾向于“共同生活之实，而非具有亲属关系之名”[④]。（2）非婚同居的同性恋。由于同性恋无论是在我国传统文化中，还是在现今法律规定中，都还不是一个可以接受的现象，将其纳入我国家暴主体的范围，显然是不妥当的。（3）已经离异的人。对于离异的人，其法律上的婚姻关系已经废

---

① 参见李洪祥《“家庭暴力”之法律概念解析》，《吉林大学社会科学学报》2007 年第 4 期。

② Bill Atkin, “Dealing with Family Violence: Family Law in New Zealand 1995”, in Bainhamed, *The International Survey of Family Law* 1995, The Netherlands, p. 386.

③ Kate Standley, *Family Law*, Macmillan Press Ltd., 1997, p. 71.

④ 徐剑锋：《反家暴国家立法：呼之欲出》，《社会观察》2015 年第 4 期。

除，不再构成家庭成员关系，他们之间的暴力行为，则完全可以按照《治安管理处罚法》和一系列刑事相关法律来处理。但是，如果两者虽已离异，却仍处于长期的同居状态，则可参照“非婚同居的异性恋”加以定性。

对于家庭暴力的行为，各国意见比较统一，其立法几乎都遵循了国际公约对妇女暴力行为的定义。比如，英国、美国以及韩国基本都将家庭暴力行为明确限定在身体暴力、性暴力和精神暴力三个方面。于我国而言，笔者认为：(1) 对于精神暴力，主要是语言暴力，亦即经常性恐吓、谩骂、侮辱等行为，应当纳入到家暴的行为范围当中。从现有的司法实践来看，在法院受理的家暴案件中，涉及精神暴力（语言暴力）的几乎占到了一半。另外，一些现有的刑罚罪名也可供其援用，如诽谤罪、侮辱罪等。(2) 对于性暴力，考虑到我国刑法规定的有强奸罪，且刑法的规定并没有排除丈夫构成此罪，更没有排除亲属间构成此罪。因此，在非常态的特定条件下，夫对妻仍可构成强奸罪，这在司法实务中也有此类的判例。[①] (3) 对于冷暴力（不作为的暴力，如不理不睬、漠不关心、冷淡疏远等），虽然其也会给相对人带来性格孤僻、心理不良等损害，但其仅是一种感情不和的表现，并没有给相对人带来实质性的权利损害，且由于缺乏具体的行为形式，也不利于司法的正确适用，因此暂不宜列入立法当中。(4) 对于财产暴力，其对象主要是物，而非人，现阶段也不太适合作为家暴行为来处理。至少在观念上，人们还不太可能接受。综上所述，我国的《家庭暴力防治法》应当着重规制身体暴力、精神暴力以及性暴力这三类行为，而对于其他行为，则暂不加考虑。

第二，有关家庭暴力的治理主体。预防和制止家庭暴力是全社会共同的责任，是一个系统性的工程，其涉及的部门、机构、组织以及团体和法律规范数量众多。[②] 因此，在设计《家庭暴力防治法》

---

① 参见巫昌祯、杨大文《防治家庭暴力研究》，群众出版社 2000 年版，第 73—74 页。

② 参见高凤仙《家庭暴力法规之理论与实务》，台北：五南图书出版股份有限公司 2011 年版，第 36 页。

时，必须始终遵行“家暴治理综合化”的理念，打造出一个国家和社会相联动、预防和惩处相结合的综合治理机制。

国家和社会相联动是指在家暴的治理过程中，国家和社会分别扮演着不同的角色，两者相互分工、相互配合，共同保障受暴者的合法权益。首先，《家庭暴力防治法》要明确国家的组织、引导以及督促者的角色，并在法治的轨道内向受暴者提供各种公力救济路径。其具体安排如下：（1）立法机关应当加快相关领域的立法，进而为我国反家暴工作的组织与开展提供规范依据和法律引导；（2）行政机关应当结合本部门的工作职责，通过公民普法、对重点对象进行法制教育等多种形式，有效开展反家暴宣传活动，并在家暴行为发生时，及时制止和收集证据；（3）检察机关主要负责有关家暴案件的公诉，并对法院的立案和审判工作以及相关裁判的执行工作进行法律监督；（4）法院则主要负责对家暴案件展开民事、刑事或行政审判，并在此基础上确立施暴者的相关法律责任。其次，《家庭暴力防治法》还要明确社会的实施、协助以及补充者的角色。其具体安排如下：（1）在反家暴的宣传上，国家只是进行引导和督促，而新闻媒体、各种社会组织则是具体的实施主体；（2）在家暴的处置中，对于无民事行为能力的人、限制民事行为能力的人或者因年老、残疾、重病等原因无法报案的人，中国妇联、各种社会救助组织可以代为报案，甚至对于某些性质不是特别恶劣，还有些许缓和余地的家暴案件，居（村）委会、妇联等组织可以进行调解；（3）在对受暴者的救助中，国家也通常力量有限，相反，各种社会救助机构、公益组织和团体却可以发挥极为重要的作用。

预防和惩处相结合是指在家暴的治理过程中，不仅要注重事后的惩处，更要重视事前的预防，甚至在某种程度上，预防扮演着更为重要和关键的角色。[①] 在传统上，我国对于家庭暴力的治理，过于突出和强调对施暴者的事后惩处，而对其事前的预防工作却努力不够。经过多年的实践，我们发现这种策略并没有收到

① 参见王灵《〈中华人民共和国反家庭暴力法（征求意见稿）〉座谈会会议综述》，《山东女子学院学报》2015 年第 2 期。

很好的效果，相反，家暴事件却在我国呈现出一种倍增的趋势。[①]有鉴于此，《家庭暴力防治法》应当遵行“预防为主，预防与惩处相结合”的立法理念，在保留原有惩处措施的前提下，加大对家暴的事前预防工作。其具体安排如下：（1）国家政府机关可以鼓励和支持各种类型的社会组织及公共团体举办、开展形式多样的、具有公益性的家庭暴力防治宣传活动；（2）各类新闻媒体应当利用自身优势大力进行反家暴的舆论宣传工作；（3）法院、检察院以及司法局等司法行政机关应当把与家庭暴力有关的法律法规纳入到法制宣传教育的内容当中；（4）民政部门应当向婚姻登记当事人宣传家庭暴力的相关法律法规以及其他的知识；（5）中小学校应当开展反家暴知识和相关法律法规的教育；（6）乡镇人民政府和街道办事处应当指导各村委会和居委会组织开展家庭暴力的预防工作；（7）一些民间调解组织应当及时调解家庭纠纷，以预防和减少家暴的发生；等等。

第三，有关家庭暴力的体例安排。作为一个特殊现象，家暴并非单纯可以如民事、刑事一样区分实体法和程序法。并且，在英国等法治发达国家和台湾等法治发达地区，其反家暴立法均是采取“实体程序一体化”的立法体例。事实证明，对于家暴这样一个“特殊对象”，其法律规制无须严格区分实体法和程序法。相反，将二者融入一部专门的《家庭暴力防治法》中，实施效果可能会更佳。

在实体内容的安排上，我国《刑法》中的现有罪名几乎已经足以覆盖家庭暴力中的所有犯罪行为，因此没有必要再增设专门的“家庭暴力罪”[②]。对故意杀人、故意伤害、强奸、经常性恐吓、侮

---

① 有些家庭暴力所造成的后果，如感情消失、家庭破裂等，根本是无法挽回的。幻想通过单纯地采取各种事后惩处措施就能弥补，简直是天方夜谭。另外，也有一些家庭暴力案件，一开始并不严重，本可以通过事前的预防措施就可化解，由于这种措施的缺失，导致后来逐渐恶化到严重的家庭暴力，显然得不偿失。

② 针对日益严重的家庭暴力现象，有诸多学者主张增设家庭暴力罪，这显然是不恰当的。因为家庭暴力行为包括肉体上、精神上以及性上的暴力，每种暴力行为的社会危害性明显不同，如果将这些暴力行为均涵盖在一个罪名当中，无法体现罪刑相适应原则。

辱、诽谤、虐待、遗弃等侵害公民身体权利、精神权利以及性权利的家庭暴力行为，应当根据该行为的事实、性质、情节和对社会的危害程度，严格依照刑法的有关规定来判处。但是，“由于法律规定太笼统，缺乏具体操作措施，导致现实生活中真正能构成上述罪名的家庭暴力极少，绝大多数家庭暴力案件因达不到《刑法》规定的最低标准而得不到制裁”[①]。有鉴于此，当务之急，应当是针对家庭暴力的特殊性，在《家庭暴力防治法》中对上述罪名的构成要件做适当的明确和细化。比如，对于虐待罪和遗弃罪中的“情节恶劣”“情节严重”等不确定概念，可以在《家庭暴力防治法》中加以解释，以将家庭暴力中的一些违法犯罪行为准确框入这些罪名之中。[②] 另外，还应针对家庭暴力的特殊性，明确贯彻宽严相济的刑事政策，准确认定家庭暴力中的正当防卫，并充分运用禁制令、人身安全保护令以及社会矫正等措施。

在程序规则的安排上，考虑到家庭暴力的特殊性，可以在《家庭暴力防治法》中对其所涉刑事案件的处理程序做特别设置。比如，（1）在立案阶段，可以通过“代为告诉”的制度设计来充分保障被害人的自诉权——被害人是无行为能力人、限制行为能力人，其法定代理人、近亲属没有告诉的，人民检察院可以告诉。侮辱、暴力干涉婚姻自由等告诉才处理的案件，被害人因受强制、威吓无法告诉的，人民检察院也可以告诉。（2）在举证质证阶段，可以合理分配举证责任，并加强对自诉案件的举证指导——家庭暴力犯罪案件具有周期较长、隐蔽性、证据难以保存、相关事实难以认定等特点。因此，公诉人只需证明被害人受到家暴的损害结果，如果被告不能提供证据证明自己没有实施家暴，则可据此认定其构成相关

---

① 参见李华《不放弃追诉政策——国家介入家庭暴力的价值选择》，《环球法律评论》2004 年第 1 期。

② 加拿大学者安拉利丝·艾科恩（An-nalise Acorn）针对家庭暴力具有持续性的特点，提出了“虐待行为累积效应”的概念。其主要是指在家庭暴力中，某单个行为可能看起来危害不大，情节不严重，不符合虐待罪的构成要件，但是如果把这些行为连接在一起，从整体上看，它们就很严重了，就构成了虐待罪。参见［加拿大］李恩·汉森《加拿大家庭暴力的对策及其在中国的潜在适用性》，载刘伯红《女性权利——聚焦〈婚姻法〉》，当代中国出版社 2002 年版。

的犯罪。[①] 自诉案件中，由于被害人相对弱势，举证能力有限，法院还应及时对其进行举证指导，告知其需要收集的证据以及收集的方法。(3) 在裁判阶段，可以适当尊重被害人的意愿，听取其对刑事裁判的意见——办理一些有关家庭暴力的犯罪案件，既要注意对施暴者的严格依法惩处，也要适当尊重和照顾受暴者自身的意愿和想法。在进行定罪量刑和刑罚执行时，应当充分听取受暴者的意见，力求在法律规定的范围和幅度内作出一个非常合情、合理的处理。

第四，有关家庭暴力的责任设置。如前所述，家庭暴力的治理是一个系统性工程，涉及诸多法律主体。有鉴于此，《家庭暴力防治法》中有关法律责任的设置也应该是多元的。比如，施暴者可能会同时承担起民事、行政以及刑事三种责任，负有法定职责的政府机构在没有依法履行该职责时可能会承担行政责任和刑事责任，实行救助的社会机构在没有履行相应义务时也可能会承担行政责任，等等。总之，要通过这些法律责任的设置和细化使我国未来的《家庭暴力防治法》能够落到实处。

对于施暴者，《家庭暴力防治法》应当结合和参照其他相关法律的规定，根据不同的情况对其作出不同的责任设置。具体而言：(1) 在民事责任上，如果因家庭暴力导致离婚，施暴者不仅在财产分割上处于不利地位，而且还应负担起相应的损害赔偿责任，主要包括财产领域上的损害赔偿和精神领域上的损害赔偿。对于受暴者的医药费、误工费以及护理费等相关开支，也理应由施暴者来承担。如果导致受暴者残疾的，施暴者还要支付相应的残疾补偿金，等等。(2) 在行政责任上，如果家庭暴力行为比较轻微，还没有触犯《治安管理处罚法》，那么公安机关可以采用书面的形式劝导、告诫施暴者以后不得再进行家庭暴力，并将劝导书和告诫书抄送给受暴者的住所地或者经常居住地的基层群众性自治组织以及妇女联合会，由它们帮忙进行监督考察。如果家庭暴力行为已经触犯了《治安管理处罚法》，但是还没有构成刑事犯罪的，则可以由公安机

① 参见陈敏《关于家庭暴力认定难的思考》，《法律适用》2009 年第 2 期。

关依据《治安管理处罚法》的相关规定对施暴者实施相应的治安管理处罚。(3) 在刑事责任上，考虑到刑法是社会保护的最后一道屏障，是最为严厉的一个法律制裁。因此，只有当家庭暴力行为达到一定程度的时候，亦即构成刑事犯罪时，方可由刑法来进行调整和规制。此时，施暴者就要承担一定的刑事责任。①

对于国家机关和社会组织，《家庭暴力防治法》在赋予它们家庭暴力治理职责或义务的同时，也应当对它们设置形式多样的法律责任。具体来说：(1) 负有反家庭暴力法定职责的国家工作人员，如果因玩忽职守、滥用职权、徇私舞弊以及泄露隐私，而使当事人的合法权益受到损失，则依法应当给予其行政处分，构成犯罪的，还要依法追究其相关的刑事责任。(2) 负有预防、协助以及救助义务的一些社会组织和团体，如救助管理机构、社会福利机构、中小学校、幼儿园、医疗机构，在遇到家庭暴力事件时，未依照《家庭暴力防治法》的有关规定，及时制止、报案、协助和救助的，以至于造成严重后果的发生，则应当依法对其直接负责的主管人员和其他直接责任人员给予行政处分。

## 第三节　制定《性骚扰防治法》

性骚扰问题一直以来都是困扰西方各国的一个严重问题。近年来，这一问题在我国也越来越受到关注。随着我国经济社会的飞速发展，外出务工的女性越来越多，性骚扰问题愈加突显，值得越来越多的人去关注。我国首例性骚扰案件发生于 2001 年 7 月。当时西安市莲湖区人民法院受理了某企业女职工童女士诉其公司悠经理性骚扰一案。一石激起千层浪，性骚扰问题在我国迅速升温，其发生数量也在大幅度提升，有关性骚扰的报道每年都见诸全国各大媒。虽然由于性骚扰而提起的诉讼在我国每年也不少，但是在实践

① 参见于东辉《〈家庭暴力防治法〉立法建构的思考》，《法学杂志》2007 年第 4 期。

中，性骚扰案件中的受害者去求助于法律的庇护的情形非常少，性骚扰法律规制效果整体不佳。有鉴于此，对世界各国性骚扰规制经验加以介绍，并在此基础上论证在我国制定《性骚扰防治法》的必要性及其框架设计，实属必要！

## 一　性骚扰的法律概念

时至今日，在西方各法治发达国家，有关性骚扰的具体含义，依旧没能达成一个一致的界定。实际上，受制于各国传统社会风俗、文化道德观念以及国家法律传统的不同，要想得到一个相对统一，又能被世界各国所广泛接受的性骚扰定义，是一项很艰难的任务。在我国，要想对“性骚扰”的概念做出一个准确的界定，有必要对其概念起源、概念发展以及构成要件展开梳理和阐释。

### （一）“性骚扰”的概念起源

实际上，性骚扰对于我国来说是一个舶来词汇，其发源地事实上是在美国。从更遥远的意义来说，性骚扰是女权意识逐渐觉醒和女权运动逐步高涨的结果，它们为“性骚扰”这一概念的最终诞生提供了一个思想基础。

学界公认发生于1974年的美国Williams诉Saxbe一案是性骚扰概念的真正产生原因。美国有一位女性员工Williams很长时间以来遭受上司带有性内容的骚扰与挑逗，不得已提出了辞职，由此沦为了一名失业者。考虑到她主要是由于个人原因而“主动”提出离职的，如果按照美国当时的法律规定，她是没有权利和资格去获得政府发放的失业人员救济金的。也正因为此，她在走投无路之下向法院提起了诉讼，同时聘请了美国当时著名的女权主义法学家凯瑟琳·麦金农（Catharine A Mackinnon）来担任自己的诉讼代理人。

在办理此案的过程中，凯瑟琳·麦金农第一次提出了“性骚扰”（sexual harassment）这一概念，她认为：“就广义层面来说，性骚扰指的是处于非平等权利条件下强加的令人厌恶的性要求，主要包括语言上的性暗示、戏弄，不断地抛媚眼或者送秋波以及强行接吻等，以使员工失去工作作为要挟，提出下流的要求并且强迫员工与之发生性关系。”同时将性骚扰做以下定义：“通过滥用权利，在工作场所、法院、学校或者其他公共领域，以欺凌、恐吓、威胁、控制这些手段向妇女作出令人厌恶的与性相关的言语、要求或者举止的行为。”[①] 然而，考虑到这仅仅是凯瑟琳·麦金农自己思考并提出的一个关于性骚扰概念的学说，在当时并不存在法律上的明确依据，所以这个主张并没有得到美国法院法官们的认同。主要是由于司法界的主流观点始终认为这种现象乃是因异性之间的互相吸引所引起的，应当属于传统道德规范的范畴，是一种品行不良的行为，在本质上，根本不构成也不可能构成违法。[②]

一直到了 1976 年，美国哥伦比亚特区的上诉法院终于通过了判决，并在判决中正式认可了凯瑟琳·麦金农的这一学说。该判例的典型，再加上当时凯瑟琳·麦金农的声誉，使这一学说通过社交媒体的大范围报道迅速得以传播开来，性骚扰也因此在当时成为美国一个家喻户晓的新词汇。到了 1980 年，美国联邦平等就业机会委员会（Equal Employment Opportunity Commission，简称 EEOC）在其起草和颁布的《性骚扰指导原则》文件中，首先在法律上对性骚扰作了比较明确的规定。[③] 可以说，这基本表明了美国在性骚扰这一问题上的态度与立场。总而言之，性骚扰的治理在美国得到了广泛地研究和传播，并逐渐取得了理论上与法律上的双重认可，美国也由此成为世界上第一个对性骚扰进行法律规制的国家。从此以后，性骚扰这个概念开始迅速从美国传播开来，延伸到世界各个角落，有关性骚扰的治理也同时获得了大部分国家的广泛关注与认同。

（二）“性骚扰”的概念发展

通过认真挖掘和梳理性骚扰的起源和发展，我们可以很容易地

---

① 李银河：《中国当代性法律批判》，《南京师范大学学报》（社会科学版）2004 年第 1 期。

② 具体可参见［美］凯思琳·内维尔《内幕——职场权利滥用与性骚扰》，董煜韬译，中央编译出版社 2004 年版，第 213—218 页。

③ 《性骚扰指导原则》对“性骚扰”的概念界定大致如下：在下列情况下，不受欢迎的性的接近、性的要求、其他具有此类特点的语言和行为均构成性骚扰：第一，明示或暗示就业为前提条件，迫使屈从上述行为；第二，个人对上述行为屈从或拒绝，直接影响就业的前景；第三，上述行为的目的在于或具有这样的效果，即无理地干涉了他人的工作表现，形成了一个恐惧、敌对或侵略性的环境。

发现，性骚扰基本就是现代女性面对传统的男权社会所斗争的一个结果。因此，从一开始，就被等同于性别歧视，其定义也是有一些限制的。具体表现在：首先，其发生的场合往往比较特殊，大都是一些存有雇佣关系的环境；其次，其行为形式比较特殊，大都是男性对女性所发出一些歧视性的言行，或者实施一些不当行为。但是，时代也在不断地发展、不断地进步，导致性骚扰也有了更加丰富的概念内涵。引用北京大学郭卫华博士的学说："普遍来说，性骚扰大多发生在有上下级关系的男女性之间，且在其尚未成为被法律关注之领域的历史前提下，纵使其一开始提出的定义是多么的简单与考虑不全面，也仍然是巨大的进步，我们不能对其苛求，但是却不能不去完善它，在男女逐渐平等的今天，在各类观念不断发生改变的今天及不管上下级又或者是男女的性尊严都必须被尊重的今天，扩大性骚扰的法律概念之内涵已成必然趋势。"① 概括而言，性骚扰概念在如下两个方面逐渐发展。

1. 发生场域上的扩张

传统的性骚扰概念将性骚扰的发生场域仅仅限定在雇佣环境、工作场所内。许多国家也因此大都是通过性别歧视法或平等就业法对性骚扰行为进行规范和治理。例如，在 1990 年的议会决议中，欧洲议会将性骚扰做这样的定义："性骚扰是指不被欢迎的性行为又或者是其他以性为目的的行为，它损害了女性员工和男性员工的尊严，其主要包括不被欢迎的身体接触和语言或者非语言行为。"可以这样说，上述这些界定都深受美国的影响，对性骚扰的防治采用一种职权主义立场。② 但是，随着时代的发展，性骚扰发生的场所有了很大的扩展。据相关调查表明，除了存在雇佣关系的场所，校园、超市这类公共场所，家庭内部之间以及熟人之间甚至网络中均可能发生性骚扰。中国社会科学院曾经以非随机抽样的方式，在北京、上海、长沙和西安等地展开调查，开展对大陆地区的公共场所性骚扰问题的调研。在调查的过程中发现，曾经在公共场所遭到

---

① 高燕竹、郑吉泉：《性骚扰法律规制问题研究》，《政法论丛》2005 年第 3 期。

② 杨立新、张国宏：《论构建以私权利保护为中心的性骚扰法律规制体系》，《福建师范大学学报》（社会科学版）2005 年第 1 期。

陌生的异性抚摸的达到 119 人，占据被访者总数的 70%多；而有 102 人曾经在公共场所受到异性以性事为内容的玩笑、谈论和侮辱谩骂，占据受访者总数的 60%多；校园内的性骚扰也同样令人颇为震惊。近年来，校园性侵案件快速增长。就我国台湾地区而言，在 2002 年 3 月 23 日公布的关于以 2223 名中小学生为调查对象的两性平等教育评估报告中这样显示：大约有 60%的小学生曾经受到性骚扰。此外，还值得一提的是，伴随着网络文化的发展以及网络技术的普及，网上的性骚扰案件也越来越多。近年来，香港地区组织开展的一项关于青少年网上交友、网上陷阱的实证调查，也显示了被访问的青少年通常对网上出现的各种“性骚扰”并不是完全抗拒的，而且有超过半数的被访青少年在上网时曾出现过自己被性骚扰的情形。由此可见，近些年来，性骚扰除在传统雇佣场所发生外，越来越多向其他的场所进行扩张。恰如奥地利的生物学家康·洛仑兹说的那样：“一个亲密的群体如果一起拥挤在一个非常小的空间内就有可能会使一切行为准则失去效用。”[①] 在此基础之上，一部分国家与地区在定义其性骚扰概念时，在此种方面做出了一些改变，大都将性骚扰的发生场域进行了扩延。例如，我国台湾地区 2006 年正式起草和颁布实施的《性骚扰防治法》就把性骚扰防治的范围扩展到了职场和校园之外的广泛场域。[②]

2. 行为主体上的扩张

女权主义者提出性骚扰这个概念的目的主要是反对男性对女性的性别歧视，性骚扰起初也只适用于男性对女性的骚扰，这样的界定与当时的现实和认知的局限性有着密切关联。但是，随着社会的不断发展和进步，女性的社会地位得到了很大的提高，越来越多的女性从事一些领导岗位活动，在现实生活中出现了大量女性领导对男性员工实施的性骚扰，而同性之间产生性骚扰也逐步开始浮出水面。依据中国台湾的一项调查数据显示，923 名受访的两性员工之

---

① 宋少鹏：《何为性骚扰：观念分期与范式之争——2014 年教师节前后“性学派”对“女权派的质疑”》，《妇女研究论丛》2014 年第 6 期。

② 邓喜莲：《我国性骚扰防治之法律建构——以我国台湾地区反性骚扰法制为借鉴》，《求索》2013 年第 3 期。

中，有 36. 1%的女性以及 13%的男性承认遭到过一定程度的性骚扰。在 1994 年至 1996 年这一段时间内，美国平等就业机会委员会接受审理的性骚扰案件中，竟有 10%的案件是男性员工针对女性领导提起的。除此之外，还有同性骚扰、同事间性骚扰、外部客户或者供应商对企业内部职工性骚扰的案例，等等。[①] 美国联邦最高法院于 1998 年做出的一项终审判决，明确规定同性之间也可以依据 1964 年《民权法》第七章的规定对其遭受的性骚扰行为提起性别歧视之诉。所以，可以这样认为，美国是通过判例的形式扩大了性骚扰适用的主体范围。我国香港立法局在《性别歧视条例》中也明确规定了“凡有提及性骚扰的条文，须视为同样地适用于男性所受的待遇”。在我国，依据学者对性骚扰问题的调查结果显示：男性遭受性骚扰的比例其实并不比女性少很多，假如仅统计异性对其的性骚扰，那么在城市男性中，大约有 3. 4%的受访者表示自己曾受到过行为的性骚扰，大约有 4. 1%的受访者表示自己曾受到过言语的性骚扰；需要指出的是，男性与男性之间的性骚扰也是存在的。根据相关实证调查和统计，我们发现，在男性所遭受的所有言语性骚扰中，大约有 72. 6%的比例是由男性实施的。[②] 概而言之，我们则可以作出这样的推断：发展后的性骚扰概念不仅仅指的是男人对女人所发出的性骚扰言语或所实施的性骚扰行为。换而言之就是，性骚扰的发出或者实施主体并非仅仅局限于男性，行为对象也并非仅限于女性。不过，普遍而言，性骚扰的受害者多数仍为女性，实施者也更多的还是男性，而此类立法的宗旨也主要表现为保护妇女。不过，我们在对性骚扰此类社会现象作出立法规制时，不能失去对男女平等这一基本精神及原则的理解和把握，不能仅将女性界定为性骚扰的行为对象，从而忽视了男性也会遭到女性性骚扰的可能性；不能只注重异性之间的性骚扰，而忽视了对同性之间性骚扰的惩处。

（三）“性骚扰”的概念界定

通过对性骚扰概念的起源及其发展过程进行详细的阐述，我们

---

① 王恒涛：《性骚扰立法研究》，《环球法律评论》2006 年第 5 期。

② 潘髓铭：《中国的性骚扰》，《百科知识》2005 年第 17 期。

在对新时期的性骚扰概念进行界定时，应当注意从“性别歧视说”转向“侵权行为说”，从“职权主义说”转向“私权主义说”。据此，我们可对性骚扰做出如下界定：所谓性骚扰，主要指的是行为人进行的除直接性暴力犯罪之外的，以各种不当方式侵犯他人性自主权的一种行为。简而言之，其具有如下几个构成要件：

1. 行为内容

行为内容必须是与性有关的，即具有性的一种本质特征。其可以有不同的表现形式，主要包括口头、行动以及设置环境这三种主要的方式。所谓“口头方式的性骚扰”，主要是指当事人以言语的方式对女性进行一些与性相关的侵犯和暗示。在实践中，比较典型的例子就是行为人向女性任意讲述自己的性生活经历，或者其他一些与色情相关的内容，继而造成女性尴尬、反感甚至是厌恶。所谓“行动方式的性骚扰”，主要是指当事人通过自身一些与性相关的身体行动来直接作用于女性。在实践中，比较典型例子就是故意侵犯女性的一些性敏感部位，或者用自己的一些性敏感部位来冒犯女性。所谓“设置环境方式的性骚扰”，主要是指当事人通过设立一些有不良性内容的环境来侵犯女性。在实践中，比较典型的例子就是在工作场所放一些比较淫秽的图片。但是，可以肯定的是，这种行为只能是非暴力的，这种非暴力是性骚扰区别于严重性侵害行为的一种本质体现。受害人通常并没有受到人身的强制，受到的侵害较强奸、强制猥亵、侮辱妇女等犯罪行为要轻。①

2. 损害事实

行为造成了一定的损害事实。性骚扰的损害事实包括两种：对物质性权利的损害和对非物质性权利的损害。损害事实既可以是有形的，也可以是无形的。物质性损害可以用货币来进行衡量，一般包括对生命、健康等的损害。非物质性的损害则往往是无形的，其无法用物质来衡量，或者通过科学检测手段进行查证，原因就在于性骚扰行为对于受害者而言是不受欢迎的，它侵犯了被骚扰者的性自主权，引起被骚扰者的厌恶反感等负面情绪。被骚扰者在巨大的

---

① 参见王琰《性骚扰侵权责任研究》，硕士学位论文，上海交通大学，2008 年。

精神压力下，通常会显现出焦虑、担忧、失眠、恐慌等不安情绪，进而严重影响了其身心健康，乃至家庭的和睦。近年来，对性骚扰损害事实的认定还有进一步弱化的趋势。

3. 主观过错

行为人主观上存在过错。过错作为侵权行为构成要件之中的主观因素，反映出的是行为人在进行侵权行为时的一种主观心态。而过错要件主要包括两种基本的形态，即故意与过失。故意具体指的是行为人已经预见到自己的这种行为可能会导致某种损害后果，仍然希望或者放任这种损害后果的发生。而过失则具体指的是行为人按正常来说理应预见或者能够预见自己的行为可能会造成某种损害后果，但是由于自己的疏忽或者大意而并没有预见到，又或者是虽然已经预见到自己的行为可能造成某种损害后果，但是由于自己轻信能够避免，进而造成损害后果的发生。[①] 行为人实行性骚扰行为的主观方面只能是故意，而只有当行为人明确知道自己的行为会侵害到对方的性自主权，而又希望或者放任此种损害结果发生时才构成了性骚扰。比如，故意向他人发出黄色语言或者故意对他人提出性要求，等等。而不将过失归入性骚扰的主观要件，是考虑到人和人之间沟通与交流的需要。人和人之间的交流大多情况之下需要坦诚和直接，但是如果让当事人承担过重的注意义务，要求其在说每句话或者做每件事之前均要考虑一下其语言或行为是否会侵犯到对方性的自主权，是否会使对方感到不满、不安或者生气甚至是愤怒，则会造成人在沟通时产生“岌岌可危”的感觉，甚至产生社交恐惧症。例如，在乘坐公交车时，如果是因为乘客拥挤或者司机的紧急刹车行为等原因而造成无意间触碰到女性的身体，是不应该构成性骚扰的。正是考虑到此种情况，在世界范围内，除了德国的法律规定了一些过失行为也构成性骚扰外，大部分国家或者地区的法律仅仅认为一些故意行为才构成性骚扰。[②]

---

① 具体可参见高铭暄、马克昌《刑法学》，北京大学出版社 2014 年版。

② 德国《雇用人保护法》规定：“如果当事人平时相互之间经常有类似玩笑或其他行为，彼此对此类行为并无表示反感，即使行为人的偶尔行为不当引起对方不快，但对方表示反感后马上停止，该行为即可认定为过失行为。”

4. 因果关系

行为必须和损害事实之间存在因果关系。因果关系是侵权行为构成要件之中的一个必备环节。因果关系指的是一种现象与另外一种现象之间的引起和被引起的关系。具体到性骚扰而言，就是指损害结果是由行为人的性骚扰行为所引起的。此处的因果关系主要采用的是“相当因果关系说”，该种学说认为某一事实仅在现实情形发生某种结果，尚且不能就认为存在因果关系，而必须在一般情形，依照社会一般观察，也同样认为能够发生同一结果的时候，才能够认定为存在因果关系。在侵权责任中，民事主体只能够为自己实施行为的损害后果承担责任，而不存在因果关系的侵权责任是不能成立的。在性骚扰这一具体问题中，性骚扰行为给受害者造成了损害事实，二者具有因果关系。

## 二　我国性骚扰的法律规制现状与缺陷

其实，“性骚扰”问题的首次提出可以追溯到1998年，是由时任全国人大常委会委员、江西省人大常委会主任的陈癸尊同志向立法机构提出的。1999年3月，陈癸尊等32名代表在九届全国人大二次会议上，则又正式提交了《中华人民共和国反性骚扰法》的立法议案。不过到如今十多年过去了，我国目前却仍没有制定与出台专门的法律针对性骚扰问题进行规制，这可以说是我国立法中的一大缺憾。当然，在人们权利意识普遍提高、我国法律制度日渐完善以及立法技术与相关理论日渐成熟的前提下，我们越来越希望能够看到我国早日针对性骚扰问题进行专门性的立法规制。

### （一）我国性骚扰法律规制的现状

在传统观念的影响下，我国的“性骚扰”立法起步晚了很多，2005年12月1日，我国才正式出台了规范性骚扰的唯一一部法律——全国人大常委会修改并施行《妇女权益保障法》。这部法律是中国大陆法律第一次明确反对性骚扰，并且规定了相应的惩处责任以及对受害女性的救济途径，其在反对性骚扰行动上具有里程碑式意义。但是由于性骚扰这一概念进入立法视野的时间并不算长，致使现行法律对此类的规定过于原则，可操作性比较差，从而让司法部门在处理性骚扰案件时陷入无法可依的境地。而除了《妇女权益保障法》以外，我国现存的法律之中，仍然涉及性骚扰规制的文本主要有：①

1. 宪法

众所周知，《宪法》是我国的根本大法，具有最高的法律效力，在我国整个法律位阶的体系中处于最高位置，它是其他一切法律法规规章起草和制定的最高依据。我国《宪法》第三十八条这样规定："中华人民共和国公民的人格尊严不受侵害。禁止采用任何方法对公民进行侮辱、诽谤和诬告陷害。"《宪法》第四十八条这样规定："中华人民共和国妇女在政治的、经济的、文化的、社会的以及家庭的生活等各个方面享有同男子平等的权利。"上述这些条文基本都属于原则性的规定，对性骚扰的法律规制也起到指导性作用，同时也成为对性骚扰行为进行法律规制的原则性依据。尽管《宪法》条文中并没有明确地提出"性骚扰"这一法律概念，但却从"男女平等角度"和"人格尊严角度"两个方面为性骚扰提供了突破口，同时也使我国今后的性骚扰规制取得了立法依据。

2. 民法

现代社会，纵观我国的司法实践，主要通过引用民法中的相关规定来对性骚扰进行规制。例如《民法通则》第一百零一条规定："公民和法人享有名誉权，公民的人格尊严受到法律的保护，禁止使用侮辱、诽谤等方式损害公民和法人的名誉。"又譬如《民法通则》第一百二十条规定："公民的姓名权、肖像权、名誉权、荣誉权受到侵害的，有权利要求施害方停止侵害、恢复名誉、消除影响、赔礼道歉，并且对于自己遭受的损失可以要求获得赔偿。"此外，《最高人民法院关于确定民事侵权精神损害赔偿责任若干问题的解释》第一条也做出了"对名誉权和人格尊严受到损害的可以请求获得精神损害赔偿"的规定。我国目前已经存在的判例中更多地引用上述条款做出判决。譬如，2005 年 8 月发生在重庆的一起案

① 具体可参见张新宝、高燕竹《性骚扰法律规制的主要问题》，《法学家》2006 年第 4 期。

子：教师文静诉其工作学校校长一案，此案虽然发生在《妇女权益保障法》增设性骚扰条款之后，但是在立案之时仍然是引用了民法中的规定，即认定为“侵犯人格尊严权”的纠纷。故此，对于那些通过比较淫秽的语言或者采取强行触摸的方式来实施性骚扰的行为，如果并没有触犯刑法，构成犯罪的，则完全可以依据我国民法的相关规定由性骚扰的实施者来对受害者承担相应的民事责任。

3. 刑法

在我国刑法修正以前，将性骚扰视为一种犯罪行为，主要将其归为流氓罪来加以规制的。为了更好地适用刑法罪名，现行刑法把流氓罪分解为了四个罪名，即强制猥亵、侮辱妇女罪，聚众斗殴罪，聚众淫乱罪以及寻衅滋事罪。其中，强制猥亵、侮辱妇女罪是现今规制性骚扰行为的一种主要罪名。《刑法》第二百三十七条这样规定：“采用暴力、胁迫或者其他方法强制猥亵他人或者侮辱妇女的，处五年以下有期徒刑或者拘役……”，此条可以说是我国对性骚扰行为进行刑事惩罚的一个主要依据。当然，从这种规定中，我们也可以看出，我国的法律在更多的情况下只将性骚扰行为看作是一种民事侵权行为，只有在这种性骚扰行为导致了非常严重后果的时候，才会运用刑事手段来进行惩处和规制，而强制猥亵、侮辱妇女罪就是对这种性骚扰行为类型进行规制的一个主要罪名。

4. 治安管理处罚法

我国于2006年颁布施行的《治安管理处罚法》之中，也存在与性骚扰规制有关的法律规定。譬如，其第四十二条这样规定：发送淫秽、侮辱、恐吓或者其他信息达到多次，干扰他人正常日常生活的，处五日以下拘留或者五百元以上罚款。其第四十四条这样规定：“猥亵他人的，或者在公共场所故意裸露身体，情节恶劣的，处五日以上十日以下拘留……”这其中，第四十二条的规定为“短信性骚扰、书画性骚扰行为”的受害者提供了一条行政救济途径，这样就可以达到在不与对方对簿公堂的情况下，就能制止这种侵犯行为的效果。第四十四条也具有一定意义，它使用了猥亵他人，而非猥亵妇女，考虑到了当前性骚扰受害对象多元化的情况，相比刑法第二百三十七条之规定，显然具有很大的进步意义。

5. 劳动法

就世界范围内而言，对性骚扰行为的法律规制，很多国家都采用了劳动法和平等待遇法以及反歧视法等公法性质的法律。在我国，虽然只有劳动法这样一部相关的法律，但在劳动法具体的内容当中，也基本涵盖了推动平等就业、禁止进行性别就业歧视、对女性职工的利益加以保护等诸多方面的规定。譬如，《劳动法》的第十二条规定："劳动者就业，不因民族、种族、性别、宗教信仰不同而受到歧视。"上述这些规定都可以成为规制职场性骚扰行为的法律依据。不过，由于在我国主要采用权利主义对性骚扰进行规制，再加上适用劳动法的诉讼程序与民事诉讼程序差异非常之大，即前者存在一个劳动争议仲裁前置程序，致使在有关性骚扰的诉讼中，劳动法中的相关条款几乎很少被援用。然而，尽管如此，我们也不能对劳动法有关规定所具有的意义和价值加以否定。殊不知，在现今法律体系并不太健全的现状下，劳动法中的既有规定对于职场中的一些性骚扰行为仍然具有一定的制约和威慑作用。

6. 其他

当然，除上述一些主要法律外，在我国，还存在一些比较零散的法律规范，它们对性骚扰行为的规制也起到了一定作用。比如，在2012年5月，修订施行的《女职工劳动保护特别规定》，增设了"在劳动场所，用人单位应当预防和制止对女职工的性骚扰"的规定。

（二）我国性骚扰法律规制的缺陷

目前，在我国的大陆地区，除了《妇女权益保障法》已然明确规定了禁止性骚扰行为之外，尚没有专门规制性骚扰的立法规范，对性骚扰法律规制主要还是依据宪法、民法、刑法以及治安管理处罚法和劳动法等法律中的相关条文。这就不免造成我国大陆地区性骚扰法律规制中的一些缺陷与不足。概括而言，主要有以下几点：

1. 性骚扰行为的概念缺乏界定

在现存有关"性骚扰"的法律文本中，除《妇女权益保障法》中明确提到"性骚扰"这一法律概念之外，我国还没有任何一部法律文本对"性骚扰"有所提及，更遑论对性骚扰这一行为的概念进行一个详细的界定了。虽然，在理论研究上和司法实践中，都将性骚扰行为视作一种侵权行为，但这一性质还尚未上升为法律规定。另外，对于究竟哪些行为类型应当被纳入性骚扰的范围，性骚扰这一侵权行为同我国刑法中的强制猥亵、侮辱妇女罪到底有什么区别？性骚扰的内涵与外延的边界到底在哪？上述这些关键问题，立法也都没有做出应有的规定。毫无疑问，对“性骚扰行为”概念界定的缺失，会使法官在审理有关“性骚扰”的案件时，陷入无法可依的窘境，也会使受害者在遭遇性骚扰时产生困惑和疑问，并对法律救济丧失信心。[①] 因此，明确性骚扰这一概念，并对其定义进行一个详细地概括，就成为我国对性骚扰行为进行法律规制的一个前提性条件。

2. 性骚扰的法律规范体系不协调[②]

恰如上述所言，在我们国家，规制性骚扰的法律规范主要包括刑法、民法、行政法以及劳动法等多部法律。虽然，不可否认，在我国的司法实践中主要是援用民法条文判决案件，但在具体引用过程中也会存在一定的差异和矛盾。比如，2003 年“北京闫女士诉齐某发送短信进行性骚扰一案”，法院经过审理，明确认定“被告的行为侵害的是原告保持自己和性有关的精神状态愉悦的性权利”。此案件主要援用的是侵犯人身权的相关民法条款。2003 年“北京首例性骚扰——雷蔓诉其经理性骚扰一案”，这里，她是以“侵犯其名誉权”为由提起诉讼，并在诉讼中多引用有关名誉权的条款。2005 年“重庆教师文静诉其校长胡国文性骚扰一案”，则是将侵犯人格尊严作为其诉讼请求，同时在判决中依据的主要是关于人格尊严的相关条款。2006 年“郑州市张燕妮女士诉某公司销售部经理李建飞性骚扰一案”，则是直接将性骚扰作为一种诉由向法院提起的诉讼。法院在进行审判时，也主张李建飞给张燕妮发送黄色短信的行为已经构成了性骚扰。可以看出，此案主要是依据《妇女权益保障法》第四十条的相关规定，并同时参考了民法中侵犯人身权部分的相关条款、一些地方性法规以及相关司法案例，等等。对于性骚

① 参见刘小楠《性骚扰的现状及法律规制——以港台地区性骚扰立法为鉴》，《妇女研究论丛》2014 年第 4 期。

② 参见张迎秀《性骚扰防治对策研究》，《政法论丛》2008 年第 4 期。

扰这一行为，我国的这种多重法律规制的现状，已经给司法实务造成了极大困扰，审判中的矛盾和不统一现象也开始出现。这使受害者在维护自身权益方面倍感困惑：究竟性骚扰的行为侵害了自己什么权利呢？又当依哪个法律条款去维护自身权利？刑法、民法、行政法以及劳动法之间应怎样协调？等等。这无疑会使我国现有的性骚扰规制系统的实际效果大打折扣！[①]

3. 提供的救济路径有限

《妇女权益保护法》中明确规定了禁止性骚扰的条款，这其实是以保护妇女为前提对性骚扰进行的界定。但是该法将性骚扰仅仅当作是男性对女性性自主权的一种侵害，其也是该法所一直秉持的一个基本态度。故而，该法的基本目的就是保护女性的权利，而对于女性对男性的性骚扰、同性之间的性骚扰这两个方面我国则缺乏与之相对应的规定。《治安管理处罚法》相对“偏向”于公共场合，其主要规制和约束那些有扰社会公共秩序的行为。然而，在实践中，大部分的性骚扰行为都发生在侵权者与受害者两人的私密空间。所以，《治安管理处罚法》对那些发生于较为私密性场合的性骚扰缺乏有效的规制。此外，在现实中，绝大多数的性骚扰行为并没有达到犯罪那样的严重程度，因此，我国《刑法》中的相关法律规定并不经常在性骚扰的规制实践中被适用。在我国《劳动法》之中，对性骚扰这一行为也并没有比较明确的规定，而且该部法律也欠缺对性骚扰侵权方面中涉及雇主责任的相关规定。众所周知，国外关于性骚扰的立法规制之中，雇主责任均是作为一种必备条款存在的，也即雇主有义务去防止性骚扰行为的发生，同时也有义务为其雇员提供一个安全的工作环境。[②] 假如雇主在现实中并没有采取上述法律规定的各种措施来对雇员加以保护，那么他事后可能会因此要承担与之相应的行政处罚责任或者是相关的损害赔偿责任。由于我国劳动法欠缺对这样的雇主责任的明确规定，导致我国一些职场性骚扰的受害者无法得到法律的有效救济，而这种性骚扰行为又

① 辛世艳：《性骚扰法律问题探析》，硕士学位论文，西南政法大学，2007年。

② 孙荦寅：《性骚扰行为的立法规制》，硕士学位论文，西南政法大学，2010年。

是性骚扰类型中最为严重，也最为普遍的一种①。

4. 举证责任分配不合理

众所周知，在我国目前涉及性骚扰的案件中，大都是通过民事诉讼途径来审理，并基本援用民事相关法律条款进行裁判。因此，“谁主张、谁举证”就顺理成章地成为性骚扰案件中的举证规则。这明显忽视了性骚扰案件的客观实际，对性骚扰的受害者来说是极为不公平的。首先，就性骚扰案件本身的特点而言，性骚扰是进行了与性有关的行为，而“性”在我们国家由于历史观念的影响长期以来一直是一个相当敏感的话题，再加上性骚扰行为本来就具有一种隐蔽性和突发性的特征，许多受害人是在毫无准备的情况下遭到的性骚扰，难以及时保存相关证据；其次，就被性骚扰者本身因素而言，其受害者经常性表现为女性或者弱势群体，对比于性骚扰者的弱势地位，致使举证产生重重困难；最后，证人不愿意出庭做证，在工作场所发生的性骚扰的证人多数为受害者的同事，出于担心被打击报复而不敢或者不愿意出庭做证。譬如在北京首例性骚扰案件之中，受害人雷蔓就是因为其提供的证人均没有出庭做证而败诉的。②

## 三　域外国家和地区的性骚扰法律规制

由于域外一些国家和地区步入现代化的时期较早，其观念解放也达到了一定的程度。因此，这些国家和地区在有关性骚扰的法律

① 有数据显示：私营企业、外商独资、合资企业等新兴经济类型企业是性骚扰的高发区，这些单位中女性有40%曾遭遇性骚扰。虽然这与它们只重利润而轻视企业文化和企业管理密不可分，但另一方面也与我国缺乏性骚扰方面的雇主责任有关。因此，完善性骚扰规制，增加雇主责任应是必然趋势。另外，增加雇主责任也确实能对防治性骚扰行为产生积极作用。据报道，在我国台湾地区开始实施性骚扰防治法后，台湾的声宝电器就制定规章禁止员工利用公司计算机网络传送色情图片，并禁止主管将办公室窗帘拉下，防止借由公事之便骚扰下属；智邦科技公司、汇丰中华信投公司、中国信托商银业都分别制定公司章程来禁止公司内的性骚扰行为。这在一定程度上对员工起到威慑作用，也减少了性骚扰的发生。因此，我国目前立法中缺乏性骚扰雇主责任的现状对防治性骚扰无益。

② 具体可参见曹艳春、刘秀芬《职场性骚扰案件的证明责任研究——兼从推定角度谈举证责任的分担》，《法学杂志》2009年第6期。

规制方面积累了较多有益的经验，值得落后一步的发展中国家借鉴。可见，对这些国家和地区的性骚扰法律规制进程和现状进行简单的梳理和分析，对我国反性骚扰工作大有裨益。

（一）国外对性骚扰的法律规制

1. 美国

美国是最早通过立法把工作环境中的性骚扰行为确定为一种违法行为的国家。易言之，美国性骚扰立法可以分为制定法和判例法两个部分，从1964年的公民权利法案开始直至1991年安妮塔希尔状告最高法院院长候选人克拉伦斯·托马斯性骚扰一案为止，美国性骚扰的立法历经近30年的时间才算完善稳定下来。总体而言，美国的立法进程可以大体上分为三个阶段：第一，关于性骚扰的违法性在美国最先起源于1964年《民权法》第七章禁止基于种族、宗教、性别和国别的歧视。前文已述，在Williams诉Saxbe一案中，凯瑟琳·麦金侬为了给自己的辩护寻找法律依据，便引用了民权法第七章禁止雇佣歧视中的规定。由此，开始了性骚扰作为性别歧视的一种进行法律规制的历史。1964年民权法第七章《禁止歧视雇佣》成为反性骚扰的主体法，这部法律于1972年改为《雇佣机会平等法》。而负责实施该法的EEOC于1980年发行的《性骚扰问题指南》中对性骚扰的定义做出了进一步的界定。第二，经过修正的1991年《民权法》为性骚扰受害者提供了获得补偿性和惩罚性赔偿的规定。该法规定：原告方可以使用陪审团审理案件，若胜诉，原告方可以获得补偿性赔偿金（以故意歧视和违法雇佣为基础）和惩罚性赔偿金（以雇主的经营规模为基础）。该法案的重要意义就在于确定雇主责任和惩罚性赔偿。第三，在1993年Harris v Forklift Systems . Inc一案的判决中，最高法院进一步扩展了敌意工作环境性骚扰的标准，也就是说没有给受害人造成精神伤害的行为也可以成为性骚扰。敌对环境式性骚扰经过判例几次扩充，才于1993年将其内涵稳定下来。经过这么多年的发展和完善，现如今，在美国，面对性骚扰行为，受害者已经享有专门的单位内部纠纷解决机制、行政申诉程序机制以及特殊的民事诉讼制度这三种纠纷解决路径。[①]

2. 欧洲一些国家

在欧洲，一些国家把性骚扰立法作为劳动法的一部分，比较典型的国家如瑞典。其《瑞典平等法》除了作出禁止雇主对其员工进行性骚扰的规定之外，还规定了雇主对于员工提出的工作地点发生的性骚扰案件负有调查责任，并且需采取必要的措施来防止性骚扰的再次发生。在欧洲，还有一些国家将性骚扰作为反歧视法的一部分。例如，英国 1975 年的《性别歧视法》规定了在就业中基于性别的不利对待是非法的，其中就包括性骚扰。这部法律赋予了广大员工一系列权利，同时对工作环境做出了一系列的规定。1985 年英国又修订了专门的《反性别歧视法》，其规定反对对妇女的各种性别歧视，其中包括对妇女的性骚扰。除了在立法中增加反对性骚扰的规定外，具体负责该法施行的英国机会均等委员会针对如何预防性骚扰这一问题也提出了自己的一些比较合理和有效的应对措施。另外，它还要求经营者和工会准备好相关预防措施，典型的如：接受性骚扰投诉的具体程序、对性骚扰行为展开调查的措施以及对员工面临的风险进行评估的机制，等等。受到美国的影响，德国在性骚扰的规制上也将其作为性别歧视而放入劳动法中予以规制。德国 1984 年制定的《男女平等待遇法》规定了对职场性骚扰的处理。1994 年的《第二平等权利法》规定了对于工作中隐蔽的和公开的性骚扰的处理。[②] 另外，欧洲还有一些国家采取了专门立法的模式对性骚扰加以规制，比较典型的国家如比利时、卢森堡。比利时最早对性骚扰进行规制的是 1992 年 9 月 18 日的《反对劳动场所性骚扰》以及 1995 年 9 月 3 日的《反对行政部门性骚扰》的两个皇室命令，其规定了雇主要明确在企业内部反性骚扰的政策，同时要求采取惩罚措施。2002 年 6 月 11 日制定的《反对工作场所暴力、精神骚扰或性骚扰法》再次对禁止性骚扰做出了进一步的规定。卢森堡则于

---

① 具体可参见骆东平《美国性骚扰纠纷解决机制研究》，《环球法律评论》2010 年第 1 期。

② 参见张源泉《职场性骚扰之法制研究——以德国法为中心》，《云南大学学报》（法学版）2011 年第 2 期。

2000 年 5 月 26 日制定了专项的《反性骚扰法》。这部法律的第二条明确规定："以下行为构成性骚扰：任何带有性内涵或者任何建立在性之上的行为，侵害人应当知道其行为损害了对方当事人的尊严，并且规定：(1) 就对方当事人而言，该行为是不恰当的、滥用的以及有伤害的；(2) 当事人接受或者拒绝来自雇主、其他雇员和客户或者供应商的这类行为与否被直接地或者间接地作为根据来制定关系到该当事人的培训、岗位、晋升、工资或者其他与工作有关的决定；(3) 该种行为给对方当事人制造了一种威吓性、侮辱性或者敌视的工作氛围。性骚扰行为可以是口头的、非口头的以及身体的。推定性骚扰行为人为故意。"①

(二) 我国香港、台湾地区对性骚扰的法律规制

1. 香港

在香港，性骚扰依然也是一个热门话题。只要关注一下香港的各大报纸，就不难发现，最为显著的版面上总是有关于性骚扰的报道，不仅有本地的，而且还有外埠的，不仅有贩夫走卒，而且还有白领阶层，甚至是高级官员乃至著名教授，也屡屡牵连丑闻、遭到曝光。中国香港早于 1995 年就制定了《性别歧视条例》。该条例不但保护雇佣机构与教育机构的雇员、成员、学生拥有一个良好的工作、学习环境，同时将提供货品、设施、局所的场所，例如职业介绍所以及颁发专业资格的团体中出现的性骚扰行为均列为违法。为了使这些关于性骚扰的性别歧视条例得到实施，香港政府在 1996 年成立了香港平等机会委员会，这个委员会是一个法定机构，主要负责执行性别歧视条例，着重于消除性骚扰等违反平等机会的行为。在此之后，在平等机会委员会的推动下，香港作为一个中西汇聚、文化多元的地区，在反性骚扰方面拥有了非常丰富的经验。②概而言之，香港对性骚扰的法律规制主要有三个比较显著的特点：第一，以男性为侵害对象的性骚扰行为也被纳入保护范围。在香港，性骚扰的提出最开始并非是以妇女权益保障的名义。所以，与

① 具体可参见郑爱青《欧盟及其主要成员国反性骚扰立法的主要内容》，《妇女研究论丛》2006 年第 1 期。

② 参见庄素娟《"性骚扰"的法律探析》，硕士学位论文，南京师范大学，2007 年。

内地在《妇女权益保障法》中宣战性骚扰不同，香港则是把性骚扰归为性别平等问题，如同对待其他性别歧视问题一样，以《性别歧视条例》来进行规制。第二，加强雇主责任，实现事前预防。在香港，为了更好地处理性骚扰问题，许多公司会采用事先制定防止性骚扰的规章制度的办法，有一些还设置专门的机构或者是人员，在本公司内部处理有关性骚扰的投诉；在事后的救济机制上，有一些公司还成立了非诉讼的性骚扰解决机制，以便在性骚扰事件发生之后，能够及时地进行纠正与制止。譬如2010年在Prada专卖店发生的那起主管性骚扰员工的案件，在接到员工投诉后，公司总部迅速地作出反应，与其他员工的表述进行核实比对，之后很快就把涉事主管调离了工作岗位。该做法不仅避免了性骚扰行为的继续发生，而且也免除了其自身作为雇主因此可能要承担的连带责任。第三，进行综合化治理。就其他国家与地区的经验来说，想要阻止性骚扰的发生是一件相当困难的事情，而仅仅通过依靠立法对此类现象进行遏制乃至使其完全消除是不可能的。阻止性骚扰的发生不仅仅需要健全的法律，同时也需要受害人拥有巨大的勇气，更加需要全社会用行动来支持，只有在法律、道德、文化教育的综合干预下才能将其实现。故而，除了接受关于性骚扰的投诉、进行调查与调解，又或者是提供法律援助之外，平等机会委员会也一直努力在全社会营造出两性平等的氛围，提高社会各界对性骚扰的认识。譬如在校园内开展预防性骚扰的专项活动，例如讲座、话剧、展览等，推广普及关于性骚扰的法律知识；同时也要向学校提供预防性骚扰的“合理可行措施”的建议，为那些容易受到性骚扰的学生提供咨询服务。①

2. 台湾

我国台湾地区主要用三部法律来对性骚扰进行规范，第一部是2002年3月8日实施的《两性工作平等法》②，其是规范那些发生在职场上的性骚扰事件的最主要的法律依据。其在第三章中明确规定了职场性骚扰的类别和雇主防治此类事件的法律责任。此法中关

① 参见胡健《香港的反性骚扰》，《政府法制》2009年第22期。

② 2007年年初将《两性工作平等法》更名为《性别工作平等法》并加以进一步修正，于2008年1月生效，将特殊性倾向者也纳入保护，与此领域的世界潮流几属同步。

于性骚扰防治的相关条款主要参照和援引了欧美国家的诸多进步做法，同时也能契合台湾地区的实际需要。它有以下几点非常值得我们借鉴：一是确立雇主法律责任的归属，并且为事后的寻求救济问题提供解决办法，这一点在欧美国家的实践经验中就可以看得出一二。更何况该法设立有免责抗辩条款，主要在于鼓励、督促雇主去主动采取各项防治措施。二是设立多元的申诉渠道以解决因此类事件而引发的纠纷。除了尽可能地采用单位内部申诉机制来解决之外，还增加了外部的申诉制度。三是纵使因此类事件而对簿公堂时，这部法律中关于法律扶助的条款和法院参照两性工作平等委员会所做出的调查报告、评议或者处分的规定均对被害人获得充分的救济机会是有帮助的。另外，2004 年又公布实施了《性别平等教育法》。其在第四章规定了对校园性侵害或者性骚扰防治的事项，和其他先进国家有关制度相比，其规范内容丝毫也不逊色。就该法而言，以下几项非常值得我们借鉴：第一，该法在防治校园性骚扰事件上采用的是性侵害防治法所建构的所谓“三级预防机制”，也即从责成校方规划及宣导此类事件的防治策略再到侧重实际中处理该类事件的申诉、调查及申复等程序，最后还包括提供咨询、转介、惩处和通报等诸环节环环相扣，构成非常缜密的预防网络。第二，该法的法律名称更加具体、明确，以“性别”一词取代定义比较限缩的“两性”一词，同时把“性意味”“性”和“性别”三个概念包括在里面，已经能够将具有特别性倾向及性癖好者纳入保护，从而不会再产生异议。第三，还特别规定了回避制度，譬如申请回避、自行回避及命其回避这三种情形，这也是其他有关法律法规所未规定的。于 2006 年实施的《性骚扰防治法》把防治保障的范围扩大到了职场和校园之外的场所，并且以保护该类事件受害人的人身安全和个人尊严为重心，甚至于连员工下班后的此类行为也要求雇主负有调查的法律责任，在全世界而言，也是规定最为完备的。该法总共有六章 28 条，其中特别排除适用两性工作平等法及性别平等教育法的有关条文，区隔了工作场所及校园性骚扰事件的处理。而最有特色的是该法新增的第二十五条性骚扰罪：“意图性骚扰，乘人来不及抗拒而做出亲吻、拥抱或者触摸其臀部、胸部或者其他身体隐私处的行为者，将处两年以下有期徒刑、拘役或科或者并科新台币十万元以下罚金。”此处关于性骚扰罪的规定同样适用于公共场所经常见到的陌生人袭胸或者袭臀等性骚扰行为。[1]

## 四　我国《性骚扰防治法》的立法构想

在越来越多的女性开始求学、就业，女性意识逐渐觉醒的历史大背景下，我国性骚扰问题的严重程度与其他工业先进国家越来越近，再加上性骚扰行为在发生主体、发生场域以及举证责任上具有极大的特殊性，因此，在我国大陆地区，制定专门规范反性骚扰的法律，即《性骚扰防治法》实属当务之急。其应当做如下设计：

### （一）表明反性骚扰的鲜明立场

毫无疑问，首先于《性骚扰防治法》中鲜明地提出反对性骚扰是非常必要的，它的表述一方面要与《妇女权益保障法》中第四十条的原则性规定相协调，但另一方面也要更全面、更具体。首先，就政府方面而言，《性骚扰防治法》应当规定行政机关在性骚扰的治理中理应扮演重要的角色，并发挥更大的作用和功能。作为我国的主要执法者，行政机关不仅在事前预防上负有职责，而且在事中制止、事后制裁等方面发挥较大功能。甚或是在司法审判中，面对性骚扰受害者的弱势地位，行政机关也要适当提供一定援助，特别是律师援助；就社会方面而言，《性骚扰防治法》应当对完善各种类型的防治性骚扰的教育制度作出明确规定。这类教育制度通常主要包括学校教育、政府教育以及舆论教育等数个方面。通过这个健全的教育机制，不仅要教会广大民众学会运用法律来保护自身的合法权益，而且还要教育广大民众学会怎样去更好地尊重和爱护彼此。最终在整个社会中，营造出一个尊重性自主权的社会氛围。总而言之，性骚扰的治理既需要一个非常良好的法律制度体制，同时也需要一个相对健康的社会舆论环境。

### （二）建立性骚扰专门防治机构

参照国际经验，为提高我国性骚扰的综合治理水平，在《性骚

---

① 具体可参见邓喜莲《我国性骚扰防治之法律建构——以我国台湾地区反性骚扰法制为借鉴》，《求索》2013 年第 3 期。

扰防治法》中有必要规定建立一个统一的性骚扰投诉部门，以完善和畅通受害者权利的救济机制。这种机构就是与世界一些法治发达国家相类似的"反歧视委员会"或者"机会平等委员会"。这种举动就有助于以一种独立、综合的姿态，去贯彻落实性骚扰防治的有关规定与措施。换句话来说就是，相关机构不仅要积极地组织开展各种教育和宣传工作，而且还要负责具体的调解和处理工作。另外，我们也要重视利用现有机构的地位和作用，如妇联、工会或上级主管行政机关，充分调动和发挥它们在性骚扰防治中的功能。譬如，在与员工终止合同或者将其开除等非常重大的人事处罚上，应当提升工会的维权功能；假如公司主动要求与员工解除劳动合同，而工会此时认为不合法的，其有权利提出自己的相关意见，同时也有权利提出公司重新进行处理的申请；员工本人如果对人事处理申请仲裁或者提起诉讼的，工会也应当提供相关支持与帮助，等等。这种做法不仅可以降低雇主或者公司管理层对雇员作出错误判定的可能性，而且还可以最大限度地避免雇主或者公司管理层滥用手中权力，继而对那些私下以权力为要挟而进行的性骚扰行为产生一定的限制和约束作用。①

（三）对性骚扰进行分类别规制

根据发生场域的不同，我们可将性骚扰行为分为三个类型，这三个类型各有自身特点。因此，采取不同的规制方式和路径，或许会取得更好的效果。

1. 工作场所的性骚扰

工作场合的性骚扰属于发生频率比较高、危害性较大的一种性骚扰行为。因此，对这种性骚扰行为的规制理应成为我国《性骚扰防治法》的一个极为重要内容。在国际范围内，有关该种行为规制的立法经验十分丰富。学习和借鉴这些优秀的经验，我国《性骚扰防治法》可以对工作场合的性骚扰进行如下规制：首先，要求用人单位必须在内部建立防止性骚扰的制度。因为一部分国家起草和出台了有关性骚扰防治的专门法律，所以大部分跨国公司都在自身企

① 王恒涛：《性骚扰立法研究》，《环球法律评论》2006年第5期。

业的相关管理规则中也专门对禁止性骚扰这一原则进行了强调。对此，我国在《性骚扰防治法》的内容中，也理应突出强调用人单位的这一义务，进而迫使和推动用人单位主动积极地采取相关措施去防止性骚扰行为的发生。比如，我国台湾地区的“性骚扰防治法”中第七条就这样规定：“组织成员、受雇人或者受服务人员人数达到十人以上者，应当设立申诉渠道进行协调处理；当其人数达到三十人以上者，应制定性骚扰防治措施，并且泄露给众人获悉，用来宣示防治性骚扰的决心。一旦违反规定者，将会由相应主管机关处以新台币一万元以上十万元以下罚款。对于那些经通知限期改正仍然不作出改正者，则可以按次连续施以处罚。”对此，我们可以予以学习和借鉴。其次，在损害赔偿制度中明确规定雇主责任。对于在工作场合的性骚扰，由行为人和雇主负连带责任是一种较为理想的设计，也是国际上比较通行的做法。我国《民法通则》中的第一百三十条对连带侵权责任的规定如下：“二人以上共同侵权致使他人遭受损害的，应当承担连带责任。”纵然，我们都知道这个法律条款并不是针对性骚扰案件而专门设置的，但是对于这些我国已有的性骚扰损害赔偿立法经验，我们在性骚扰防治的立法中完全可以进行学习和借鉴，对于那些发生在工作场所的性骚扰，企业雇主与具体的性骚扰行为人应当承担连带赔偿责任。这种制度安排，具有如下两种好处：一是在惩罚具体行为人的同时对雇主也进行了相应的制裁，这可以让雇主产生危机意识，进而迫使其在日常生活中就要做好相关的性骚扰预防工作；二是有助于受害人的权益得到更好的保护。具体而言，在性骚扰行为发生之后，受害人通常可以在具体行为人与企业雇主之间作出一种选择，要求他们当中的一方承担具体的赔偿责任。当具体的行为人无法进行赔偿的时候，企业雇主责任的存在则可以让性骚扰的受害者获得及时、有效的赔偿。此外，在雇主责任的责任归属原则上，应当适用过错推定原则。换句话来说，也就是一旦自己的工作人员在工作中发生了性骚扰行为，那么雇主则可以通过举证来证明自己已经尽到了相关的注意义务和责任，比如证明在自己企业的管理规则中有对性骚扰防范和投诉制裁等内容的明确规定，继而借此来作为自己的免责或者减轻法律责任的事由。

2. 公共场所的性骚扰

公共场所的性骚扰主要是指发生在大型超市、综合性商店以及火车和宾馆等公共场合的一种性骚扰类型。在性骚扰概念不断扩充的情况之下，这一类性骚扰行为当然也应纳入《性骚扰防治法》的规制范畴。具体而言，此类性骚扰行为在其行为主体与行为对象上存在比较明显的特征，即有一方是处于该公共场所的内部，例如超市的收银员、商店的售货员、医院的医生以及火车站的售票员和宾馆的服务员，等等，而另一方则是随机的，并不固定。对于此类性骚扰行为，可以根据具体情况的不同采取不同的规制路径：当性骚扰的行为主体是组织内部中的一员时，那么该行为人所实施的性骚扰行为应当由其所属的公共场所来进行解决，如进行内部的处罚，当然，该公共场所也要与行为主体一起来承担连带损害赔偿责任；当性骚扰的行为主体并不是组织内部中的一员时，那么应当采用类似治安管理处罚之类的行政处罚来对该行为主体进行法律规制。

3. 特殊场合的性骚扰

特殊场合的性骚扰主要是指发生在学校、机关、军队以及监狱等相对特殊场合内的一种性骚扰类型。这类性骚扰行为也存在比较明显的特征，即其行为的主体和受害的对象通常与工作场合的性骚扰类型极为相似，换句话来说，就是他们都是处于一个组织的内部当中，典型的如学生之间、士兵之间以及犯人之间，等等。不过，在其中的一项上，两者却是完全不同的，存在很大的差异，也就是性骚扰双方往往并不存在一种工作上的关系，这就把那些同样是发生在组织内的，但是性骚扰双方却具有一种工作上的关系，如老师和老师之间的典型工作场合性骚扰行为排除之外。考虑到他们双方都是处于一个组织的管辖之下，故此，这类性骚扰行为大都是采取组织内部解决的方式来进行规制，至于其具体的解决流程，则大体上与工作场合的性骚扰行为相类似。

（四）确立特殊的举证责任制度

在《性骚扰防治法》中，当然也要对性骚扰的举证责任问题作出规定。大家都知道，性骚扰规制中的最大难点就是举证困难。对于这个难点，学者们有颇多观点，有些学者认为，实行举证责任倒置能更加有效地保护受害人的合法权益；而有些学者则认为，实行举证责任倒置从而使被告的举证责任扩大是不适宜的；本书认为，对于性骚扰的举证责任分配，既不能完全不适用举证责任倒置，也不能一味地全部适用举证责任倒置，相反，应当根据不同情况分别采取不同的举证责任制度。具体而言，鉴于司法实践与法律研究都注重要求概念的周延性，因此应该把性骚扰行为分为两类，即权力型性骚扰与非权力型性骚扰，其分类的标准主要是依据在性骚扰当中，骚扰者与被骚扰者之间是否存在一种事实上的权力关系。所谓“权力型性骚扰”，就是指在骚扰者与被骚扰者之间存在着一种事实上的支配与被支配的关系。在现实生活中，比较典型的例子就是领导和下属职员之间发生的性骚扰。所谓“非权力型性骚扰”，则是指在骚扰者与被骚扰者之间并不存在一种事实上的支配与被支配关系。在现实生活中，比较典型的就是在公共汽车、大型超市等公共场所发生的陌生人之间的性骚扰。对于权力型的性骚扰，加害人经常性地能够成功地进行性骚扰并且又能够成功逃避惩罚，究其根本原因则在于受害人的求生本能——受害人对那种事实权力的恐惧以及它可能会给自身利益所带来的一种危害。因此，此种类型的性骚扰应当采取举证责任倒置。对于非权力型的性骚扰，由于其大多发生在普通陌生人之间，行为主体和受害者的地位悬殊并不大，一般来说其举证责任应当完全由受害人来承担，而对于其因为“脸面”等原因所产生的举证困难问题，解决的路径并不能单单寄托于举证责任的分配上，相反，还要通过降低证明标准这一路径来进行化解。①

① 非权力型的性骚扰案件中的被告不承担举证责任的理由，就在于其不具备对于形成性骚扰的特定环境存在着控制的可能性；也就是说，权力型性骚扰案件中的加害人所具有的形成便于实施性骚扰的环境之能力是非权力型性骚扰案件中的加害人所不具备的。同时，非权力型性骚扰案件中的加害人还缺少权力型性骚扰案件中加害人所具有的一种实施性骚扰所具有的心理优势，而这种心理优势正是权力型性骚扰案件中加害人敢于实施性骚扰的巨大动力。这种心理优势体现为权力型性骚扰案件中加害人预期受法律惩罚的成本要远远低于非权力型性骚扰案件中的加害人。具体可参见田平安、骆东平《论性骚扰案件的举证责任分配》，《广东社会科学》2006年第6期。

## 第四节　提高相关立法的质量

《十八届四中全会决定》指出："法律是治国之重器，良法是善治之前提。建设中国特色社会主义法治体系，必须抓住立法质量这个关键。要完善立法体制机制，深入推进科学立法和民主立法。"具体到我国妇女权益保障而言，虽然近年来其立法进程中的科学化和民主化水平得到了显著提升，① 相关法律的质量也因此而实现些许的进步，但总体而言仍不免存在着诸多的缺漏，还有诸多需要完善的地方。

### 一　我国相关立法过程中存在的问题

一般而言，在立法过程中，会存在科学化和民主化两个问题，这两个问题往往是相辅相成的。民主化水平的提高当然有利于提升最终立法文本的科学化水平，科学化水平的提升也会为立法过程中的民主化水平提供保障。然而，在我国现今有关妇女权益保障相关立法的过程中，其科学化和民主化水平显然没有达到理想中的程度和高度，令人担忧，这也最终影响到了立法文本的质量。

（一）立法的科学化水平仍有不足

现今，我国已经基本形成了保护妇女权益与促进性别平等的法律体系，但是因为立法者众多，难以形成统一的语言技术规范与理论，其中所存在的法律语言问题相当多，整体的科学化水平也不

---

① 在中央层面，五年来，全国妇联依据法律赋予的权利和组织章程的规定，围绕十一届全国人大常委会的立法工作计划，先期部署、统筹规划源头维权工作，主动、及时跟进国家立法和政府决策进程。五年来，全国妇联共参与《刑法》《人民调解法》《侵权责任法》《农村土地承包经营纠纷调解仲裁法》《村民委员会组织法》《社会保险法》《婚姻法司法解释（三）》等百余件次涉及妇女利益的法律和公共政策的制定、修改。在地方层面，五年来，全国妇联推动31个省区市全部完成了妇女权益保障法实施办法的修订工作，将国家法律的规定具体化。另外，在地方妇联的推动下，28个省区市制定了反家暴地方性法规或规范性文件。参见陈丽平《妇联持续推动立法保护妇女权益》，《法制日报》2013年10月28日第003版。

高，从而导致了实践中产生执法难和执行难等问题，很难使妇女的合法权益得到真正的落实和保证。故此，对现行与妇女权益相关的法律条款逐条展开审视，分析其存在的语言失范之处，并且进行归类，显得迫切而重要。① 以《妇女权益保障法》为例，其在具体体例安排和语言表述上存在如下几个问题：

1. 法律文本整体过于单薄

妇女权益保障是一个综合性的工程，其往往涉及人大、法院、公安、民政、人社以及国土和财政等多个部门，产生的纠纷也可能被归属于民事、刑事以及行政等多个案件类型。因此，其立法文本的内容应当是全面而充分的。反观我国的《妇女权益保障法》，其条款仅仅只有 61 条，面对现实中复杂多变的妇女权益问题，其无疑会显得十分苍白。比如，《妇女权益保障法》中未能对流动人口中妇女权益的保护进行规定——伴随经济社会的发展，越来越多的农村妇女外出流动就业，这一方面在一定程度上缓解了本地区农村富余劳动力过剩的问题，对流入地经济的发展也产生积极的意义，但是另一方面，妇女流动人口的劳动权益、人身损害、卫生保健、婚姻家庭等权益如何保障，还需要我们不断完善现有的法律法规。再如，对家庭暴力的规定也十分不完善——目前的规定还局限在对造成严重后果的暴力行为的惩罚上，还没有转变为对家庭暴力的有效预防上，尤其是对多发性家庭暴力行为、冷暴力如何制裁还没有明确规定。② 虽然，已有的《反家庭暴力法》可以做出更加详细的规定，但是作为妇女权益保障上的“母法”，《妇女权益保障法》也应当对此做出纲领性的规定。类似缺乏规定的热点现象还有很多很多，如性骚扰问题、农村留守妇女问题，等等，在这里就不再做一一介绍。

2. 缺乏部分国际通行的特别措施规定

近年来，全球化的趋势越发明显，其进程也逐渐加快。虽然我

---

① 张燕：《妇女权益条款中的语言失范研究》，《中华女子学院学报》2014 年第 1 期。

② 莫文秀：《〈中华人民共和国妇女权益保障法〉修改研究》，博士学位论文，中国政法大学，2009 年。

们认为法律主要是一个全球化与民族化共存共融的有机体，但在现如今，其全球化的部分是越来越受到重视。虽然，由于在历史传统、文化习惯以及思维逻辑上的不同，要想在各国的法律当中实现全球性和民族性的融会贯通，是一项非常困难的工程，但这却是当今时代一个良好立法所必须追求和努力的。① 当前，在国际上，有关妇女权益保护的国际公约还有很多，并且也大都规定了一些比较好的措施，这些措施基本都是一些发达国家几十年保护妇女权益历程的一种经验总结，值得后发国家予以借鉴。比如，《消除对妇女一切形式歧视公约》在妇女权益保障上就规定了非常多有价值的特别措施。但作为该公约的签约国，我国显然运用和借鉴的不够，这些特别措施并没有在《妇女权益保障法》中得到应有的规定和体现，而且在我国起草和制定该项法律过程中，联合国妇女委员会也曾建议我国应当利用暂行特别措施，继而希望我国的该项法律能够与国际公约更加符合，从而更好地实现男女实质的平等，可是效果并不是太好。一言以蔽之，我国妇女权益保障立法当时并没有充分考虑和照顾到国际公约上的要求，在与国际法的接轨方面，日后还有很多的工作需要进一步加强。②

3. 刚性条款缺乏

所谓刚性条款，即责任条款或者义务条款。通常而言，一部法律的立法目的能否最终实现或者能够在多大程度上得到实现，关键在于该部法律有关权力与责任或者权利与义务关系的设置和分配是否科学、合理。“法律责任规定的是否科学与合理，关系着法律、法规的质量以及实施效果。法律、法规的实施情况表明了任何一部法律、法规的实施效果与立法目的所达到的程度，在某种程度上取决于其法律责任规定的科学合理方面所达到的程度，也即可实现的程度。”③ 之所以要设置法律责任，其目的与功能主要就是，保障立法中所设定的权力与责任或者权利与义务关系能够得到更加有效地

① 李明舜：《改革开放以来我国对妇女健康权的立法保护》，《中华女子学院学报》2008 年第 4 期。

② 薛宁兰：《社会性别与妇女权利》，社会科学文献出版社 2008 年版，第 67 页。

③ 李培传：《论立法》，中国法制出版社 2004 年版，第 402 页。

实施。当这种关系遭到不法的侵害或者攻击，继而危及法律所保护的法益时，通过这种法律责任和法律救济的设置，能够让侵害者及时停止侵害，并且经过一种法定的程序使其依法得到应有的审判，最终承担与其行为相适应的法律后果。[①] 于我国《妇女权益保障法》而言，其仍然呈现出宣言性规范、授权性规范以及禁止性规范多，具体性规范、义务性规范以及责任性规范少的弊病。既有的法律内容也大多只有行为模式，而无后果模式，这就使得在实践中，《妇女权益保障法》欠缺可操作性，实际效果不佳，文本上的权利还远远未转化为现实中的权利。[②]

4. 基本概念界定不清

《妇女权益保障法》作为一部人权保障法，它是一部与有关国际人权公约接轨的法律。因此，在这部法律中不可避免地会出现我国以往法律中不曾出现的新概念，如对妇女的歧视、性骚扰，等等。这些概念如何理解与界定，如果法律给予明确地规定就会有比较好的效果，它可以更好的发挥法的指导作用。但对于此次制定的《妇女权益保障法》而言，却未能如愿，很多基本概念都未界定清楚，比较粗糙。比如，对于性骚扰这一基本概念，《妇女权益保障法》规定的相当简陋——禁止对妇女进行性骚扰，受害人有权利向有关单位以及有关部门进行投诉。然而，对于性骚扰的具体行为主体、具体的责任部门以及其行为性质界定的标准和具体投诉受理部门，我国《妇女权益保障法》并没有作出一个比较明确的说明和解释。另外，在第十七条中虽然提及了女性青少年的特点，但是对于具体有哪些特点，则付之阙如。当然，类似的例子还有很多，在此

① 李亮：《法律文本中责任条款设置的理念与原则》，《云南大学学报》（法学版）2013年第3期。

② 有的学者将我国妇女权利法律保障体系划分为三个层次：一是对男女平等享有某一类权利的宣言性规定，确立男女平等的法律地位，实现两性形式上的平等。妇女人权的基本特征就是平等权，实现妇女人权法律保障的核心就是平等原则的确立。二是对妇女权利的平等享有予以特别强调，并突出政府、相关部门在促进妇女平等享有各项法律权利上的责任。三是为缩小历史文化原因带来的两性在某项权利享有上存在的实际差距，确立了针对某一性别的特别保障措施，促进弱势一类性别权利的实现。具体可参见薛宁兰《社会性别与妇女权利》，社会科学文献出版社2008年版，第64页。

就不做一一叙述。

（二）立法的民主化水平仍有缺憾

不容否认，我国妇女权益保障领域的立法之民主化程度业已达到了一定的水平，诸多妇女权益保障相关法律的立法进程中都能发现妇联、妇女研究会等相关组织的身影。比如，在湖北省，据实地调研得知，诸多市、州在有关妇女权益保障的法规制定中都会适当听取妇联组织的意见。但是，同世界一些发达国家相比，我国立法过程中的民主化还存在一定问题，尚未达到一种理想的高度。

1. 妇女参与效果不佳

妇女参与立法，主要是指由妇女自身直接介入，或者由相关组织机构和专家代表间接参与立法的起草和制定过程，并向立法的起草者和决定者提供相关建议和看法，继而对立法活动产生影响的一项活动。在我国，妇女大约占到我国人口总数的一半，并在社会中发挥着不可或缺的作用，因此积极强调妇女在立法活动中的参与，不仅可以在提高立法质量与改良立法工作上有所助益，而且对于实现妇女的权利保障和妇女自身的发展也具有极大的意义。①

就法律规定而言，一般来说，对于一些并不涉及妇女权益的普通立法，由于我国人大代表中已有诸多女性代表，体现出了一定的民主性，所以不必再特殊引进妇女联合会等专家组织的参与。比如，我国《妇女权益保障法》第十一条这样规定：“……全国人民代表大会以及地方各级人民代表大会的代表中，应当有适当数量的妇女代表。国家应当采取措施，逐步提高全国人民代表大会以及地方各级人民代表大会的妇女代表的比例。”不过，对于一些涉及妇女权益的立法，除了上面所提到的民主路径外，还应当考虑主动引进妇女联合会等妇女组织的参与，听取她们的想法和意见。比如，我国《妇女权益保障法》第十条这样规定：“妇女有权利通过各种路径与形式，管理国家事务，管理经济与文化事业，管理社会事务。制定法律、法规、规章以及公共政策，同时对涉及妇女权益的

① 李店标、刘明：《我国妇女参与立法的理论基础》，《西华大学学报》（哲学社会科学版）2012年第5期。

相关重大问题，应当听取妇女联合会的意见。妇女以及妇女组织有权利向各级国家机关提出妇女权益保障方面的意见与建议。”①

就实际运行而言，我国绝大多数妇女仅仅享有形式上的权利，还没有在实质上进入到立法运行的程序中，法律上的权利还远未转化成为现实中的权利。很多妇女参与立法由于设置了某些不成文的“硬性”条件，如无党派或民主党派、知识分子以及少数民族等，而长期处于虚置状态，难以发挥实效。② 以妇联的立法表达权为例，虽然，现行的《妇女权益保障法》已经明确规定在涉及妇女权益的立法过程中，应当引入妇联等妇女组织的参与，并听取它们的意见和建议，但对于该意见和建议的效力问题，以及政府不听取该意见和建议的后果和责任问题，《妇女权益保障法》则付之阙如。这也就不免导致在实际的立法过程中，妇联等妇女组织的参与往往只是为了“掩人耳目”，起着一种形式上，乃至象征上的意义，而至于它们对立法的意见和建议，则根本不会发生实质上的影响和作用。

2. 立法性别意识不强

所谓性别意识，即指在所有立法过程中，都应当将性别平等评估作为其的一个必备环节，以剔除一些隐含歧视女性或男性的条款。③ 1995 年世界妇女大会已经明确提出将性别意识纳入所有法律和政策制定过程之中，伴随与此，许多发达国家开始将性别意识评估作为立法的一个重要环节写入法律文本之中。

从理论上来看，立法是现代世界各主要法治国家公共政策活动的一项重要载体和表现形式，在其起草和出台过程中引入一种性别意识，一方面有助于强化社会重视性别意识观念，增强立法者的性别敏感度；另一方面也有助于整个社会实现“性别正义”，促成男女两性的真正平等以及社会的协调发展。

从实证的角度来看，在上千年的父权主义、男权主义时代，歧视妇女的各种规定和制度可以说是几乎存在于社会的各个角落当

① 可参见郭慧敏、李姣《试论妇女立法参与》，《学习与探索》2011 年第 2 期。

② 雷扬：《我国妇女政治权利虚化问题探析》，《江西社会科学》2012 年第 3 期。

③ 可参见张伟《应将性别意识纳入立法与政策制定中》，《中国妇女报》2011 年 8 月 24 日。

中。而这其中，有的是一些显性的歧视性条款，有的则是一些隐性歧视性条款。在现代时期，由于“男女平等”作为一项宪法原则，已经深入人心，再加上妇女参与权的不断提升，我国并不存在一些明显歧视妇女的法律条款。但是，由于性别意识在法律文本中的缺失，仍然存在大量的隐性歧视性条款。比如，在我国法律关于男女退休年龄以及女性禁忌行业的规定上就有一些隐性歧视性条款。国务院于1993年10月颁布的《国家公务员暂行条例》，对国家公务员（事业单位参照执行）退休做出了规定：“男性年满60周岁，女性年满55周岁应当退休；男性年满55周岁，女性年满50周岁，且工作年限达到30年的以及工作年限达到20年的，本人提出要求，且经任免机关批准，可以提前退休。”而关于企业职工的法定退休年龄，于1978年颁布、现今仍然有效的《暂行办法》与《国务院关于工人退休、退职的暂行办法》这两份文件中对法定退休年龄做出了非常明确的规定：男职工年满60周岁，女职工年满50周岁，女干部年满55周岁。就立法者的本意而言，这一系列规定或许是为了给予女性一定的照顾，但是从实际执行的客观效果而言，这一系列规定对妇女的生存与发展产生了非常多不利的潜在影响。譬如，在男女退休年龄这方面上的不同规定，就明显是存在一些问题的。另外，在干部的具体录用和任用方面上，我国很多地方政府及部门都存在这样一个不成文的做法，也就是任用国家机关干部，女性同志超过50岁的一般而言就不再提名任用，这种对男女实行不同退休年龄的规定在现实生活中严重侵犯了我国女性的政治平等权利。①

## 二　改进立法技术，提高立法的科学化水平

我国《立法法》第六条规定：“立法应当从实际出发，响应经济社会发展与全面深化改革的要求，科学合理地规定公民、法人以及其他组织的权利和义务、国家机关的权力和责任。”这也就于法

① 可参见徐爽《妇女平等权的立法保护与性别预算》，《现代法学》2012年第1期；莫洪宪《论我国立法中的社会性别意识》，《武汉大学学报》（哲学社会科学版）2007年第5期。

律上正式确立了立法的科学原则，并使得这一原则最终成为法律制度不可或缺的一部分，从而进一步可以依靠法的国家强制力在立法实践中进行推行。[①] 对于我国《妇女权益保障法》等妇女保障领域的法律规范而言，为实现其科学化的目标，还需要在如下几个方面做出努力和完善：

（一）明确基本概念的内涵

概念是一切学术研究的基础，如果概念不清，则会导致学术研究陷入“基础不牢，地动山摇”的局面。对于我国妇女权益保障领域而言，男女平等、歧视妇女、就业歧视以及家庭暴力和性骚扰等词语都是国际上通行的，涉及妇女权益保障的一些专业术语。我国相关法律必须对这些词语的概念进行明确界定，否则会使执法者在适用和执行该部法律时，容易陷入困境，要么做出扩大解释，要么做出限缩解释，进而对我国妇女权益的保护造成不利影响。《妇女权益保障法》能够自行解决的，则由《妇女权益保障法》加以界定；《妇女权益保障法》不适宜解决的，则由《劳动法》《婚姻法》等其他相关妇女权益保障的法律进行界定；如此，方可使我国妇女权益保障领域的法律体系逐步走向科学化。

（二）注重对热点问题的规制

妇女权益保障是一个长期性的工程，在不同的历史时期，其会有着新的变化，作为妇女权益保障领域的“母法”，《妇女权益保障法》必须顺势而为，将一些社会热点问题纳入自身的调整范畴。在21世纪，妇女权益保护正面临着新的挑战和机遇。男性和女性发展不平衡的问题仍然比较突出，妇女群体内部利益需求迅速增多。我们不仅要关注妇女政治参与、就业和社会保障以及性骚扰和家庭暴力等妇女群众普遍面临的传统问题，也要响应与时俱进的要求，对农村没有土地的妇女、进城市务工妇女以及下岗失业妇女和农村老龄留守妇女给予应有的关注。例如，目前我国城乡中的“空巢家庭”的数量逐渐增加，尤其是在一些城市，其平均比例已经发展到了30%，有些甚至还达到了50%。如此，社会养老问题变得越来越

① 曹胜亮：《论地方立法的科学化》，《法学论坛》2009年第3期。

突出。再如，随着城市化发展，留守儿童问题、流动人口子女问题以及未成年人违法犯罪问题都逐渐成为我国社会的一些热点话题。[①]因此，只有通过实证调查和研究，了解和倾听广大妇女群众的现实诉求，并及时反映妇女群众的呼声，将对一些新情况和热点问题的研究成果上升为法律。唯有如此，才能确保我国的《妇女权益保障法》能够彰显时代之特色。

（三）增加责任、救济等刚性条款

一部内容科学的法律，理应既包括权利/权力条款，又同时设置了相应的义务/责任和救济条款。如此，方可使该法律在实践中具有可操作性，能够付诸实施。在前文中，已经分析，我国《妇女权益保障法》在这方面做得不太好，立法技术较为粗糙，刚性条款较为缺乏，科学化水平远没有达到理想的程度。因此，在以后的修法过程中，扩充现有法律条文，增加一些责任、救济等刚性条款，实属必要！具体而言，赋予广大妇女以政治权利、文化教育权益、劳动社会保障权益、财产权益以及人身权利和婚姻家庭权益等，就必须同时规定广大妇女享受或行使该权利的路径，以及该权利遭到侵犯时的具体救济路径；授予政府相关部门保护广大妇女基本权益的职责或权力，就必须同时规定政府相关部门履行该职责的方式和途径，以及未履行或者违法履行该职责或权力时的法律责任。唯有如此，我国的《妇女权益保障法》才能够满足科学化的基本要求，进而成为一部真正的妇女权益保障基本法，也才能最终不辜负我国广大妇女同志们的期许和希望。

（四）加强与国际公约的衔接

自 1971 年我国恢复在联合国的席位以来，在国际社会，我国政府主动承担了一系列大国责任与义务。我国政府于 1980 年 7 月

---

① 具体可参见蚌埠市村规民约修订工作调研组《村规民约视角下的农村妇女权益保护——以蚌埠为例》，《中共四川省委党校学报》2013 年第 1 期；倪丹《我国农村妇女权益法律保障调查实证研究》，硕士学位论文，西南政法大学，2008 年；吴萍《进城务工女性劳动和社会保障权益保护的现状分析及对策建议》，《行政与法》2006 年第 10 期；焦克源《政府外包型失业/下岗妇女再就业培训机制的探索与创新》，《甘肃社会科学》2010 年第 6 期等文献。

签署了《消除对妇女一切形式歧视公约》，成为该公约的第一批签约国成员。此后，我国政府接连批准加入了包括《消除对妇女暴力宣言》在内的诸多有关妇女人权的国际公约，并签署了《经济、社会、文化权利国际公约》和《公民权利与政治权利国际公约》两大公约。1995 年，中国政府在北京主办了主题为“以行动谋求平等、发展与和平”的第四次世界妇女大会。在此次大会上，正式审议并通过了《北京宣言》与《行动纲领》两个有关妇女权益保障的文件。这两部文件在日后也逐渐成为推动全球妇女运动的两大纲领性文件。在这两部文件正式出台以来，我国政府一直都在恪守《北京宣言》和《行动纲领》的宗旨，起草和出台了《中国妇女发展纲要》，在国家社会经济发展的总体规划之中确定了“推动妇女发展”这一项目标任务。另外，多年来，我国还建立完善了有关妇女权益保障的法律规范体系、组织实施体系以及法治宣传体系。总而言之，这些年来，我国妇女在经济、政治以及社会、文化等领域的地位取得了显著提高，形成了全社会共同关心支持妇女事业的良好格局，妇女人权事业取得了巨大进步。①

妇女权益保障事业上的成绩当然不容否认，但也要同时认识到我国妇女人权事业的发展与国际公约要求还有一定的差距。譬如，《消除对妇女一切形式歧视公约》之中明确规定了各缔约方有义务“承担在所有领域，特别是在政治、社会、经济、文化领域，采取一切适当的措施，其中包括制定法律，力谋妇女的充分发展与进步，从而保证她们在和男子平等的基础之上，行使与享有人权以及基本自由。”《消除对妇女暴力宣言》主要是针对当今妇女暴力问题日益普遍和严重这一现实，在严格界定对妇女暴力行为的概念和内涵的基础上，要求各个缔约国家应当采取一切可能的、适当的方式尽快起草和制定出相关政策，来消除对妇女的暴力行为。为了解决此类问题，我们一定要注重国内立法与国际公约的衔接。在制定国

① 参见薛宁兰《反家庭暴力的国际人权文件与国外立法状况》，《中国妇运》2015 年第 2 期；薛宁兰《家庭暴力专项立法与妇女权益保障研究述评》，《中华女子学院学报》2014 年第 3 期；黄列《家庭暴力：从国际到国内的应对（上）》，《环球法律评论》2002 年第 1 期。

内法的过程中，对于涉及妇女权益的规定，应当首先参考对照我国在此问题上对国际社会曾做了哪些承诺，国际公约对此问题有哪些相关规定，结合国情我们又能采取哪些具体措施，等等。通过国内立法与国际公约的有效衔接，把那些相关的国际公约作为一个重要的学习和借鉴对象，以一种宽广的视野，仔细审读、认真研究这些国家公约的基本精神以及具体规定，并充分结合我国的现实国情，将国际公约中的一些有益经验和做法吸收到我国妇女权益保障的法律法规当中去，继而为我国执行国际公约、履行国际义务提供有力的法律支持。[1]

## 三　贯彻性别意识，提高立法的民主化水平

立法是法律乃至法治得以发挥调整社会关系的作用、实现维护公平、正义和秩序的目标的起始点。一部“良法”之所以能够发挥应有的作用，与立法过程中的民主是分不开的。民主立法的核心在于为了人民，依靠人民。[2] 但在妇女权益保障领域，要想实现立法的民主化，仅仅强调妇女的参与是远远不够的，还必须贯彻性别意识，将男女平等的观念渗入到立法的整个过程以及立法的所有条款。

### （一）赋予妇女参与立法的实质性效力

目前，在涉及妇女权益的一些立法上，我国《妇女权益保障法》确实赋予了广大妇女一定的参与权和提出意见权。但是，对于参与效力以及意见如何采纳等问题，《妇女权益保障法》则做了模糊处理，缺乏应有的表述。这就容易导致，在实践中该种权利走向虚化，象征意义大于实际意义。为此，有必要在立法中，赋予妇女参与立法的实质性效力。具体而言，就是要在《妇女权益保障法》中明确规定：对于妇女参与者所提出的意见或建议，立法部门必须加以认真考虑和分析。意见或建议合理的，应当予以借鉴和吸收，并在立法中给予体现；意见或建议不合理的，也要向参与者进行解

① 莫文秀：《〈中华人民共和国妇女权益保障法〉修改研究》，博士学位论文，中国政法大学，2009年。

② 李玉璧：《完善立法体制，深入推进立法科学化和民主化》，《西部法学评论》2014年第6期。

释和说明，并出具相关证明文件。

（二）在立法中设定科学的女性代表者比例

女性参与政治是一个历史性的话题，大多数国家在很长一段时间，女性在政治领域是被边缘化的。在西方，随着女权运动的兴起，此种情况已经逐渐得到改进。女权运动的一个重要目标是在公共政策制定上实现性别平等。大多数人相信，在过去，即使是现在，公共政策主要是通过政府机构和一些专家智库合作来实现的，是权力和知识联盟的结果。由于历史形成的女性和男性的地位差异，无论是在人权组织还是专家组织中，均由男性主导，男性占据了绝对的主导地位，妇女的比例很低，妇女缺席现象十分严重。政策制定的过程中，一旦女性利益代言人缺席，男性通常会潜意识地通过制定和实施公共政策这一路径将性别歧视转变成为一个相对正式和公开的性别歧视。在世界范围内，也曾有过一些学者开展过类似方面的研究，其研究的结果显示：任何团体代表的决策只有在超过30%的比例，才可能对公共政策产生真正的影响。女性是妇女权益相关法律法规的直接利益相关者，考虑到她们特殊的生理构造以及社会地位和生活经历，适当提升女性在立法者当中的数量与比例十分必要。它可以有效地避免女性群体被逐渐边缘化，可以避免其真实意愿被歪曲或者误解。①

在我国，全国人民代表大会以及地方各级人民代表大会是主要民意代表机构，它们是我国各项法律的具体制定者。因此，为了确保立法的科学性，我国向来都非常重视各级人民代表大会的代表人员的构成以及结构。而在这当中，就已经考虑了有关女性参与立法的问题。然而，因为长久的历史传统以及一系列的现实原因，女性代表不足甚至缺席的现象并未得到根本性的改变。在实际的政治生活中，仍然存在着女性的政治参与度比较低、女干部的晋升渠道比较少等诸多不合理现象，可以说，妇女本来应该所享有的各种政治权利却被人为地剥夺了。根据相关调查和统计，从第四届人大到第

① 参见莫洪宪《论我国立法中的社会性别意识》，《武汉大学学报》（哲学社会科学版）2007年第5期。

十一届人大，我国妇女代表的比例基本都徘徊在21%左右，虽然到后期，有一定的改善，但增长的比例基本都不会超过1%。当然，即使是21%这个数字，同1995年世界妇女大会通过的《目标纲领》中所确定的30%的目标还存在着不小的差距。在国际范围内，我国和其他一些国家的差距也很明显。现如今，在一些北欧国家，女议员占全部议员总数的比例平均大约为38.3%，这其中，斯堪的纳维亚有40%以上，而瑞典是女议员所占比例最高的一个国家，它的比例达到了惊人的42.7%。另外，在一些拉美的发展中国家中，阿根廷的女议员比例达到了25.3%，古巴的女议员比例也达到了22.8%，这些基本上都高于我国历史上最高纪录（四届人大女代表22.63%）的水平。还有，根据各国议会联盟的调查和统计，我国人大代表中女性代表的比例已经由1994年的第十二位，下降到了2000年4月的第二十四位，2002年3月的第二十八位，2004年的第三十七位，2005年的第四十二位。可见，我国与世界部分国家的差距越来越大。①

可见，在我国立法过程中，适当地提升女性代表参与的程度与比例，对于贯彻落实社会性别意识，继而杜绝产生一些对女性不利的条款是极为必要的。考虑到在联合国第四次世界妇女大会上所公布的《行动纲领》中，已经明确提出了各国在自己的立法机构以及政府决策岗位当中要逐步实现30%女性的目标，中国政府也对此次大会的文件投了赞同票，并在大会上表明了中国对男女平等的承诺。那么，中国政府就应当积极履行该国际条约，保证30%的参政比例。而且就中国妇女参政的现实看，提出各级人大之中的女候选人1/3以上的比例是基于目前人代女代表参与水平而言的。同时，还应当明确的是，制定各级人大代表女候选人1/3以上的比例只是一个底线、一个基础，它不应该成为限制妇女作为各级人大代表候选人的上限。有条件的地方，特别是那些在上届选举中女性候选人比例超过1/3的地方，或者总人口中女性比例较高的地方，应当在原有的基础上制定高于1/3的人大女性候选人比例的目标。

① 郭宁：《新中国妇女参政初探》，硕士学位论文，华东政法大学，2012年。

### （三）将性别平等评估作为立法的一个环节

所谓性别平等意识，即指在制定任何公共政策时都要时刻秉持男女两性平等这一基本意识，其不仅要求在立法过程中尽量提高女性代表者的数量和比例，以反映和体现女性代表者的意志，而且还需要将性别平等评估作为立法的一个必备环节，以树立和增强广大立法者的性别敏感意识，尽量消减一些歧视性条款。①

将性别平等评估作为立法或者制定其他公共政策中的一个必备环节也是国际上一些法治发达国家的通行做法。比如，在加拿大，1995 年，加拿大政府正式批准了《联合国行动纲领》。2004 年，其妇女地位常务委员会在议会组建成立。紧接着，加拿大联邦推出了“社会性别平等计划”，其主要具有如下几个意涵：第一，把社会性别主流化作为一个向政府政策中融入社会性别内容的方法和路径；第二，采取多种措施努力促进加拿大社会、经济、文化、生活等各方面上的社会性别平等；第三，在政府的各项施政和具体管理中，吸收女性代表的参与。②

总而言之，为顺应国际潮流，与世界普遍做法相衔接，我国有必要对现今的妇女权益保障工作进行体制机制上的升级，将性别平等评估纳入到立法过程当中。③ 其有如下三个构成要素：第一，评估目标。在世界范围内，性别平等评估通常具有很多不同的称谓，如“性别影响评估”等。它被世界许多国家看作推动社会性别主流化的一个非常重要的路径。1995 年，在北京举办的联合国第四次世界妇女大会上，正式将“社会性别主流化”升格为一项基本政策——推动性别平等目标的一个主要行动策略。它要求世界各国必须将实现性别平等作为本国未来开展立法、制定政策、以及贯彻执行计划和方案的一个关键目标。有鉴于此，各国政府理应

① 具体可参见付媛《在立法中植入社会性别视角的法理学思考》，硕士学位论文，辽宁师范大学，2008 年。

② 具体可参见［加］丽贝卡·J. 库克编著《妇女的人权——国家和国际的视角》，黄列译，中国社会科学出版社 2001 年版。

③ 周应江：《以社会性别视角审视法律，以法律推进保障性别平等——〈中华女子学院学报〉“女性与法律”栏目 15 周年回眸》，《妇女研究论丛》2011 年第 3 期。

在每一项法律草案、公共政策以及行政规划和计划的制订当中，对一系列性别影响因素进行考虑，并在此基础上开展有效的性别平等评估。总而言之，对法律开展性别平等评估主要是检视法律当中是否存在明显的或者潜在的性别歧视因素，确保男女两性都能因此法律而获益。第二，评估主体。对于性别平等评估的主体，我们既可以参照和借鉴一般法律评估主体的类型，但同时也应当考虑到性别平等评估所具有的一种特殊性。在一般主体的选择上，我们可以采用“利益相关者”规则，即那些可能受到法律直接影响的企业、组织和个人有权利来进行参与。此种规则能够让法律制定者对自己立法的实施状况获得一个相对科学、全面以及客观的评估意见。[①] 在特殊主体的选择上，主要是指性别平等评估一定要有妇女代表的参与，尤其是那些性别领域的专家和专门妇女权益保障组织。比如，在台湾地区，性别影响评估通常要提交性别平等项目小组的讨论，并广泛咨询和听取性别平等小组委员、妇女权益保障相关团体或者相关专家学者的意见；在中国香港，也主要是由妇女事务委员会来具体负责设计社会性别分析的工具以及社会性别主流化检视清单。第三，评估流程。一般来说，性别平等评估一般包括四个步骤：一是收集资料以了解现象；二是进行性别分析；三是在法律中采取行动来推动男女两性获得平等的竞争机会或者获得平等的效果；四是目标设定，也就是采取了哪些具体的措施来实现男女性别平等这一目标。由于我国的性别平等评估还处于理论探讨阶段，台湾地区的性别检视清单、香港的性别检视清单都可以供我们借鉴。当然，现如今，世界上很多法治发达的国家都存在着类似的清单与流程，我们应当在广泛考察与借鉴的基础上，开发出一个适合中国国情和实际的评估指标和评估流程。[②]

---

① 参见汪全胜《立法后评估的“利益相关者”模式》，《法治研究》2010 年第 1 期。

② 参见郑玉敏《完善我国地方法规性别平等评估机制的对策与建议》，《山东女子学院学报》2015 年第 5 期。

# 第二章

# 强化妇女权益保障的法律实施机制

党的十八届四中全会审议通过的《中共中央关于全面推进依法治国若干重大问题的决定》明确指出："法律的生命力在于实施，法律的权威也在于实施。各级政府必须坚持在党的领导下、在法治轨道上开展工作，创新执法体制，完善执法程序，推进综合执法，严格执法责任，建立权责统一、权威高效的依法行政体制，加快建设职能科学、权责法定、执法严明、公开公正、廉洁高效、守法诚信的法治政府。"纵然，时至今日，我国已经初步形成了有关妇女权益保障的法律规范体系，但是，还很难说，上述法律规范在我国的执法实践中得到了比较好的落实和执行，尤其是《妇女权益保障法》赋予广大妇女的各项基本权益，如政治权利、劳动和社会保障权利以及财产权利和人身权利等，在社会中仍然时时受到各种各样的威胁和侵犯。另外，对于一些特殊的妇女群体，如少数民族妇女、偏远农村妇女等，由于地理位置、民族风情以及经济发展水平等因素的影响，在合法权益的保护上同普通妇女群体相比明显处于一种相对滞后的地位。因此，在今后，我们工作的重心应当转移到行政执法机制的构建上，争取将那些"纸面上的法"转变成为"现实中的法"，将法律上的平等转化为事实上的平等。

## 第一节　相关法律的实施现状与困境

近年来，以《妇女权益保障法》的出台和修订为标志，我国对于妇女权益保护的制度日渐趋于完善，妇女维权工作亦取得了很大的发展和进步。《妇女权益保障法》针对性地充实了妇女六大权益的具体内容，再加上社会大众的共同贯彻和实施，使得广大妇女在政治、经济以及社会和文化等生活中的地位得到大幅提升，生存和发展的环境进一步优化。然而，同理想化的图景相比，还存在着很大的差距，各项基本权益的保护还存在着一定缺憾，需要各级主体和部门加紧落实。

## 一　政治权利的保护现状与困境

妇女的政治权利位居六大权利之首，是其他权利的前提和基础。可以说，政治权利的保障程度是一个国家文明进步的重要标志。近年来，借助于《妇女权益保障法》这一东风，我国广大妇女在各级人大、党政机关以及事业单位中所处的地位得到了逐步提升，所参与的公共事务范围也日渐趋于广泛。但值得说明的是，由于《妇女权益保障法》在此表述上的模糊，[1] 再加上各中央部门和地方政府在执法上的不严谨，导致实践中各地具体比例设置上的不一，有的甚至还出现数额不断下降的趋势，妇女政治权利的保护面临一定困境。具体而言，主要有如下两点：

### （一）妇女政治权利被虚化

毋庸置疑，自《妇女权益保障法》颁布实施以来，我国妇女大众参与政治决策和执行的情况已经有了明显改善，并取得了非常可观的成绩。然而，需要注意的是，从妇女大众参政议政的具体实践以及法律制度的安排方面来看，两者之间还存在非常大的落差，她们的政治权利在某种程度上开始慢慢被潜在地虚化。

妇女的政治权利是一个抽象性、概括性的概念，它由一些具体的权利内容来构成和实现。从政治权利运行时的一系列具体权利的

---

① 我国《妇女权益保障法》第十一条规定："……全国人民代表大会和地方各级人民代表大会的代表中，应当有适当数量的妇女代表。国家采取措施，逐步提高全国人民代表大会和地方各级人民代表大会的妇女代表的比例。居民委员会、村民委员会成员中，妇女应当有适当的名额。""适当数量""逐步提高""适当的名额"等词汇的运用无疑会极大地增加各地在具体名额设置上的自由裁量权。

逻辑顺序及其逐渐展开来看，其至少应该包括如下几个权利：首先是享有参政的资格，其次是具有参政的能力，再次是进入政治运行程序当中，最后是表达权、监督权等一系列权利的实施。只有上述权利全部享有和具备时，这才是一个完整意义上的政治权利。[①]

然而，在实际生活中，我国妇女大都仅仅享有的是一种形式上的政治权利，甚至都还没有进入到政治程序的运行当中。在调查过程中，我们发现，很多妇女由于某些硬性条件的限制，根本就不具有参政的资格，如无党派、民主党派、知识分子、少数民族，等等，也正因为此，她们通常被排除在权力结构的框架和系统之外。另外，通过调查，我们还获知，几乎有 30.4%的被调查对象认为自己没有在培养、选拔和任用干部的过程中真正地感受到男女平等。还有，高层次妇女参政议政的比例仍然偏低。在某省第十次党代会代表、省第十二届人大代表、省十一届政协委员中，女性人数分别为 195 人、179 人和 158 人，占代表、委员总数的 22.9%、24.5%和 21.7%。虽然比上届提高了 1.1 个百分点、1.2 个百分点和 2.6 个百分点，达到《规划》中“保持适当比例，并逐步提高”的要求，但是，与该省妇女人口的总数相比，总量仍然偏低。从全国范围来看，妇女参政议政水平与国际公认的妇女占 30%决策职位的指标还存有较大的差距。

在自治层面，这一问题更加严重。通常而言，妇女参与村委会、居委会的工作是妇女参政议政的一种最便捷方式。然而在具体的实践中，广大农村妇女的政治参与比例依旧很低，可以说，在基层的政治权力运行中，男性仍然是占据着主体地位，相反，妇女却处在政治决策较为边缘的地带。在村民自治中，她们并没有发挥应有的作用。对此，可以将这种现状具体形容为“一低三少三多”——“农村妇女政治参与的比例偏低，正职少、副职多，实职少、虚职多，要职少、闲职多”。[②] 具体而言，在村委会成员中，妇女所占的比例和妇女人口在总人口中所占的比例极不相称。特别是

---

① 参见雷扬《我国妇女政治权利虚化问题探析》，《江西社会科学》2012 年第 3 期。

② 唐华荣：《我国农村妇女参政会不足的成因分析》，硕士学位论文，贵州大学，2007 年。

对于村主任这一关键职位，几乎难以看到女性的身影。即使个别妇女通过民主选举的方式进入村委会成员当中，也通常是一些副职，并且也大都是负责计划生育方面的工作，难以真正参与到村级重大事务的决策当中。可以说，女性“半边天”的作用并未在实践中得到应有的发挥。在调查中发现，93%的农村女性没担任过村民代表，87.7%的女性没参加过村民代表大会，91.2%的女性没参加过村妇代会，83.6%的女性没参加过村民小组会议。即便是村民自治与推进妇女进“两委”已经制度化运作多年，但仍有94.7%的女性没担任过村民小组组长，24.7%的村委会中没有女性，42.7%的村支委会中没有女性。①

（二）妇女政治主体地位缺乏认同

我国妇女实践中政治权利的虚化直接造成妇女对自身政治主体地位缺乏认同。所谓政治主体地位缺乏认同就是指妇女参政的主动性较低，积极性不高。与男性的政治参与主动性相比，我国广大妇女的政治参与主动性显然较低。这既有传统历史观念的影响，又有现行制度安排的作用。

具体而言，长期以来，多数女性生活的中心存在于整个家庭之中，对自己的政治权利普遍缺乏认识，也缺乏积极参与民主选举的热情，在政治参与的过程中，易对男性产生盲目的服从和依赖。她们缺乏一种主人翁责任感，忽略其在社会上的作用，对政治采取漠视态度。此外，我国妇女参政权的政治安排性较大，大多类似于一种角色扮演，在实践中并没有适当的宣传和教育。这就导致妇女往往对自己应有的政治主体地位缺乏认知，她们也就因此经常非常消极地去行使法律赋予她们的政治权利。相反，在大多数情况下，她们会主动放弃自己所享有的选举权利，甚至还不想被选举。可以说，妇女的政治权利已经异化成了政治实践的一种“点缀”。正如某学者所言：我国妇女的政治权利主要是一种照顾性的设计和安排，其所具有的现实意义和价值极为有限，甚至在某种程度上还可以说它破坏了民主选举的原则；因为广大选民有权利也有能力来决

① 王春云：《村民自治中妇女政治参与问题研究》，硕士学位论文，吉林大学，2014年。

定谁最应该被当选，谁又应该不被当选。如果仅仅是考虑到妇女在当前处于一种相对弱势的地位而给予她们一定的特权，则很可能是与民主的本质相违背的。①

上述现状在实践中也有所佐证。在实证调查中，我们发现，在最近 3 年里，有 82%的妇女没有主动给“两委”提过建议，有 87.3%的妇女没有主动向政府有关部门反映过情况，有 41.2%的妇女从来没有对村里的公共事务发表过意见。而至于其缘由，其中，有 23.6%的妇女是因为不想管这些事情，有 37.4%的妇女明确表示“村委会中有没有女干部对自己来说一样”，甚至还有 16.6%的妇女认为“村民自治是政府的事，与老百姓没有多大关系”，有 14.7%的妇女认为“村民自治是男人的事，与妇女没有多大关系”。广大妇女的参政意识之低即可见一斑。

## 二　文化教育权益的保护现状与困境

文化教育权益对广大妇女来说是一个很重要的权利，《中华人民共和国义务教育法》《妇女权益保障法》《宪法》等都规定了妇女享有义务教育的权利。“教育既使妇女的意识觉醒，又是妇女与男子平等竞争的一个前提条件，如果受教育水平不够，那么在与男子的竞争中就会处于劣势。妇女只有争取受教育权才能改变男女不平等的传统与观念，提高自身的社会地位。”② 近年来，我国妇女文化教育权益的保障已经有了长足的进展，妇女文盲率和辍学率都大为降低③。但是，同世界发达国家相比，现如今，我国还存在如下

① 晏扬：《不宜硬性规定妇女参政比例》，《人民代表报》2006 年 9 月 7 日。

② 邹晓红：《妇女文化教育权利的法律保护》，《长春理工大学学报》（社会科学版）2008 年第 5 期。

③ 据相关调查统计：2004 年，男女童入学率分别为 98.97%和 98.93%，男女差距由 1995 年的 0.7 个百分点下降到 0.04 个百分点；2004 年用于农村义务教育的国家财政性教育经费达 1393.62 亿元，是 1995 年的 2 倍；2004 年，普通初中和高中在校女生的比例分别达到 47.4%和 45.8%，中等学校在校女生的比例达到 51.5%，全国普通高等院校在校女生为 609 万人，占在校生总数的 45.7%，比 1995 年提高 10.3 个百分点；2004 年，女硕士、女博士的比例分别达到 44.2%和 31.4%，比 1995 年分别提高 13.6 和 15.9 个百分点；2004 年，全国城镇地区 15 岁及以上女性文盲率为 8.2%，比 1995 年下降 5.7 个百分点，农村地区 15 岁及以上女性文盲率为 16.9%，比 1995 年下降 10.5 个百分点。

两个较为棘手的问题：

（一）城乡公共教育资源分配不均衡

众所周知，长期以来，义务教育资源在城市和农村地区之间的分配严重不平衡、不合理。城市聚集着大批高质量的教学资源和教育设备，导致农村教育资源非常稀缺。教育资源分配不均，大部分的女孩在农村地区虽然可以接受九年义务教育，但是教育的质量很难同城市相比。与此同时，高额的教育开支也使农村女性学生失去继续去大学深造的机会。许多家庭不重视女性的教育，特别是山区的很多女孩，在完成义务教育后，就被安排结婚生子或外出打工，这严重阻碍了她们的专业技能和未来职业的发展。各种各样的文化教育资源，如图书馆、学校、影院、博物馆等，主要集中在城市，农村妇女要获得这些资源必须来到城市，并且需要花费更高的成本来获得。同时，因为女性在农村地区的地位低下，农村有限的教育资源多由男性获得。因为农村地区受交通、通信和其他方面的限制，农村妇女在看电视、听广播、阅读书籍、收集图像数据和其他方面也有一些困难，在获得公共影视资源和公共利益方面也有很大的缺失。

（二）教育内容不全面，缺乏基本知识教育

除了城乡之间教育资源分配不均衡这一缺陷外，就整个妇女教育而言，我国还普遍存在着教育内容不全面，缺乏基本知识教育这一不足。这对广大妇女的后期发展会有极大的不利影响。众所周知，一个社会妇女解放的水平和程度主要取决于这个社会的政治、经济、文化等诸多方面因素的发展，妇女能否获得一个健康、优越的教育，直接关涉到她们的未来。倘若妇女的文化教育权益不能得到应有的保障，那么这些妇女的就业权利、政治权利等一系列基本权利都将难以实现。正如斯大林所言："妇女是一支劳动大军，而且还肩负着教育我们的子孙、我们的后代以及我们的将来的使命。正因为此，我们绝不应该也不能让她们过着一种愚昧的生活。"所以我们要保证广大妇女能够接受到最为全面、最为先进的文化教育，以提高她们的文化素质。[①] 有鉴于此，在各种侵犯女童的违法犯罪行为频发的今天，加强对女童的特殊教育，特别是性安全教育、防拐教育等基本安全教育，就显得尤为必要。然而，据调查数据显示，除了在学校接受过男女平等教育的比例（83.5%）还勉强合格之外，其他事项，比如在家进行过防拐教育（72.2%）、在学校接受过防拐教育（64.4%）的比例都比较低，而在家中进行过性安全教育（55%）和在学校接受过性安全教育（54.7%）的比例则更加偏低。

## 三　劳动和社会保障权益的保护现状与困境

新中国成立以后，我国妇女得到了彻底的解放，党和国家对保护妇女劳动和社会保障权益非常的重视，关于此方面的法律法规也不断出台。《宪法》作为国家的根本大法，明确规定了保护妇女的劳动和社会保障权益。《妇女权益保障法》《劳动法》等专门性的法律在保护妇女劳动和社会保障权益方面也发挥着重要的作用。近年来，国务院还陆续出台了《女职工劳动保护规定》《女职工禁忌劳动范围规定》等文件，都对保护妇女劳动和社会保障权益做了详细的规定。但是，由于执法机制的不严格，在现实中，仍然存在着诸多侵犯妇女劳动和社会保障权益的事例。从整体上来看，妇女劳动和社会保障权益的践行情况不容乐观。

### （一）就业中性别歧视的现象仍客观存在

在现实中，很多企业在进行招聘时，都或多或少地存在着对女性的一种歧视。这些企业会千方百计地去规避法律，并变相地提高相关录用门槛，设置各种隐性障碍和条件，以达到不录用女性劳动者的目的[②]。比如，有些企业就制定了“限制结婚，结婚或生育即终止劳动合同”等一系列明显违法的内部章程。另外，根据2001

① 具体可参见黄明光《国家法中妇女文化教育权利条款述评》，《教育评论》1995年第6期。

② 据相关调查的数据显示，15.4%的妇女表示曾被用人单位以性别或变相以性别为由拒绝录用、15.2%的妇女表示曾被用人单位以性别或变相以性别为由提高对其的录用标准，另外还有12.6%的妇女表示曾有用人单位在劳动合同中规定或以其他方式变相限制其结婚、生育。

年8月劳动和社会保障部门对62个定点城市所开展的就业状况实践考察，竟然有67%的企业进行招聘时存在一定的性别歧视和限制。[1] 当然，也需要指出的是，如果上述这种不录用女性职工的行为只是属于一种法律保护，即国家为了防止妇女从事一些危险行业而设立的“禁忌”，那么这完全是合法、合理的，然而，在事实上，并非如此，上述这些基本都是因为性别因素而导致的。甚至，还有些企事业单位无视法律，明目张胆地放出“只招男性”的要求——有许多单位公开拒招女大学生和女研究生，却不给出有说服力的理由，这使得女大学生毕业即面临失业窘境。另外，近些年来，我们常常可以听到让女性回归家庭的呼声，让女性能够专注于抚养孩子和处理家务，释放出劳动力职位给男性就业，有助于提高生产效率，表示这是对女性的“解放”，称女性兼顾家庭和事业实在太难。这种以生育作为理由剥夺女性劳动权的论点，同旧时代将女性圈禁于家庭没有什么不同。

（二）女职工“四期”特殊保护难以落实

由于妇女的特殊生理构造，其在怀孕、经期等“四期”期间身体往往较为虚弱，理应给予一种特殊的保护。我国法律上也确实做了相应的规定。但遗憾的是，在实践中，女性“四期”期间劳动权益被侵害的现象广泛存在[2]。来自各地区的信息透露出，这种现象不仅屡有发生，而且还相当严重。据河北省对96家企业的调查，无孕、产、哺乳期女工的企业占到79.2%，企业对孕、产及哺乳期女职工随意单方面终止合同或虽签订合同，但不履行合同；而山西省对861家非公有制企业调查显示，有83.8%的企业，女职工产假期间不发工资，哺乳时间也得不到保障。另外，以内部规定来限制女性工人结婚、生育的企业普遍存在，导致女性员工陷入两难，要工作就不能生育。一些企业盲目追求经济利益，将怀孕或生育妇女工人调离原岗位，或者不给其全薪，又或者以各种各样的借口将其

① 张莹：《减少女性就业性别歧视的法律实证分析》，《东岳论丛》2007年第6期。

② 根据相关调查数据显示：有78.5%的妇女在经期没有受到特殊保护，40.1%的妇女在孕期没有受到特殊保护，25.6%的妇女在哺乳期没有受到特殊保护。企业安排女职工经期从事高空、低温、冷水作业和三级体力劳动强度的劳动的现象还大量存在。

辞退。还有一些经营者为了达到降低生产成本的目的，故意降低工作条件，这造成一些妇女职工长期在一种不良的环境里进行工作，她们的身心健康也因此受到非常大的损害。比如，有些企业无视相关规定，安排妇女职工在经期内从事一些低温作业或者一些强体力劳动工作；还有一些企业不给妇女职工发放必要的保护用品，造成妇女职工患上一些急性或者慢性的职业病，这些都对妇女的身心健康造成极大地侵害，不利于妇女的未来发展和生活。①

（三）生育、医疗等社会保障覆盖面较低

职工的社会保障问题一直是引人关注的，原因在于它直接与每个人的生老病死息息相关。女性员工作为一种特殊的群体，她们的社会保障权益的实现应该值得更多的关注。养老、工伤、医疗、生育、失业保险是国家维护工人合法权益的强大的措施，而用人单位往往规避为女职工缴纳社会保险费的义务。在现实生活中，有相当一部分的女职工不理解社会保险福利是她们合法享有的利益。由于公司不参与社会保险，有一些则严重拖欠保险费用，导致一些达到法定退休年龄的女性员工不能申请退休和享受每月的养老金。尤其是女性工人下岗后遇到的主要问题是收入下降，生活困难，医疗、养老没有保障。用人单位不按照规定履行为工人缴纳社会保险费的义务，是对她们长期利益的损害，不能被忽略。②

## 四　财产权益的保护现状与困境

当今社会对于妇女财产权益的尊重与保护，是人们普遍关注的热点话题。妇女财产权益受侵害的现象不仅影响了社会的稳定问题，侵害本身也是对法治精神的一种背离。在我国，自新中国成立以来，我国已经陆续出台了诸多保护妇女财产权益的相关法律，如

① 参见张晶《妇女劳动权益法律保障的问题研究》，硕士学位论文，河北大学，2011 年。

② 在实证调查的过程中，我们发现，除了办理养老保险或发放退休金（73.8%）和办理医疗保险或享受公费医疗（75.1%）方面勉强合格以外，办理工伤保险（63.5%）、办理失业保险（61%）和办理生育保险（59.2%）方面都偏低，生育保险参保率最低。

《宪法》《民法通则》以及《农村土地承包法》和《婚姻法》，等等。这些法律在妇女财产权益的保护上所取得的成就不容小觑，但是，其存在的问题和不足也需要引起我们的重视。易言之，主要有如下几点：

（一）农村妇女集体土地权益难以实现

在我国，《农村土地承包法》和《妇女权益保障法》是保护农村妇女土地权利的两部最主要法律。法律规定本身的笼统和抽象，再加上传统观念的影响，导致在农村，这两部法律未能引起广大农民的重视，这就造成在实践中对这两部法律的适用出现了许多问题。现如今，许多农村集体经济组织通过村民自治章程、村规民约等方式来侵犯和损害广大妇女的土地承包经营权的现象越发严重。这其中，最突出的莫过于“出嫁女”的问题。之所以出现这种问题，其主要原因在于我国《农村土地承包法》在某些方面较为空洞的缘故。尤其是行使集体土地所有权的主体是不明确的，《农村土地承包法》在这点上是一种空白规定。[①] 众所周知，村规民约一直是我国广大农村地区的一个特色，一些制定较好的村规民约往往会对农村产生非常有利的影响，但也有一些协定对妇女的权利产生了侵害。土地权益是一项重要的权益，但在农村地区，妇女的土地权利常常受到各种侵害，有些侵害方式特别的隐秘，甚至连女性自己也没有被发现。法律和不平衡的现实，导致法律想要保护妇女的合法权益却难以实现的情形，这使得我国对农村妇女保护力度在法律层面大大降低，进而在现实中对农村妇女的土地权益造成非常大的侵害。[②] 根据相关实证调查和统计，我们发现，在我国一些农村，只有不到45%的妇女可以完全地享有土地承包经营权，34%的妇女仅能享有部分土地经营承包权，而竟然还有21%的妇女根本就不能享受到任何土地经营承包权。另外，在农村宅基地的使用权享受上，仅仅有48%的妇女完全享有该权利，35%的妇女可以享有部分的宅基地使

① 张笑寒、洪艳：《农业劳动力女性表征与妇女土地权益保障的思考》，《湖南社会科学》2012年第5期。

② 李和平：《关于农村妇女土地权益保护的法律思考》，《人民论坛》2015年第11期。

用权，而根本就不能享有该权利的妇女比例竟然达到了17%[①]。

（二）妇女离婚财产权益时常遭受侵犯

当前妇女财产权益保护中最引人注目的是妇女离婚财产权益的保护问题，因为离婚对于女性生活来说是人生中一个重大的改变和转折，而一旦在离婚财产分割中对女性保护不力，使其处于弱势地位，那么，女性日后的生活就会受到潜在的威胁甚至陷入困境。虽然，我国现行法律对妇女离婚时财产性权益的保护已经采取了一系列有力的措施[②]，但还不能从根本上彻底改变我国女性在婚姻破裂时所处的弱势地位。目前妇女离婚财产权益保护主要存在的问题有如下几个：第一，在进行共同财产分割时处于一种劣势地位。现如今，在我国，大部分家庭依旧秉承着一种“男主外、女主内”的理念，对于自己家庭财产的真实状况，妇女有时候了解与掌握得并不是太清楚。这就造成在离婚时，男方隐匿、转移家庭财产，甚至是虚构债务的现象极为普遍。第二，居住权得不到应有的保障。婚内住房大都是在男方的宅基地上所建立起来的。这就造成在离婚时，该房屋往往难以实现分割，再加上受传统观念的束缚，离婚妇女也往往难以被接受在自己娘家进行居住。所以，离婚后，一些妇女经常会面临一种居无定所的难处。第三，土地承包经营权无法满足和实现。长期以来，我国“从夫居”的那种婚姻家庭模式，会导致妇女在进行离婚时在争取土地承包经营权的分割方面，往往存在一定程度上的思想与观念的限制和束缚，处于一种天然的弱势地位。根据相关实证调查和统计，在我国当前的离婚案件中，妇女最终争取

---

① 关于为什么农村妇女无法享有上述财产权益的调查中，有15.3%的受访者表示是在结婚后失去，9.6%的人离婚后失去，丧偶后失去财产权益的比例为9.0%，外出务工后失去的比例为15.3%。

② 比如，《婚姻法》第三十九条规定：“离婚时，夫妻的共同财产由双方协议处理；协议不成时，由人民法院根据财产的具体情况，照顾子女和女方权益的原则判决。夫或妻在家庭土地承包经营中享有的权益等，应当依法予以保护。”《婚姻法》第四十条规定：“夫妻书面约定婚姻关系存续期间所得的财产归各自所有，一方因抚育子女、照料老人、协助另一方工作等付出较多义务的，离婚时有权向另一方请求补偿，另一方应当予以补偿。”《婚姻法》第四十二条规定：“离婚时，如一方生活困难，另一方应从其住房等个人财产中给予适当帮助。具体办法由双方协议；协议不成时，由人民法院判决”等等。

到土地承包经营权的案例占比不到10%。[①]

## 五 人身权利及婚姻家庭权益的保护现状与困境

在社会的发展进程中，男人与女人都充当着不同的角色。如果把男人比喻成汽车的方向盘，指引前行的方向，那女人一定是离合器，给予男人前进的动力。在如今开放发展的时代，男女应享有平等的权益，承担平等义务。[②] 自新中国成立以来，一系列保护妇女人身权利及婚姻家庭权益的法律法规陆续颁布并实施，中国妇女也因此第一次真正拥有了婚姻自主权、继承权，他们在家庭中的地位获得了一个实质性的飞跃。但是，几千年文化传承下来的今天，无论是在家庭，还是在社会生活中，广大妇女的权益依然得不到充分的保障，性侵、家庭暴力以及性骚扰等侵犯妇女人身权利和婚姻家庭权益的事例仍时有发生。

### （一）家庭暴力难以遏制

纵然，我国2001年修改的《婚姻法》在总则中明确增加了“禁止家庭暴力”的条款，并在“法律责任”这一章中又设立了一些比较特殊的救济路径；2005年修改的《妇女权益保障法》在第七章“婚姻家庭权益”一章中，明确提出“禁止对妇女实施家庭暴力。国家采取措施，预防和制止家庭暴力”，但家庭暴力的概念仍然不够明晰，救济措施也不够明确，诸多条款缺乏可操作性，继而使这一项重要的维权工作在实践中举步维艰，难以发挥实效。根据相关调查数据显示，在2005年，有62.02%的受访者认为，在其所居住的村，近两年内有过家庭暴力的发生，有37.98%的被受访者认为，在其所居住的村，并没有过家庭暴力的发生。这项实证数据在一定程度上反映了，在我国广大农村地区，家庭暴力依旧是一种较为普遍的现象。另外，据调查，有51.10%的受访者表示是丈夫对妻子实施家庭暴力；有21.33%的受访者表示是子女对

---

① 刘璐：《论妇女离婚时财产性权益保护——以离婚案件调研为基础》，硕士学位论文，西南政法大学，2014年。

② 杨莹：《婚姻家庭中女性人身权益的法律保护》，硕士学位论文，华东交通大学，2014年。

父母实施家庭暴力；有16.80%的受访者表示是父母对女孩实施家庭暴力。这项实证数据表明了，在我国广大农村地区，主要是以针对女性的家庭暴力为主要类型。[①] 由此，可以获知，广大妇女成为我国家庭暴力的“重灾区”。另外，在湖北省，2014年，全省妇联系统共接处家庭暴力投诉1336件，占婚姻家庭权益类26.9%。可以说，家庭暴力正成为威胁和侵犯我国广大妇女人身权利的第一大顽疾。

（二）女童性侵频繁发生

随着中国经济的快速发展，城市所提供的就业机会也越来越多，原来生活在农村地区的大量农民涌入城市谋生。因为农民工在城市的医疗、教育和住房等问题得不到基本的保障，所以他们中的大多数将自己的孩子留在农村，由孩子的祖父母照顾，造成了农村留守儿童的问题。农村留守女童是指父母一方或双方长期在外工作，长期被留在住所无法和父母住在一起的14岁及以下女孩。近些年来，伴随着我国农民工数量的不断攀升，我国农村地区的留守女童数量也开始出现快速增长。这些留守女童由于父母常年在外，往往缺少应有的监护。因此，她们当中的很多人都成为潜在的性侵犯对象。对此，全国妇联曾经发布过一份农村留守儿童状况研究报告，该报告显示：截至2010年年底，我国一共有农村留守儿童6102.55万，其数量达到了全部农村儿童总数的37.7%，并且在全国儿童总数中也占到了21.88%的比例。另外，北京青少年法律援助与研究中心依据近年来媒体的各种报道，也展开了相关的数据调研和统计，该调研显示：在2009年到2010年期间，我国媒体报道的性侵留守女童案件的数量一共有500余件；而在2013年1—6月期间，我国媒体又相继报道了100余件的性侵留守女童的案件。总而言之，从上述这些调研数据来看，我国农村留守女童遭受性侵的频率正在飞速增加，非常惊人。[②] 另外，近些年来，一些社会闲杂

① 陈苇：《我国农村家庭暴力调查研究——以对农村妇女的家庭暴力为主要分析对象》，《法商研究》2007年第6期。

② 具体可参见孟继苏《论我国农村留守女童性安全保护问题及防范对策》，《山东女子学院学报》2014年第4期。

人员，甚至是老师针对校园女性的性侵案件也屡见报端[①]，其发生数量也日渐增多，这些都反映出我国女性性权利的保护仍任重道远。

（三）职场性骚扰屡禁不止

性骚扰是侵害大多数女性人身权利的又一个主要问题。性骚扰主要发生在职业环境中，是职业女性要经常面临的一个困扰。尤其是从事兼职、家庭保姆、临时工和合同工的女性，由于经济活动、组织结构分散，缺乏法律保护，面临的性骚扰更是频繁。面对这种比较频繁的性骚扰行为，几乎全部的女性在第一时间的选择都会是忍耐。而至于其具体缘由，则一方面可能是传统的社会文化和复杂的心理等因素的影响，人们常常会把性骚扰认为是一种道德问题，被性骚扰者也就因此会由于感到羞耻而无奈地选择忍气吞声，甚至对于新闻媒体的“曝光”产生不理解，另一方面则可能是因为我国法律的滞后和不完善，有关性骚扰防治上的法律规则出现严重的供应不足，难以满足现实需求。正因为此，在近些年来，虽然性骚扰事件不断发生并遭到新闻曝光，但有关政府部门在接到受害者投诉时，往往由于无法可依而不知所措，这导致受害者也难以得到应有的保护。根据相关实证调查，于 2012 年 11 月至 2013 年 1 月，对长春市 4 家三级甲等医院中 400 名实习护士生进行问卷调查。其中，115 名（28.75%）实习护士生经历过性骚扰，34.78%的男护士生和 28.38%的女护士生遭受过性骚扰，102 名（25.50%）护士生目睹或听说过其他护士生遭受过性骚扰，171 名（42.75%）护士生在实习期间有意识地防范过性骚扰。在遭受性骚扰的 115 名护士生中，遭受性骚扰对多数护士生的生理、心理、职业生涯及社会关系的影响都不大，但仍有不可忽视的影响。其中，27 名（23.48%）实习护士生的生理影响表现为注意力不集中，30 名（26.09%）护士生的心理影响表现为缺乏安全感，分别有 34 名（29.57%）和 31 名（26.96%）护士生的职业生涯影响表现为厌恶

① 具体可参见胡奥然、王峥等《中国 2005—2015 年中小学生性暴力新闻事件分析》，《中国学校卫生》2015 年第 10 期。

医院环境和厌恶护理工作，18 名（15.65%）护士生社会关系影响表现为对异性不信任。①

## 第二节　严格对妇女各项基本权利的落实

妇女各项基本权益的保障水平在一定程度上代表了这个社会的文明程度。新中国成立后，我国已经逐渐实现了法律上的男女平等，男女平等也成为我国的基本国策和宪法的基本原则。但遗憾的是，在社会实践中，男女之间依然表现出很强的不对等，妇女在社会中仍然处于相对弱势的地位，政治权利、财产权益等一些基本权益仍然时常受到这样或那样的侵犯，需要整个社会予以关注和解决。

### 一　政治权利的落实和完善

参政议政，管理国家事务是妇女政治权利的集中表现，也是实现男女地位平等的最主要标志之一。长期以来，我国妇女很少进入政治决策的核心圈，妇女的投票比例和参政比例都非常低。我国是人民民主专政的社会主义国家，人民代表大会制度是我国根本的政治制度。因此，提高妇女代表的比例和参政议政的机会是一项刻不容缓的任务。对此，我们可以在以下几个方面做出努力：

#### （一）严格现有法律规范的落实

我们要认真学习、领会相关法律，真正知晓和理解法律赋予妇女的各项法定权益，在依法进行的基础上，实现妇女权益保障工作的效率与效果最大化。第一，《妇女权益保障法》第二章第十条第二款规定："制定法律、法规、规章和公共政策，对涉及妇女权益的重大问题，应当听取妇女联合会的意见。"该款是《妇女权益保障法》修改后增添的部分，可以将其看作是对妇联维权工作的一种

① 具体可参见徐晶《长春市实习护生遭受工作场所性骚扰的现状调查》，硕士学位论文，吉林大学，2013 年。

强有力授权。该款中的“应当”在法律意义上可以被解释为“必须”。如此，我们可以获知：今后，无论制定何种法律法规或者政策，如果涉及妇女权益的保障问题，都必须去咨询妇女联合会，并听取他们的相关意见。倘若没有听取，那么该法律法规或者公共政策就会可能因为违反相关立法程序，被归于无效[①]。对此，妇联要意识到该条款的重要性，并加以充分利用，断不能放弃或者懈怠行使这一条款赋予妇联的重要权利。比如，妇联可以在多种场合对该条款进行大肆宣传，妇联还可以想办法通过多种途径让立法者和决策者知晓并正确理解该条款的法律意义，直至在这些立法者和决策者中达成共识并能自觉贯彻落实。其次，《妇女权益保障法》第二章第十一条第二款规定：“国家采取措施，逐步提高全国人民代表大会和地方各级人民代表大会的妇女代表的比例。”对此，各级妇联组织都要做好有关妇女代表的培养、宣传和推荐工作，并积极敦促各地政府及相关部门做好妇女代表的选举工作，尽可能地提高妇女代表的比例，与世界通行做法相接轨。最后，《妇女权益保障法》第二章第十条第三款的规定：“妇女和妇女组织有权向各级国家机关提出妇女权益保障方面的意见和建议。”对此，妇联组织应当利用好这一条款，积极、准确地将各阶层妇女的愿望、想法和建议表达给各级人民政府和人大，通过法定路径和方式，使其纳入本地国民经济和社会发展计划，甚至在法律、法规、规章和公共政策中能有所体现、有所突破。

### （二）建立健全妇女干部的选拔培养机制

各级妇联组织应当加强同各级政府组织部门的联系和沟通，协商与合作，共同建立健全有关妇女干部的选拔和培养机制。至于其具体举措，则主要有三[②]：一是提高妇女干部的比例，在同等条件下优先录取。选调生招录、公务员招考、大学生村官招录和从研究生中招考科级干部等工作中，明确规定女性占据的比例，在同等条

① 实践中，由于缺乏相应的程序条款、责任条款以及救济条款，人们通常将“应当”视为“可以”，对该条款置若罔闻。

② 具体可参见钟曼丽《社会性别视角下的我国妇女干部选拔政策研究》，硕士学位论文，华中师范大学，2006年。

件下倾向于关注女性。不断提高干部招聘、储备、培训、提拔、交流中的女性比例。在坚持当选标准和确保质量的前提下，抓住干部的调整契机，对女性干部实施合适的优惠政策。二是以地方妇女干部的需求为导向，精心设计培训课程来提高妇女的综合素质。积极同学校开展合作，提高培训的质量，同时通过轮训等方式扩大参与培训的妇女干部的数量，有针对性地开展法律知识、业务知识、心理健康等培训，努力提高女性的学习能力、创新能力和服务能力。三是跟踪培训，实施动态管理。对妇女干部进行调研，摸清妇女干部的基本情况，建立健全妇女干部信息库，掌握妇女干部的知识结构、专业特长。根据干部选拔的需要，对各单位定期或不定期地调查，采取民主推荐、民主评价的方式考察女干部，掌握她们的锻炼成长情况，对有杰出表现的，调整到更重要的岗位进行培训，对工作表现不突出的，及时劝告对话，促使其更快进入角色。

## 二　文化教育权益的落实与完善

构建社会主义和谐社会，必须使妇女成为和谐社会的创造者和享受者。而发展妇女文化教育事业，可以提高广大妇女的思想道德和科学文化素质，促进全民族妇女的进步和发展，通过妇女的文明进步带动家庭和社会的文明进步。[①] 针对目前我国妇女文化教育权益保障方面所存在的问题，应当采取如下几个举措：

### （一）加强农村文化教育资源的投入

国家经济发展和文化发展战略必须相互配合，农民占中国人口的大多数，我们必须保障他们的文化教育权利；国家制定的经济发展规划与文化发展战略要实现相互配合，要将农村教育质量的改善和提高放到一个新的战略高度；政府可以适当调整我国教育资源的投资分布，尽可能地增加对农村义务教育的投资，尤其是那些农村偏远贫困地区的教育，要采取一系列的优惠政策，以真正体现出义务教育的重要地位和意义。总而言之，对于全面小康社会与和谐社

① 吴燕霞：《关于农村妇女文化教育权益保障问题的思考》，《中共福建省委党校学报》2007 年第 1 期。

会主义的构建，仅仅有城市的现代化是远远不够的，还必须要有农村地区的现代化。当然，需要指出的是，我国农村的文化教育不单单是农民的责任，相反，中央和地方各级政府扮演着更为重要的角色，承担着主要责任。因此，党和国家应当抓紧出台相关政策，以解决农村的教育危机，继而实现农村教育的新发展。这对保护我国农村广大妇女儿童的文化教育权以及促进其事后发展都大有裨益。①

（二）丰富和拓宽文化教育的内容

针对现在性侵女童、女童被拐卖以及女性自杀事件等问题依然不容乐观的情况，学校应当主动承担起相应的责任，设置专门针对女童的心理课程，尤其是对青春期女学生的性安全教育。每个学校应当配备特殊咨询房间，为学生提供可靠、高效的咨询服务，结合学生的实际和学生成长中的特殊情况，深入学生的生活中，真正发挥心理咨询和问题预防的效果。② 与此同时，学校对女性校园安全问题应该尽快建立改善的管理措施，加强校园门卫、门房、替防、值班以及夜间巡逻，等等。针对现在的一些热点问题，如学校校长、教师性侵犯女孩事件，教育局应加强教师道德培训，需要老师和女学生在办公室谈话的，不能关门，不能单独谈话，或应有第三人在场，等等。体育老师和女学生发生身体接触时，也应有第三人在场。此外，应该重点对留守女童进行性安全教育和防拐骗教育，学校应该作为“临时”家长，可以采取一对一援助、托管制等方式，以帮助她们建立正确的人生观、价值观、世界观及婚恋观。

（三）加强妇女职业教育工程建设

加强有关妇女的职业教育工程建设，可以更多地培养一些专业技术工人，增强广大妇女的就业能力，开发妇女的人力资源，进而助益于我国社会主义经济的发展。《中华人民共和国妇女权益保障法》第二十条规定：“各级人民政府和有关部门应当采取措施，根

① 具体可参见徐瑞《农村留守妇女教育现状分析》，《北京教育学院学报》2013 年第 2 期。

② 参见蒋平《农村留守女童性安全与性教育问题》，《当代青年研究》2012 年第 8 期；孙纪玲《我国儿童性教育存在的问题与策略研究》，《现代教育科学》2011 年第 2 期；李燕《儿童性教育发展的瓶颈及对策》，《教育理论与实践》2008 年第 33 期。

据城镇和农村妇女的需要，组织妇女接受职业教育和实用技术培训。”对此，应当采取如下几个举措：第一，对于那些已经踏入社会的农村妇女，要积极开展相关的职业技能培训，让她们获取一定的专业技巧和能力。第二，要最大限度地支持职业教育的建设和发展。具体而言，要以市场化运行为基准，形成政府、企业以及社会等各方力量都积极参与的多元化教育模式，争取在办学制度上实现我国职业技术教育的新飞跃，以使其可以真正满足我国广大农村妇女学习相关技能的实际需要。第三，大力挖掘并开发农村妇女人力资源。众所周知，在社会中，有很多工作并不需要较为深厚的文化知识，仅仅通过简单地培训与锻炼，普通的高中毕业生也许就能够进行胜任。故此，加强对农村妇女的职业技术教育，最大限度地挖掘她们的潜力，继而使她们能成为一批较为熟练的工人，这样能够显著增强农村妇女的就业能力，继而为社会发展提供充足的人力资源。第四，要改变传统的农村妇女教育观念，逐步建立起一个终身的、多规格的妇女教育体系。①

### 三 劳动和社会保障权益的落实与完善

新中国成立以来，约占我国总人口50%的妇女为我国经济社会的发展与和谐社会的建设做出了突出的贡献，是我国实现社会主义现代化建设目标的重要推动力。因此，可以毫无夸张地说，如果妇女的劳动和社会保障权益保障不利，必将威胁到我国未来的社会稳定和经济发展。② 针对现今我国妇女劳动和社会保障权益保护方面所存在的一系列的困境，应当抓紧采取如下几个措施：

#### （一）搭建妇女就业创业服务机制

从扶持就业、援助就业以及转移就业三个渠道全面做好支持妇女就业创业的服务工作。具体而言，在扶持就业方面，要保持经济的稳定以保持新增就业岗位数量，合理控制城镇登记失业率。逐步

① 具体可参见李倩《新农村建设中农村女性职业教育与培训研究》，硕士学位论文，天津大学，2011年。

② 具体可参见赵兆《基于社会性别视角的妇女劳动权益保护问题研究》，硕士学位论文，安徽财经大学，2014年。

增加妇女创业事业贷款的发放量，扶持广大城乡妇女进行创业。各级妇联组织也要积极协助相关劳动部门，对那些有创业想法、有创业计划以及创业前景相对比较好的妇女申请办理小额贷款提供帮助，继而为广大创业女性走好第一步添砖加瓦。在援助就业方面，建立政府购买、部门联动机制帮扶失业女职工实现再就业。积极协调相关部门，将可以吸纳就业困难人员的岗位腾出来，合理整合，统筹使用，形成安置就业困难女职工合力。在转移就业方面，与北京、上海、珠三角、长三角等发达地区和城市建立劳务输出合作伙伴，有组织地转移农村妇女就业，并依托行业协会、社团组织以及民办职业中介机构等，引导农村妇女有序流动输出就业。充分把握住农业产业化、农业合作社、县域经济、乡镇企业、乡村旅游业以及农家乐和新农村建设等发展机遇，组织和促进农村妇女就地就近转移就业，提高农村妇女就业规模化程度。另外，还要利用技工院校、职业院校以及定点培训机构对女工进行实用技能和专业进行培训。培训对象可针对农村有转业愿望的妇女，工业园区、宾馆等企业的女工，未继续升学的初高中女毕业生，正在创业和有创业意愿的女性人员，等等。重点将农村未考取高中学校的学生吸纳到技工学校，进行职业技能教育培训，享受技工教育的优惠政策，落实家庭经济困难学生资助政策。①

### （二）加大对妇女权益保护的监察力度

权利的核心在于救济，无救济即无权利。在现代法治国家，通常都对一些公力救济路径非常重视，但我国目前关于妇女劳动和社会保障权益保护的法律规定，几乎都缺乏一种有效的实施保障机制，执行力并不是太强，这就使得现有的相关规定往往仅起到了一种宣扬权利的功能，对于广大妇女而言也只是一个不能兑现的“空头支票”。相反，要想真正实现对妇女劳动和社会保障权益的保护，就必须加大对妇女劳动和社会保障权益保护的监察力度，加强劳动保障监察制度的建设以及其工作机制的创新。劳动监督部门应该经

① 具体可参见焦克源、达昱歧《政府外包型失业/下岗妇女再就业培训机制的探索与创新》，《甘肃社会科学》2010 年第 6 期。

常到用人单位实地调查，对劳动合同的签订、工资支付以及社会保险的缴纳等情况展开执法检查，督促签订劳动合同，整治不合法的劳动用工，组织清欠农民工工资，进而确保女性工人的合法权益可以真正实现。另外，值得说明的是，要重点监控女职工相对集中的行业企业和曾有违法行为的用人单位，发现问题后，必须及时处理，限期整改也要切实到位，以防止侵害妇女的劳动和社会保障权益行为的再次发生。

（三）完善有关妇女的保障制度

在妇女所有基本权益中，生育保障可以说是整个妇女社会保障中最基本、最重要的一项权益，它是其他所有妇女权益的前提和基础。进一步健全城市妇女生育保障相关制度，加快对农村妇女生育保障制度建设的投入，继而在全国范围内构建一个完善的生育保险制度，使其成为我国妇女权益保障法的一部分，是我国当前国情的一个现实需求。生育保险是指，通过国家立法，在职业妇女因生育孩子而暂时中断工作的时候给予物质援助和生活保障的一项社会保险制度。事实上，如果生育保险制度未能运用到实际生活中，女工的生育津贴和医疗服务费用由单位支付，企业的劳动力成本必然会增加，这可能导致许多企业从最大化利润角度出发，拒绝雇用妇女工人。对此，我们应该着重解决男性工人待业家属的生育保险问题。若男性工人参加了生育保险，而其配偶没有工作单位，符合国家和市级计划生育规定生育第一胎的，可以考虑予以报销生育医疗费，从而实现对妇女的保障。与此同时，政府应该成立监管机构以保护妇女的生育权益。[1] 随着我国人口老龄化速度的加快，社会发展需要大量优质年轻劳动力的补充。对此，作为我国监督妇女权益保障实施的一个重要机构，人口和计划生育委员会可以通过行使相关政府职能让我国妇女权益保障的各种措施都能够真正落到实处。另外，妇女的社会保障是一个涉及社会保险、社会救助以及社会福利和医疗卫生事业等多方面的问题，仅仅加强生育保险显然是不够

① 具体可参见杨连专《生育保险立法问题研究》，《人口学刊》2010 年第 5 期；胡芳肖《我国生育保险制度改革探析》，《人口学刊》2005 年第 2 期。

的。为此，必须重视妇女社会救助、社会福利以及卫生保健等权益的保障。对那些特困的单身母亲、中老年妇女和失地失业女性等，应该针对具体情况给予特别保护，对她们加大救助扶持力度。在这方面，应该以实现慈善项目为基础，立足家庭，立足于妇女权益保护的特点，服务于广大女性。至于单身母亲，实施单亲特困母亲安居工程以解决单亲妈妈的居住问题。对于失业没有土地的女性、进城务工的妇女等弱势群体，她们的利益更加需要保护，我们必须提高对她们的帮扶力度。

## 四　财产权益的落实与完善

近年来，我国妇女财产权益遭受侵害的表现形式多种多样，波及的领域也比较广泛，已经引起了社会各界的普遍关注。妇女财产权益遭受侵害会带来严重的后果：一方面它会影响我国和谐社会和法治国家等各方面的建设；另一方面它会损害我国相关妇女财产权益保护法律的实施和社会道德的遵守，进而降低了广大妇女对党和政府以及法律的信任程度，使妇女这“半边天”力量在建设社会主义中没有得到很好体现。[①] 有鉴于此，必须加紧采取各项措施保护妇女的财产权益。

### （一）创建妇女财产权益的维护平台

从我国妇女财产权益保护的现状来看，一方面，妇女依旧处于弱势地位，继承权、土地承包权等诸多财产权益时常遭受到非法侵害。当然，这是由整个社会的大环境所决定的，一时之间难以改变这种局面。而另一方面，妇女的自身心理状态导致其借助司法程序来保护自己财产权益的意识十分薄弱，大都选择忍气吞声，使得其财产权益受到侵害时往往得不到我国司法的有效保护。针对这种情况，我们在保护妇女的财产权益时，应当改变传统观念，不能仅仅依靠司法这一个机制，而要积极有所作为，主动出击。具体而言，就是要在保护妇女财产权益问题上，应当积极构建由村

---

① 参见唐年华《我国妇女财产权益法律保护问题探析》，硕士学位论文，广西民族大学，2012 年。

（居）居民委员会、乡镇、县（市）调处中心为主体的多级调解处理网络，及时掌握和了解家庭财产状况、妇女财产权益纠纷，充分发挥各级调解处理中心在婚姻家庭纠纷中对妇女合法财产权益的保护作用。

（二）加强对农村妇女土地权益的保护

妇女土地承包权益可以说是农村妇女所有财产权益中最为关键也最为重要的一个。近些年来，我国农村城市化进程的速度不断加快，此时，从农村土地承包权所衍生出来的集体经济组织收益以及相关土地征用补偿费用等财产权益，已经逐渐成为我国广大农村妇女的一个重要经济收入来源，并是她们获得一个相对稳定生活的基本保障。① 因此，各级人民政府应该以保护广大农民利益为主要目标，并从推动农业发展、维护农村稳定的高度出发，重视对广大农村妇女土地权益的保护问题。具体而言，就是要全面宣传和落实贯彻《农村土地承包法》，对那些有违男女平等原则，并对农村妇女土地承包权益造成侵害的乡规民约，展开集中的清理与修改工作。农村土地确权登记工作启动后，对于妇女财产权益保护的启动应该抓住有利时机，尽早介入，实现源头参与。切实保障土地确权登记的全过程都是在“男女平等”的前提下进行的，继而营造一个保护农村妇女土地权益的良好舆论氛围，激发广大干部群众对社会性别平等意识的关注，引导农村妇女积极参与登记工作。在后期，要以地域为节点，对农村妇女土地承包权益的落实情况展开一系列的摸排和督查。对于那些实践中没有享受到土地承包权益的妇女，在费用补偿、政策支持以及税费征收等方面要给予一定的支持。②

## 五　人身权利及婚姻家庭权益的落实和完善

对于妇女人身权利及婚姻家庭权益的保障，其中一个很重要的方面内容就是有关妇女的人身安全保障问题。可以说，它是妇女权

---

① 罗虹、钟宏武：《制约我国农村妇女土地权益保护的法学分析》，《甘肃社会科学》2006年第1期。

② 参见臧聚慧《当代农村妇女土地权益保障研究》，硕士学位论文，山东大学，2012年。

益构成中的一个极为关键的部分，也是妇女权益保障的底线。考虑到在我国家庭暴力、强奸、性骚扰以及女童性侵等行为的广泛存在，它直接对我国广大妇女的人身安全造成重大影响，妇女的人身权利及婚姻家庭权益亦因此无法得到非常有效的保障。因此，保障妇女的人身安全，对于妇女权利的保障具有非常重要的现实意义。[①]

### （一）构建反家暴的系统工程

家庭暴力的治理是一项非常复杂的系统性工程，对此，我们要在最大程度上动员社会各方面的积极性，充分运用法律、行政以及司法和教育等各种手段，充分贯彻落实《妇女权益保障法》，并进行综合治理，继而在根本上彻底清除家庭暴力产生的土壤，并把施暴者置于严密的社会监督以及严厉的法律惩处之下。首先，要明确各级法院以及各类社会团体在家庭暴力治理中的角色和作用，以逐步缓解家庭暴力的蔓延状况，继而实现彻底消除家庭暴力之目标；同时，还要通过多角度、综合性地运用法院以及各类社会团体的职能，充分发挥它们的惩处与教育功能，控制家庭暴力的发展势态；最后，还要采取各种措施加强家庭暴力治理机关与各类社会组织之间的联系与配合，继而形成一个涵盖医疗机构、鉴定机构、庇护机构、律师、警察、法院以及妇联组织和心理康复机构的综合性“反暴网络”。[②] 积极寻找实施家庭暴力案件的提醒方法，规范家庭暴力案件中执法和司法的处理规范，要从制度上解决家庭暴力案件执法难、取证难和复发率高、部门间配合不足等问题，开展基层妇联联动跟踪调解服务，并为后续执法和司法建立起制度上的衔接，推动家庭暴力案件的规范处置和有效互动。总之，我们建议尝试新的城市社区管理，实现网格化管理。网格成员将进入居民内部了解信息，及时收集和录入信息，以确保数据和信息的及时更新。社区网格主管在工作中可以组织妇女和孩子开展各种公益活动，定期宣传《妇女儿童权益保护法》等法律法规，另外，通过掌握大量的第一手资料，我们可以对家庭暴力问题进行干预和向有关人员提供心理

---

① 参见陈晓敏《关于妇女的人身安全与人身权利保障问题的探讨——〈妇女权益保障法〉修改建议》，《法治论丛》2004 年第 4 期。

② 参见朱宁宁《建立更有力反家暴牵头机构》，《法制日报》2014 年 11 月 28 日。

咨询，以便及时采取预防措施。

（二）加强对受害妇女的抚慰和援助

在人身权利及婚姻家庭权益受到侵害的妇女当中，多数人法律意识淡薄，维权意识不强，受教育程度较低，缺乏必要的法律意识和维权能力。即使在家暴、性骚扰以及性侵等问题解决后，也会留下难以通过自愈来克服的心理问题，严重者甚至会产生自残、自杀等不良行为。因此，必须重视对婚姻家庭心理干预公共服务平台的搭建。具体而言，就是依托心理咨询师协会，举办女性工作者心理咨询师培训班，集中学习妇女维权法律知识、社区女性心理疏导知识以及沟通技巧。并依托基层社区服务，对接心理咨询师志愿者队伍，把心理干预手段引入社区妇女工作，与社区妇女维权、家庭矛盾调解工作进行有机结合，并开展相关服务工作。另外，对于受害妇女的事后援助工作，建议可以学习和借鉴一些域外国家的成功经验，创建“妇女庇护所”——在 20 世纪 70 年代之初，英国伦敦组织创建了“妇女庇护所”。紧接着，在一些欧洲国家（荷兰、瑞典、德国）以及一些美洲国家（加拿大、美国）也都组织设立了与“妇女庇护所”相类似的“妇女之家”。目前，在我国香港，也已经组织创建了两家名为“和谐之家”和“惠安中心”的妇女庇护所。至于这些形式各样的妇女庇护所的创设宗旨，则基本都是为那些受害妇女提供必要的支持与帮助，帮助受虐待的妇女重新获得力量和自信，进而通过努力让她们不再受到进一步伤害与暴力威胁。①

## 第三节　加强对偏远农村妇女的保护

1978 年的改革开放，让我国国门正式向世界打开，也让我国人民的思想获得解放。自男女平等的基本国策在我国正式确立以来，我国对妇女的歧视已经有所减轻，妇女的社会地位也有所上升。但

① 参见郭瑞香《美国〈针对妇女暴力法案〉专门机构和专项基金》，《妇女研究论丛》2014 年第 5 期；薛宁兰《反家暴立法的宗旨及其对幸存者的救助》，《妇女研究论丛》2014 年第 5 期。

是，在现实生活中，歧视女性、虐待女性的现象却仍时有发生，数不胜数。妇女在政治权利、劳动与社会保障权益、文化和教育权益以及财产权益、婚姻与家庭权益等方面相对于男性来说仍处于一定的劣势地位，难以与男性获得同等公平的对待。尤其是在农村中，针对妇女的权益侵害现象尤为严重，更有甚者，对妇女施以家庭暴力，对妇女的身心健康以及其整个家庭的和睦相处造成了极大的伤害。当这些农村妇女的基本权益都无法得到保障时，更遑论农村社会经济的发展了。[①] 因此，有必要在强调妇女权益保障的同时，更加突出对广大农村妇女，特别是偏远农村的妇女的保护。

## 一　加强偏远农村妇女权益保护的缘由

农村妇女是属于一个特殊的社会弱势群体。作为女性，相对于男性，她们是处于弱势的；作为农民，相对城市居民，她们又是弱势中的弱势，所以对于她们的保护不仅有利于我国整个妇女工作的开展和妇女权益的维护，而且会对促进农村社会经济的发展大有裨益，最终也当然会有利于我国社会的和谐发展。[②]

### （一）农村妇女占据中国妇女总数的大半江山

我国是世界上人口最多的发展中国家，据相关统计，女性约占总人口的一半，而其中六成以上为农村妇女。另外，农村妇女也几乎占据着整个农村人口总数的一半。在农村外出务工人员日益增多的今天，农村妇女已经成为农业生产的主力军，在新农村以及和谐社会建设的方方面面都发挥着“半边天”的作用，不可或缺。全国人大常委会副委员长、全国妇联主席顾秀莲同志指出：“目前我国农村妇女劳动力已占农村劳动力的60%以上，她们是推进农业和农村经济结构调整、维护农村社会稳定、建设社会主义新农村的重要力量。建设社会主义新农村离不开妇女的参与、妇女的智慧和妇女的创新。农村妇女作为社会和经济发展中一支重要的人力资源，她

① 参见刘青《摩塞理论下农村妇女权益保护研究——以西安周边农村为例》，硕士学位论文，西北大学，2015年。

② 陈婴虹：《和谐社会与农村妇女人身权利的保护——以浙江农村妇女人身权利保障状况为例》，《湖北行政学院学报》2008年第2期。

们的发展不仅会影响到整个农村的发展水平，还会影响中国经济和社会的发展。”[①] 可见，加强对广大农村妇女权益的保护对确保我国农村社会稳定，促进我国农村经济的发展至关重要，其权益保护的好坏也将直接关系到全中国妇女权益保障的良莠。另外，我国《妇女权益保障法》制定的初衷是给予所有妇女以平等的保护，这个出发点是好的。但是，由于地理位置、社会习惯以及经济社会发展水平等因素的影响，广大农村妇女群体在合法权益的保护上明显处于一种相对滞后的地位。然而，法治社会应当特别关注那些在社会中处于不利地位的群体。因此，从这个角度来分析，为保证一种实质上的正义，将法律上的平等转化成为事实上的平等，也就必须要加大对广大农村妇女权益的保护。

（二）农村妇女基本权益保护现状不尽如人意

对广大农村妇女的权益实行一种特殊的保护不仅在理论上有一定支撑，而且在实践上也可以得到一定的印证。在现实中，农村妇女由于各种各样的原因，权益保护落实得很不到位，侵犯妇女各项权益，甚至人身权利的现象比比皆是，这就迫使我们必须时刻注重对广大农村妇女，尤其是偏远农村妇女的保护。

以甘肃省为例，据相关调查统计，在政治权益上，在农村男性外出务工人数日益增多的情况下，未参加村民委员会选举的农村女性却比农村男性还高出 8 个百分点，还有将近 83.1%的农村妇女近三年没有给本村村民委员会提过任何有关农村治理的建议。在文化教育权益上，城市妇女在初中及初中以上的学历层次上所占的比例达到 92%，农村妇女为 45.7%，农村妇女“不认识字或识字很少”“小学”和“初中”文化层次的比例占大多数。不难看出，农村妇女的受教育层次明显较低，受教育状况不容乐观。在劳动权益上，91.3%的农村妇女从未外出务工，并且即使在农村工作，由于技术水平低下，其劳动环境也不容乐观，大多从事过量负重/长时间立/蹲位作业；在社会保障权益上，农村女性拥有养老保障的比例为

① 具体可参见倪丹《我国农村妇女权益法律保障调查实证研究》，硕士学位论文，西南政法大学，2008 年。

25.5%，比城镇女性低 29.4 个百分点；在财产权益上，农村妇女拥有土地的比例普遍低于各组农村男性所拥有土地的比例，而且 18—29 岁年龄组的农业户拥有土地的比例远低于其他年龄组。在没有土地的农村妇女中，51.3%的农村妇女从未分到过土地，31.6%的农村妇女因为结婚/再婚后失去土地。在人身权益上，农村妇女患妇科病的比例高于城市妇女患妇科病比例 7.2 个百分点，在患妇科病的农村妇女中，在私人诊所就诊，而没有去正规医院就诊的农村妇女为 21.9%，城市妇女则仅为 7.4%。在婚姻家庭权益上，20.8%的农村妇女遭受过配偶的殴打，27%的农村妇女遭受过配偶的侮辱和谩骂，而城市妇女相应的比例则分别为 11.8%和 20.9%。农村已婚被调查者中，68.1%认为妻子承担的家务多，15.3%认为妻子和丈夫差不多，16%认为丈夫承担的家务比较多，高于城市相应比例 8.2 个百分点。①

## 二　制约偏远农村妇女权益保护的因素

对农村妇女权益保护的制约因素展开分析，我们首先会想到的是我国改革开放以来长期存在的“妇女留守现象”，正是因为有了“妇女留守”这一现象，才会引出有关农村妇女权益保障的一系列问题。当然，留守并非一定就导致广大农村妇女的权益受到侵害，但从一定程度上说，农村妇女的很多权益问题都是由留守本身所间接造成的。从根源上来看，农村妇女权益保护状况不佳与社会形态、社会制度、生产力发展水平以及政治经济文化关系和国家政策等密切相关，从微观上来看，与收入水平、消费水平、地区发展的不平衡以及地区人口流动和妇女自身素质等因素相关。归纳起来，主要有如下几个制约因素：

### （一）生产力水平的制约

社会制度和生产力对妇女权益的影响是显而易见的。首先，由于在奴隶制和封建制社会实行财产私有制，男子是社会的主导，妇

① 具体调研数据主要来自于王海军《甘肃农村妇女权益保障水平提升研究——基于甘肃省妇女社会地位调查》，硕士学位论文，兰州大学，2014 年。

女基本沦为男子的“附属物”，地位较为低下，根本无从谈起妇女权益的保障。而在新中国成立后，社会主义制度正式确立，广大妇女掌握了自己的命运，翻身做了主人，妇女权益的保障也就因此才走上了康庄大道。可见，不同的社会制度、发展道路决定了妇女的发展进程，决定了妇女权益的保障状况。另外，生产力的发展水平对妇女权益的制约也是相当明显的——“观念、信念是上层建筑意识形态领域最深层、最基本的重要范畴，它们是由生产力发展所产生的经济基础即生产关系所决定的”①。可见，生产力发展水平的高低，决定了妇女权益保障水平的高低。从农村留守妇女的地区分布和权益保障上就可以说明这个问题：从全国来看，西部及中部欠发达地区留守妇女人数较多，妇女权益保障较为落后；而沿海经济发达地区留守妇女人数较少，妇女权益保障水平相对较好。这说明了生产力发展水平越高的地区，当地就吸收了大量劳动力，远赴外地务工的人员相对较少，留守妇女也就相对少，并且社会观念也较为先进开放，留守妇女的各项权益保障水平也就较高。相反，生产力不发达的地区，大量劳动力外出务工，产生了留守妇女群体，数量较大，并且其观念也往往很落后，妇女权益的保障水平也就因此较低。②

（二）城乡二元体制的制约

城乡二元体制是伴随着中国经济社会发展进程而逐渐出现的一个结构性问题，其是基于中国国情和实际，长期实施的“重工轻农、重城市轻农村”的战略所造成的一种城乡差异化发展格局。③城乡两种发展模式和社会结构，互不融合、彼此割裂。当时的计划经济体制和社会管理体制，限制人口流动，城乡之间人口来往很少。改革开放后，农村迎来了比较大的发展，农民的开放意识也有

---

① 张聚昌：《社会主义核心价值观形成的实证分析——兼论经济基础对上层建筑的决定关系》，《理论探讨》2013 年第 3 期。

② 具体可参见陈飞强《农村留守妇女的生存困境及其对策——基于湖南省的调查》，《山东女子学院学报》2013 年第 6 期。

③ 参见国务院发展研究中心农村部课题组《从城乡二元到城乡一体——我国城乡二元体制的突出矛盾与未来走向》，《管理世界》2014 年第 9 期。

所增强。越来越多的农民开始走向城市，向城市索取资源，继而产生了大量农民工。在中国经济的增长和经济体制转型上，农村劳动力候鸟式的流动做出了很大贡献，但城乡之间的制度障碍仍然广泛存在，人口流动并没有使城乡二元体制破解及废除，有些地方甚至还相当严重。以城乡二元户籍制度登记与管理模式为基础的城乡资源和利益分配的差别尤为突出，在上学、就业、医疗以及社会福利和社会保障等方面，城乡居民存在很大差异，“上学难、就业难、就医难”成为我国广大农民所面临的共同难题。[①] 这种“城乡交流和二元体制”交叉存在的现状容易引起两个不良后果：一是由于城市生活成本太高，大部分家庭只能选择一个人外出，一个人留守，进而产生了现在的留守妇女现象，这阻碍了农村妇女进城的步伐；二是由于大量优质的公共服务和资源主要集中在城市，导致农村的公共资源比较匮乏，这使广大农村妇女享受不到应有的资源和服务，其权益实现状况也就受到一定影响。

（三）传统社会观念的制约

传统观念对广大农村妇女的影响更多地体现在文化和意识方面，其影响力不可低估。中国几千年的文化传统在区分男、女的性别角色和分工时，一直是坚持“男强女弱”“男主外，女主内”的理念，换言之，女性更多的是被局限在家庭的角色中，主要负责抚养子女和照顾家庭。因此，在面对进城务工的选择时，更多的女性主要留在了家里，承担起了家庭的重担，以支持男性在外打拼挣钱。可以说，这是与中国几千年的传统文化极为相符的。我国学者对这方面的研究有很多，比如，有学者在分析留守妇女成因时认为，农村性别分工有一定弹性，妇女既能“织”也能“耕”，是劳动中的多面手，这就使留守妇女在男性进入城市后，能够独立承担起全部农业劳动和家务劳动；[②] 还有的学者认为，由于传统文化和分工模式，女性在人口转移中处于明显劣势，主要表现为女性有生

① 参见严振书《转型期中国城乡二元体制问题及对策分析》，《理论学习》2010年第11期。

② 郑真真、结振明：《人口流动与农村妇女发展》，社会科学文献出版社2004年版，第123—140页。

育和持家的硬性任务、女性体能的限制以及文化程度的低下等；[①]有的学者还从妇女和家庭的关系上进行了分析，认为农村家庭总的来说，是一个居住、生育和经济生活的单位，农村妇女往往将自己的个人利益与家庭利益紧密联系在一起，为争取家庭利益的最大化，留守就成为其最后的明智选择，也是最初的动力源。还有一些学者认为，留守妇女的形成是农民追求生存理性的同时追求经济与社会理性的表现，此外也受制于农民家庭的资源能力与价值观念等因素。[②]

（四）妇女自身素质的制约

前面已经论述过，目前，我国农村妇女的整体受教育年限普遍较短，文化程度还非常低，这直接影响到了她们自身权益的实现，特别是政治权利，受到了最为显著的影响。比如，虽然农村妇女已经成为农村生产的主力军，农业生产女性化现象十分突出，农村妇女的作用不容忽视。一般而言，经济上的贡献反映到妇女的政治地位上，就是农村妇女理应成为基层民主政治建设的重要参与者。但是，在实践中，我们看到，农村妇女参与基层民主建设的广度、深度以及效度都还与理想存在较大的差距，令人惊愕！这主要源于两个方面：一方面，很多留守妇女主动参政议政的意识不强，认为自身本领不高，缺乏参政培训锻炼，缺少自信和勇气，受传统观念禁锢太深。据某项调查显示，农村妇女对村委会选举的参与率仅为57.55%，“想当村委会干部”的妇女人数仅占妇女总人数的36.82%，而相反，男性被调查者对上述两项的选定率分别为63.33%和53.51%。[③]另一方面，政府机关和社会群众对妇女参政的认识也很不到位。基层党委和政府以及社会、家庭对妇女参与基层民主政治建设的意义认识还不够高，还存在传统狭隘的性别意

① 孙琼如：《农村留守妻子家庭地位的性别考察》，《中华女子学院山东分院学报》（现更名为《山东女子学院学报》）2006年第2期。

② 范丽娟、程一：《留守女：现代农村社区的一个新群体》，《合肥学院学报》（社会科学版）2005年第5期。

③ 李春茹、陈苇、倪丹：《农村妇女参政权益及其法律保障》，《重庆社会科学》2009年第6期。

识，对发挥妇女的政治作用没有予以充分重视。他们往往认为妇女的参政能力不高，其只要照顾好家、带好孩子、做好农活就行了，不要去外面瞎折腾。

（五）村规民约的制约

村规民约是基层群众自治的具体体现，是村民自治的一项重要民主管理制度。村规民约具体是指在村民自治的条件下，由各村村民会议根据有关法律、法规和政策，结合本村实际共同商议制定的，并要求全体村民共同遵守的一种行为规范。它是在根据法律规定的前提下，结合本村的实际情况，就民事问题讨论制定的一种“自我管理、自我约束、自我监督”的行为规范，它是一种结合形式，这种形式不仅能以结合者力量的总和维护、保障每一个结合者的人身和财产安全，而且能使每一个结合起来的成员只服从于自己，仍然如以前一样的自由。① 我国《村民委员会组织法》第二十条第二款规定：“村民自治章程、村规民约以及村民会议或者村民代表讨论决定的事项不得与宪法、法律、法规和国家的政策相抵触，不得有侵犯村民人身权利、民主权利和合法财产权利的内容。”可以看出，这在法律上已经明确指出，村规民约必须在法律法规的框架内，不得违背法律。但是，目前，我国很多地方的村规民约已经严重背离了国家法律法规，成为当地的“土政策”，严重侵害了广大农村妇女的各项合法权益。甚至有的地方通过村民会议制定相关规章，对农村双女户、外嫁女、离婚女享受村民待遇进行歧视，对她们享受的农村土地权益进行非法剥夺。例如，农村妇女熊小风反映自己1983年和石家庄桥东区村民张振海结婚，1985年户口正式迁入该村，2010年离婚后本应享受的一切村民待遇都没有了，这导致其婚后生活极其困苦。石家庄鹿泉的丁继霞则反映其在离婚后不仅没有了村民待遇，连医保都被收回了，这导致其生病了都不敢住院。② 总而言之，这些村规民约将会给未来我国农村妇女权益的

---

① 参见谭万霞《村规民约：国家法与民族习惯法调适的路径选择》，《法学杂志》2013年第2期。

② 参见刘保平、万兰茹《河北省农村妇女土地权益保护状况研究》，《妇女研究论丛》2007年第6期。

保护带来重大不利影响，是当前影响我国农村妇女财产权益的一个重要因素，需要加以重视和解决。

### 三　偏远农村妇女权益保护的应然出路

如果说家庭是“社会的细胞”，那么妇女就是这个细胞中的细胞核，只有广大妇女的合法权益得到了保障，家庭的功能才会更加完备。家庭的稳定既为个人提供了私人生活的空间，也是社会稳定的一个重要前提和基础。[①] 在建设社会主义新农村、构建社会主义和谐社会的大背景下，针对农村妇女权益保护上所存在的问题及其面临的相关制约因素，我们要予以重视，并抓紧采取相关措施予以解决。

#### （一）加大宣传，增强农村地区男女平等意识

干部群众本身的对妇女权益保障等法律内容的认知程度是影响法律贯彻执行和妇女权益保障的首要因素，这也是立法、司法、执法和依法维权的前提。第一，要对各级党委和政府的领导干部及工作人员加大宣传男女平等基本国策和有关法律法规以及政策的力度，要在各种类型的干部培训当中增加对马克思主义妇女观及男女平等基本国策等课程的讲授和教育，以尽可能地提高领导决策层、具体执法工作者以及广大基层干部的男女平等意识，继而使他们一方面能够在制定政策时增强性别意识，自觉地维护广大妇女的合法权益，另一方面又能够在实践中实现依法行政。第二，要对广大社会群众加大宣传男女平等相关内容的力度。对此，文化部门、宣传部门以及教育部门和妇联等众多相关部门要进行密切配合，通过报纸、广播等传统方式以及“送法进村、进家”培训班和大型农村文艺演出等群众容易接受的新形式来大张旗鼓地在各农村地区大力开展《村民委员会组织法》《妇女权益保障法》以及《土地承包法》等一些和妇女权益保障有关联的法律法规宣传活动。要通过这些宣传，把领导层的妇女权益保障意识逐渐转化成为整个社会群众的一

---

① 参见王胤《农村留守妇女权益保障问题研究——以和溪镇为个案》，硕士学位论文，贵州大学，2008年。

种共识，继而形成全社会共同保障妇女权益的法律意识和良好氛围。这对改变传统那种“重男轻女”“男尊女卑”“从夫居”等思想观念具有重要作用和意义。一言以蔽之，我们希望通过上述宣传使男女平等成为农村居民的一种自觉观念，让保障妇女权益，推动妇女发展成为农村新时尚。①

### （二）加大投入，提高农村妇女自身素质水平

打铁还需自身硬，自身素质决定自身命运。广大农村妇女的权益保障需要其自身素质的提升。素质提不上来，其他权益的保护也将无从谈起，这进而会影响到农村妇女权益保障的状况。有鉴于此，我国各级政府应当持续加大对农村基层组织的资金投入，引导和推动各基层组织加大对农村妇女素质的培训和锻炼。各基层组织也要充分利用好这一资金投入，高度重视起对农村妇女自身综合素质的培养与提高工作。其培养目标主要有四个：第一，提高政治素质。这是指培养农村妇女的政治归属感，有主动意识地参与基层民主和参与政治的一个基本能力。第二，提高参与市场经济的素质。改革的方向是建立社会主义市场经济，大部分农村妇女要参与社会工作，就有必要了解经济，懂得管理，掌握市场经济的基本知识，有敏锐的市场视野，运用市场规律办事。第三，提高法律素质。我国的基本治国方略是依法治国，市场经济是法制经济，我们必须学习和了解法律。农村妇女要学法、懂法、守法，拿起法律武器来保护自己的权益。第四，提高科技素质。科技是第一生产力，技术已经渗透到社会生活的各个方面，农村妇女要学习一些科学技术知识，将科学技术运用到农业中，用科技来增加收入。②

### （三）加大改革，破除城乡二元管理体制机制

城乡二元体制的建立对计划经济的存在和延续起着重要作用。限制城乡生产要素的流动，意味着把广大农民束缚在土地上，禁锢在农村中，对城市和农村实行差别的政策待遇，只有这样，计划经

① 参见蚌埠市村规民约修订工作调研组《村规民约视角下的农村妇女权益保护——以蚌埠为例》，《中共四川省委党校学报》2013 年第 1 期。

② 具体可参见赵雪峰《加强河北省农村留守妇女权益保护的研究》，硕士学位论文，河北大学，2014 年。

济体制才能巩固，才能维持运转。[①] 但是，随着市场经济的开拓和建立，这种体制的弊端日益凸显，并对我国广大农村妇女权益的保障产生负面影响。众所周知，造成我国农村妇女权益落后状况的一个重要原因就是城乡发展不平衡，其重要途径就是统筹城乡发展，逐步缩小城乡差距。一方面，加快农村发展，推动城市和农村在经济、社会、文化和生态等各个方面实现同步规划、协调发展。完善农村社会保障体系是其中的重点。社会保障制度是社会的“安全网”，保障农村妇女自身权益和减轻其自身负担的一个重要途径就是社会保障立法。首先，建立城乡基本医疗保障体系，提高县、乡镇公共卫生服务体系，加强新农村合作医疗制度建设，将农村妇女纳入基本医疗保险和大病医疗保障系统，并逐步提高整体水平和标准，从而使农村妇女的妇科疾病可以得到及时的诊断和治疗，提高农村妇女的健康素质。其次，我们必须加快建立城乡居民的社会保障体系和养老保险制度。农村最低生活保障制度和养老保险制度是保护农村妇女的基本生计底线制度安排，同时，对贫穷的农村女性进行特殊的社会救助以有效地解决她们的生活负担。可以说，只有将广大女性纳入农村养老保险，解除后顾之忧，使其土地的保障功能减弱，农村妇女才能真正地摆脱家庭、土地的束缚。另一方面，加快城市化进程，使农民真正融入城市，减少留守妇女现象。给城市农民工创造良好的条件，在户籍迁入、安家置业、医疗卫生、培训教育、社会保障等方面，给予同样的市民待遇，使大部分的农民工尽快适应城市生活，这样广大留守妇女也可以光明正大地“进城”。[②]

（四）加大重视，强化对村规民约的清理工作

由于村规民约具有地方差异性，地域性对村民具有重大意义，

---

① 厉以宁:《论城乡二元体制改革》，《北京大学学报》（哲学社会科学版）2008年第2期。

② 具体可参见赵雪峰《加强河北省农村留守妇女权益保护的研究》，硕士学位论文，河北大学，2014年；李霞、朱艳婷《城乡二元体制下工业化与城镇化协调发展研究》，《四川大学学报》（哲学社会科学版）2012年第3期；阎星、田昆、高洁《破除二元体制，开拓中国新型城市化道路——以成都城乡统筹的改革创新为例》，《经济体制改革》2011年第1期。

客观上"鼓励了个体对共同体的依赖"，因此，个人将安全"主要与基层政治单位——村庄共同体而非国家——联系起来"，大大削弱了法律在乡村的效力。"村规民约在一定程度上确立了乡村权威作为公共组织的管制权，将极大的权力空间赋予了管理者。有助于社会规范的非制度化的发展，但对法律调整社会关系产生了排斥，使基层秩序更加确定、不稳定，充满了模糊性和不可预测性。"① 因此，加强国家对村规民约的清理工作，建立"村规民约"审查制度，对农村妇女权益保障十分必要。具体而言，就是要在坚持村民自治的前提下，制定和颁布相关法律法规，来引导和规范政府对村规民约的监督管理工作。对于那些可能关涉到集体经济收益分配的相关规定展开彻底清理，对于那些并没有明确以文字形式表现出来的村规民约，一旦可能侵害妇女的合法财产权益，也要坚决进行清理。另外，政府要坚决预防和惩处村委会、村民小组起草与制定的土政策的效力高于法律的做法，积极健全对村规民约的审查与监督机制，以确保广大村民能够在法律授权的范围内行使自己的自治权。针对在"村规民约"的具体实施过程中，一些弱势妇女的权利时常遭受非法侵害的现象，各级政府要抓紧督促土地、妇联以及民政等相关部门组织、开展有关农村妇女权益保障的专项检查，以将广大农村妇女的各项基本权益落到实处，禁止任何组织和个人以任何借口剥夺妇女的合法权益。最后，还需要指出的是，在村规民约的起草、制定以及修改上，我们还应当尊重民主，坚持一切从实际出发，唯有如此，该村规民约才能真正反映广大农民意志。②

## 第四节　加大对少数民族妇女的保护

在我国，少数民族人口总数约为 10846 万人，占全国总人口数

① 吕瑛：《法治视域下的村规民约》，《北方法学》2008 年第 6 期。

② 具体可参见喻琳《农村社会管理创新下的村规民约研究——基于村规民约地位与功能的视角》，硕士学位论文，华中师范大学，2013 年；李炳凤《村规民约合法性审查机制研究》，硕士学位论文，江西师范大学，2012 年。

的8.98%，其中约有50%为女性。[①] 虽然总体而言少数民族妇女在我国的总基数不是太大，但是作为一个比较特殊的弱势群体，这些少数民族权益的保障也理应被我们国家政府和社会大众所关注和重视。更何况，从一种人权保障的视角来分析，少数民族妇女通常是“少数民族”与“妇女”这两个特殊角色的统一体。在传统的社会里，这个非常特殊的群体，不仅可能会因为自己的民族身份而遭受来自其他民族的歧视，而且还有可能面临因自己的女性性别而产生的来自男性的歧视。因此，其不仅分别享有对“少数民族”和“妇女”的双重保护，而且还更应给予更多的政策倾斜和社会关注。[②]

### 一　少数民族妇女权益保护的法律体系

从民族身份和性别公正的角度来看，少数民族妇女的权益应该涵盖如下三个部分：一是少数民族妇女作为普通公民的一部分所应享有的公民权利；二是少数民族妇女作为妇女的一部分所应享有的妇女权利；三是少数民族妇女作为少数民族的一部分所应享有的一种特殊权利。[③] 由此可以看出，少数民族妇女的权益可能会涉及社会的许多方面，因此，她们的权益必须要得到法律的明确规定与维护，也唯有如此，少数民族妇女的权益才能够得到真正的实现。现如今，在我国，虽然并无一部专门针对少数民族妇女权益保护的法律法规，但是，经过多年的努力，我国也已初步形成了以《宪法》为引领，以《妇女权益保障法》与《民族区域自治法》为核心，涵盖多种单行法律法规、民族自治条例、政府规章以及一些变通条例在内的保护少数民族妇女权益的法律体系。[④]

---

① 数据为2006的调研数据，详细数据请参见郑玉顺《中国农村少数民族妇女权益保障法律制度研究》，民族出版社2008年版。

② 雷明光：《少数民族妇女权益法律保护的再思考》，《中央民族大学学报》（哲学社会科学版）2009年第2期。

③ 彭谦、商万里：《论少数民族妇女权利法律保护的发展思路》，《民族论坛》2012年第6期。

④ 此处，我们就不再具体论述少数民族妇女作为普通公民和妇女的法律体系，仅仅论述专门规定和调整少数民族妇女这一特殊身份的法律体系。

（一）宪法

宪法是国家的根本大法，我国宪法不仅对普通公民的基本权利和义务进行了规定，同时也对少数民族妇女的基本权利和义务进行了特别强调和规定。比如，我国《宪法》在其序言中宣称："中华人民共和国是全国各族人民共同缔造的统一的多民族国家。平等、团结、互助的社会主义民族关系已经确立，并将继续加强。在维护民族团结的斗争中，要反对大民族主义，主要是大汉族主义，也要反对地方民族主义。国家尽一切努力，促进全国各民族的共同繁荣。"另外，《宪法》第四条规定："中华人民共和国各民族一律平等。国家保障各少数民族的合法的权利和利益，维护和发展各民族的平等、团结、互助关系。禁止对任何民族的歧视和压迫，禁止破坏民族团结和制造民族分裂的行为。国家根据各少数民族的特点和需要，帮助各少数民族地区加速经济和文化的发展。各少数民族聚居的地方实行区域自治，设立自治机关，行使自治权……"，等等。

（二）基本法律和其他法律

除了宪法对少数民族妇女权益的保护做了原则性的规定外，我国的一些基本法律和其他法律也对少数民族妇女的权益做了进一步规定和细化。比如，我国《选举法》第十七条规定："全国少数民族应选全国人民代表大会代表，由全国人民代表大会常务委员会参照各少数民族的人口数和分布等情况，分配给各省、自治区、直辖市的人民代表大会选出。人口特少的民族，至少应有代表一人。"并且还专设第五章"各少数民族的选举"对少数民族的选举权和被选举权进行了详细规定；我国《教育法》第十条规定："国家根据各少数民族的特点和需要，帮助各少数民族地区发展教育事业。国家扶持边远贫困地区发展教育事业。国家扶持和发展残疾人教育事业。"类似的基本法律还有很多，它们分别对少数民族妇女在政治、经济、文化、教育以及劳动、社会保障、人身和婚姻家庭方面的权益做了比较详细的规定；另外，作为我国妇女权益保障领域的"母法"，《妇女权益保障法》也对少数民族妇女的权益保障做了一个比较特殊的规定，比如，其第十二条规定："国家积极培养和选拔女干部……国家重视培养和选拔少数民族女干部。”还有，我国《民族区域自治法》这一立法本身就体现了对少数民族妇女权益的一种特殊保护，其不仅在序言中就做了“必须大量培养少数民族的各级干部、各种专业人才和技术工人……国家根据国民经济和社会发展计划，努力帮助民族自治地方加速经济和文化的发展”的宣言，而且在后续的条文中对少数民族妇女的各项基本权益，尤其是政治权利进行了比较详细的规定。

（三）行政法规、部门规章和其他规范性文件

行政法规、部门规章以及其他规范性文件也是我国保障少数民族妇女权利法律体系中的一部分。这些文件主要是由国家最高行政机关国务院及其所属机构颁布实施的。在它们的条文当中，当然也有很多关于保障少数民族妇女权益的内容。典型的如《中国妇女的状况》《中华人民共和国母婴保健法实施办法（国务院）》以及《关于女职工劳动保护规定》和《关于女职工生育待遇问题的通知》，等等。至于其具体内容，在这里就不再做赘述。

（四）地方性法规、规章和相关条例

由各省、自治区、直辖市的人民代表大会及其常委会或者政府在不与宪法、法律、行政法规相抵触的前提下制定的规范性文件，称之为地方性法规、规章或者自治法规、条例。上述这些法律文件大都是依据某地区的实际情况制定和颁布的，而且只限于本地区使用。因此，在对少数民族妇女权益的保障问题上，这些法律文件往往更为具体，更为直接，更具可操作性。目前，我国已经有 27 个省区市制定并出台了有关妇女权益保障法的实施办法，这些实施办法基本都对少数民族妇女权益的保障做了特殊的规定。另外，在一些自治地区，还专门制定了诸多自治条例和法规，这对少数民族妇女权益的保护而言更加是一个福音。

## 二 少数民族妇女权益保护的现实情况

新中国成立以来，党和国家经过深思熟虑，正式将民族区域自治确立为解决我国民族问题的一个基本政策，并在 1984 年颁布实施《中华人民共和国民族区域自治法》，以单行法律的形式集中规

定保护少数民族权益的各项内容，在民族地方实行的民族区域自治制度，提高了少数民族的社会地位，保障了少数民族权益，这也是民族地区妇女发展的前提条件。随后，一系列有关妇女权益保护的法律和文件相继出台，其中都对少数民族妇女的权益保护做了特别的规定。经过多年的努力和发展，现如今，我国少数民族妇女权益的保护，既取得了令人称赞的成绩，也存在一些不足之处。总体而言，其情况大致如下：

（一）政治参与动力不足

众所周知，政治现代化的一个重要标志就是政治参与的不断扩大与发展，现代民主政治发展的过程在本质上就是公民政治参与的频率和范围逐步提升与扩张的过程。广大妇女们作为人类社会的“半边天”，保证她们的政治参与无疑会对这个国家的民主政治发展具有非常大的影响和推动。[①] 正因为此，在 1995 年联合国第四次世界妇女大会审议通过的《行动纲领》中宣告：“假如在各级各类的政府决策过程中，广大妇女并没有进行积极参与，也没有听取和吸纳广大妇女的意见与观点，那么这个政府、这个社会就不可能实现平等、发展与和平的目标。”对于民族地区而言，少数民族群众的政治参与程度是评估这个地区民主政治发展的一个重要指标，而少数民族妇女又占据着民族地区人口总数的一半。因此，采取相关措施，促使她们广泛地参与到政府决策过程中，这既是实现该民族地区男女平等的一个重要标志，亦是衡量该民族地区政治现代化水平的一个重要尺度，并且在某种程度上还会对全国的政治民主化进程产生不容忽视的正面影响。[②]

近年来，借助于国家的政策东风，同新中国成立之初相比，我国少数民族妇女的政治参与情况已经得到显著改观，但仍然没有达到理想的目标，甚至在实践中，出现了少数民族妇女参政动力不足的窘境。比如，按照民政部 2003 年统计资料显示，在少数民族聚

① 参见谭三桃《改革开放以来少数民族妇女的政治参与——一个新制度主义的视角》，《学术论坛》2010 年第 1 期。

② 具体可参见商万里《中国民族地区妇女发展研究》，博士学位论文，中央民族大学，2013 年。

居的农村基层组织中，仅有6.3%的少数民族妇女担任过村干部或正在担任村干部，这一比例与少数民族妇女在少数民族聚居的村镇中平均人口中占50%的比例相比，明显过于偏低。该研究同时还发现，少数民族妇女对村内一些重大事务的参与比例也比较低，从未想过对村内重大事务提出建议的比例高达68.9%，因为不敢提而没有提建议的比例为6.8%，两者相加竟高达75.7%。另外，还有研究显示，少数民族妇女的政治参与多源于被动参与，而非自发性参与。例如，一项关于西北地区甘南藏族自治州卓尼县的调查发现，参加过村委会选举的7名藏族妇女均因“动员”参与，其他28名未参与过选举的藏族妇女或称不了解选举，或称参选效能低而主动放弃。[①] 由此可知，相比基层女性偏低的政治参与度，我国基层少数民族妇女的政治参与比例和政治参与意愿更低，而这两者之间又相互影响，相互制约，容易形成固化思维，难以改变。[②]

（二）经济参与范围有限

有学者曾指出：衡量一个国家物质文明和精神文明的标准，不是别的，就看这个国家的另一半人口，即广大妇女资源开发得如何……可以说在现实社会中妇女肩负着过多的义务，享有过少的权利，她们不仅担负着人类繁衍，养育子女的重任，成为人口再生产的承担者，而且也是经济建设的重要力量，在社会经济中起着不可忽视的作用。而这其中，妇女就业状况和社会保障状况是最为重要的体现。所谓妇女就业，即参与社会化的生产，这是她们在社会生产中发挥作用的重要体现。妇女本身的经济、社会地位的提高，也在很大程度上依赖于妇女的就业，妇女参与经济活动和就业，不仅是妇女社会地位提高的标志，也是社会现代化水平的标志；所谓妇女保障，即妇女共享经济资源和社会发展成果，这是妇女发展的基础条件。一个国家社会发展与文明程度的高低与这个国家的社会保障水平是分不开的，妇女的社会保障情

① 相关数据主要来源于孙继虎、刘军奎《藏族妇女政治参与现状及其制约因素分析——一项来自甘南藏区卓尼县的实地调查》，《西北民族大学学报》2005年第3期。

② 参见李莹《中国农村基层少数民族妇女政治参与困境的思考》，《云南民族大学学报》（哲学社会科学版）2015年第2期。

况能够直接反映其经济参与的情况。[①] 于少数民族妇女而言，其占据着我国总人口的一定比例，对我国的经济发展也能贡献出些许的力量，尤其是在一些少数民族聚居地区，其贡献和影响更加不容小觑！

党的十一届三中全会以来，各级党委和政府认真贯彻落实男女平等的基本国策和各民族共同繁荣的基本方针，使少数民族地区妇女无论是在就业率上还是在社会保障上都发生了翻天覆地的变化。但是，同男性及广大汉族地区妇女相比，仍然存在相当大的差距，其中突出的问题就是经济参与范围比较有限。总而言之，妇女要实现在经济参与领域上真正的平等还有很多的障碍和阻力。比如，在社会保障上，以云南的玉龙县[②]为例，在 2010 年，少数民族女性参与基本养老保险人数大约为 2100 人，占其总数 4809 人的 43.67%；少数民族女性参加基本医疗保险人数大约为 8500 人，占其总数的 47.22%；少数民族女性参加失业保险人数大约为 738 人，占其总数 1525 人的 48.39%。[③] 虽然参与比例已经较过去有所提高，但是总体来说参与范围还是有限，情况不容乐观。

（三）文化教育程度不高

美国著名经济学家加尔布雷思在《好社会》中写道："在当今世界，没有任何一国的国民因受过良好教育而贫困的，也没有任何一国的国民因愚昧无知而不是贫困的。在良智开启的地方，经济发展自然水到渠成。"[④] 因此，可以说，一个国家的公民教育水平或者受教育程度直接反映和决定了这个国家经济社会的发展程度。因此，作为一位母亲，即人类社会的繁衍者，对其进行文化教育就显得更为重要。因为，在一个孩童的成长过程中，母亲往往会发挥着最为关键的作用。这意味着广大妇女的受教育水平不仅决定了她们

---

① 具体可参见王晓涵《宁夏回族自治区妇女就业问题的实证研究》，硕士学位论文，西北民族大学，2008 年。

② 玉龙纳西族自治县是云南省丽江市下辖县之一，县境位于云南省西北部。截至 2012 年。玉龙县总人口约为 219348 人，其中少数民族 188484 人。少数民族中，纳西族 123187 人，占玉龙县总人口数的 56.16%。

③ 数据主要来源于云南省玉龙纳西族自治县妇女发展纲要（2000—2010）终期评估。

④ ［美］加尔布雷思：《好社会》，译林出版社 2001 年版。

自身以后的发展，而且还关乎着她们下一代的文化素质水平。长期以来，我国少数民族地区多属于一些贫困地区，经济欠发达，且地理位置较为偏远，信息较封闭，交通不便，再加上受传统观念和风俗习惯的影响，使得少数民族妇女的整体教育参与程度不高，文化水平也较低，这就必然使得她们在家庭及社会生活的各个方面都处于劣势地位。

新中国成立以来，经过各方的努力，我国少数民族妇女的文化教育水平确实得到了显著的发展和提升，这是有目共睹的。但是，存在的问题主要是文化教育程度不高。具体而言，就是义务教育已经取得明显发展，而高等教育却成果不大，同汉族妇女相比，仍然存在较大的差距。在义务教育上，众所周知，对女童的教育是我国义务教育的关键组成部分。《中华人民共和国义务教育法》第四条就明确规定，凡年满六周岁的儿童，不分性别、民族、种族，应当入学接受规定年限的义务教育。可以说，国家已经在法律上明确赋予了少数民族女童的义务教育权利。对此，近年来，各少数民族地区也开始加大工作力度，巩固已有的“普九”成果，继而使少数民族女童的义务教育呈现出一种良好的发展态势。例如，据相关统计，在2010年，梁河县小学适龄儿童的入学率达到了99.64%，而这其中女童的入学率达到了99.65%，高于儿童入学率；梁河县初中适龄儿童的入学率达到99.46%，而这其中女童的入学率达到了98.21%，只略微低于儿童入学率。可以说，在梁河县，经过多年的努力，已经基本实现了义务教育领域的男女平等；[①] 在高等教育上，我们也知道，随着社会的发展，更多的妇女能够进行高等教育是现代社会发展的一个必然趋势，它不仅是妇女社会地位得到提高的一个重要标志，而且也是妇女实现进一步解放的一个能动力量。故此，我们可以获知，高等教育对妇女地位的提高以及妇女日后的发展具有十分重要的影响。一方面，高等教育能够在妇女政治、经济、家庭生活及社会心理等诸方面的改善上发挥更加全面、积极的

① 数据主要来源于商万里《中国民族地区妇女发展研究》，博士学位论文，中央民族大学，2013年。

影响；另一方面，高等教育对于当代妇女解放中所遇到的各种新的困惑、问题的解答也可以发挥更加重要的作用。[①] 例如，根据相关调查统计，在2000年，在全国大学毕业生的总数中，我国少数民族女大学毕业生的比例仅仅占到2.4%，这低于少数民族女性人口在全国人口总数中所占到的比例（4.1%）。另外，少数民族女大学生所占少数民族人口的比例也仅为0.99%，这分别低于汉族人口中的相关比例（1.39%）和全国的平均水平（1.36%）。总而言之，上述这些数据都表明，我国少数民族妇女在高等教育上总体发展水平较低，受教育程度总体不高，同汉族地区以及全国平均水平还存在一定差距，需要加以重视和改善。[②]

（四）婚姻家庭权益

众所周知，婚姻是一个人整个人生历程中最为重要的抉择，它是构建一个家庭的开端，而家庭又是社会的一个基本组成单元，有了这个“小家”才会有现今的“大家”，这个“小家”实现了和谐，整个国家和社会才能保持稳定，继而获得较为快速的发展。对于广大妇女而言，受制于传统观念和自身生理构造的影响，相比于男性，她们往往对婚姻和家庭有着更强和更深的依赖，甚至有些妇女在自己结婚后，完全做起了家庭主妇，几乎很少踏入社会。由此可见，婚姻家庭权益在整个妇女权益中扮演着重要“角色”，对婚姻家庭权益进行良好的保障对确保妇女健康发展具有重要意义。另外，随着改革开放和城市化进程的不断推进，我国涉及婚姻家庭的纠纷也呈现出倍增的趋势。比如，近三年，在山东省妇联系统内部的县以上信访总量中，妇女由于维护自身的婚姻家庭权益而进行的信访的总数量，已经在该省每年所有的信访事项中排在了第一位，而这其中，家庭暴力的投诉又占到了婚姻家庭权益类的大约三分之

① 具体可参见程跟锁、郭建东、高辉《我国少数民族地区高等教育公平问题及对策——以甘肃省为例》，《西北师大学报》（社会科学版）2011年第5期。

② 数据主要来源于洪彩真《中国少数民族女子高等教育现状探析与对策研究》，《贵族民族研究》2006年第2期。

一。[1] 有鉴于此，对妇女的婚姻家庭权益实施更强有力的保护，实属必要！

在我国，自新中国成立以来，就非常重视对妇女婚姻家庭权益的保护。1950 年 5 月，《中华人民共和国婚姻法》正式出台实施。其核心思想和内容之一就是废除传统、腐朽的封建主义婚姻制度，相反，引入现代婚姻理念，实行男女婚姻自由、一夫一妻以及男女权利平等的基本原则。该《婚姻法》是在新中国已经正式建立，并且各项社会建设正在如火如荼开展的前提下起草和颁布的。可以说，其是全国人民群众，尤其是广大妇女群众在波澜壮阔的社会主义革命与建设中的一种自我意识之觉醒，也是广大妇女试图跳出传统婚姻家庭制度窠臼的一种集中体现。[2] 但是，必须承认的是，现如今，在我国，还有许多少数民族仍传承着独特的，甚至与法律相抵触的风俗习惯，这在一定程度上威胁或侵害着少数民族妇女的婚姻家庭权益。比如，对于结婚，我国法律虽对结婚法定年龄进行了明确规定，但是，一直以来，我国少数民族地区婚姻的一个较为普遍的特点就是其结婚的年龄很多仍在十六七岁之间。比如，伊斯兰教就规定穆斯林民众的女子最早可以 9 岁就出嫁，在一些传统的社会舆论当中，也大都认为女子应当早嫁；[3] 另外，对于离婚，我国法律已经明确规定实行离婚自由原则，但是，在新疆的哈萨克族地区，现如今，依旧不提倡、不支持离婚，他们往往把离婚看作一种非常不光彩的事情。即便是那些由父母进行包办，日后生活并不美

---

① 姚建：《山东：妇女婚姻家庭权益信访量排首位》，《中国妇女报》2013 年 11 月 25 日第 A02 版。

② 李洪河、王颖颖：《新中国成立初期的婚姻家庭冲突和妇女权益保障》，《河北师范大学学报》（哲学社会科学版）2011 年第 3 期。

③ 部分少数民族地处边远山区，远离现代文明。尤其是生活在高原和草原上的牧民，他们日出而作、日落而息，过着贫穷而自由的生活。这种自然环境、生活环境的限制，使得年轻的小伙子、姑娘们过早地懂事、成熟。十六七岁的少数民族青年男女就具备了成家的条件，他们并不过多地考虑婚姻关系的社会属性，也不考虑年轻人心理的成熟远远不及生理的成熟，只认为早婚可以早育、多生。虽然，近年来，随着少数民族地区经济的发展，这些现象已经有所改观，但是上述早婚的例子仍比比皆是。可参见薛全忠、张淑芝《新疆少数民族婚姻习俗的法律思考》，《西北民族大学学报》（哲学社会科学版）2009 年第 1 期。

满的婚姻，妇女也必须得进行服从，更不要谈去行使自己的离婚权利了。“如果夫妻离婚，子女全部归男方，如果丈夫主动提出离婚，女方可以带走自己出嫁时的陪嫁妆。如果女方提出离婚，那么任何东西也不许带走，只得单身离开家门。”① 另外，在我国少数民族地区，在结婚条件、离婚财产分割、男女地位等方面也存在诸多类似与法律相违背的民族风俗②。

## 三 少数民族妇女权益保护的对策建议

“人人生而平等，他们都从他们的‘造物主’那边被赋予了某些不可转让的权利，其中包括生命权、自由权和追求幸福的权利。”由此观之，为提升我国妇女权益保障的整体水平，增强我国在国际人权保障上的话语权，必须对少数民族妇女这一特殊群体的合法权益进行有效保障，抓紧采取如下几个对策：

### （一）开展少数民族妇女的普法宣传工作

同我国广大普通妇女相比，我国少数民族妇女之所以政治参与度比较低，主要是因为少数民族妇女大都生活在一些偏远地区，交通往往不是太便利，信息化水平也不是很高，再加上语言上的障碍，这就导致国家一些法律、政策很难传达进去，即使有所传达，认知程度也会受到一定限制，少数民族妇女的法律意识也就因此相对较低。所谓法律意识，即指是人们对于法（特别是现行法）和有关法律现象的观点、知识和心理态度的总称。一般而言，法律意识越强，其行权意识和维权意识就越高。少数民族妇女因其身处的地理位置和经济水平的影响，再加上宣传机制的不到位，大多数人通常不学法、不知法、不懂法，她们在生活中根本不了解自己究竟能

① 古力扎提：《建国以来新疆哈萨克族婚姻家庭的变迁》，《陕西师范大学学报》2006 年第 4 期。

② 以苗族为例，其女性自小就被灌输“女子无才便是德”的思想，大多数妇女除接受基本的九年义务教育外，很少继续深造下去，这就使得她们产生了严重的自卑心理，继而影响其后期的健康发展。还需指出的是，时至今日，苗族的部分妇女仍被要求在怀孕期间不得串门，不能参加集体活动等，这显然不利于我国妇女权益的保护与落实。具体可参见徐晓光《原生的法——黔东南苗族侗族地区的法人类学调查》，中国政法大学出版社 2010 年版。

够享受哪些权利，纵使她们的权益已经受到了非法侵犯，她们也可能没有意识到，更不要谈采取何种法律路径去进行救济了。[①]

可见，在少数民族地区，要想实现少数民族妇女权益的良好保障，就必须想方设法提高少数民族妇女的权利意识。在现阶段地理位置和经济发展水平难以一时改善的情形下，只能要求政府部门加强对少数民族妇女的普法宣传力度，唤醒少数民族妇女的法律意识，让广大少数民族妇女都能知法、守法，并运用法律武器维护自己的合法权益。具体而言，在宣传对象上，要突出“广”字。这意味着宣传的对象覆盖面要宽，不能有所遗漏，要分年龄（老年妇女、中年妇女、年轻妇女等）、分地域（城市、农村等）以及分类型（职场妇女、家庭妇女等），对不同类型的少数民族妇女展开妇女权益保障相关知识的宣传和教育。唯有如此，才可使更广范围的少数民族妇女知晓法律并充分运用法律武器同侵权行为做斗争，做新时代的强者。在宣传形式上，要强调“多”字。这意味着宣传的形式要灵活多变，不能“千篇一律”，要根据广大少数民族妇女的具体情况选择相适应的宣传形式。比如，针对偏远农村的少数民族女性，可以采用“送法下乡”“马锡武审判”等方式进行宣传教育。针对城市地区的少数民族女性，可以采用“法律专栏”“法律讲堂”等方式进行宣传教育；针对大学校园里的少数民族女性，则可以多采用一些“组织旁听法院审判”“法律知识竞赛”等方式进行宣传教育。[②]

### （二）提升少数民族地区的经济发展水平

发展是人类社会一个古老而永恒的主题，如何谋求发展，怎样通过发展去解决社会中诸多附带的困难，已经成为全球关注的首要问题。甚至可以说，在现代社会，如果经济发展不佳，则直接会制约一系列相关制度和机制的功能发挥。于少数民族妇女权益的保护而言，民族经济发展的严重滞后是阻碍少数民族妇女发展的重要因

---

① 可参见彭谦、商万里《论少数民族妇女权利法律保护的发展思路》，《民族论坛》2012 年第 6 期。

② 具体可参见北京市顺义区妇联《创新妇女维权工作，营造良好社会环境》，《中国妇运》2012 年第 9 期。

素，其影响着广大少数民族妇女劳动权益、社会保障权益、财产权益，乃至政治权益的实现。以云南为例，长期以来，云南一直都是一个相对落后省份，其经济发展较为缓慢。截至目前，在云南全省，共有73个国家级贫困县，而这其中，民族自治州、自治县所辖的就有51个，共占到全省贫困县总数的69.86%。因此，可以说，民族地区经济发展的落后在很大程度上制约了少数民族妇女的发展以及各项保护机制的建立和完善，继而使她们各项基本权益的保护也受到一定的“牵连”。[①] 尽管自改革开放以来，随着民族旅游业的发展，云南省的经济发展状况已经有所改观，伴随于此，少数民族妇女的社会地位也得到显著提升，但是，由于历史积弊已久，同其他发达省份相比，云南的经济发展水平仍存在较大差距。

从上述分析中，可以发现，解决少数民族妇女发展的关键，在于加大对少数民族地区的财政投入，以促进其经济发展，改善其经济状况，最终实现少数民族妇女的全面发展。具体而言，国家要从长远的角度出发和考虑，逐渐对少数民族地区进行财政倾斜，加大对少数民族妇女的扶贫力度，使她们彻底脱贫致富。为此，一方面，政府应该增加其在少数民族地区的基础设施投资，并采取适当的税收激励、物质激励和其他措施来吸引一些大公司到少数民族地区设厂，以促进少数民族女性的就业和收入。另一方面，政府还应该在深入研究的基础上，因地制宜地采取措施，确保能够为少数民族妇女提供基本的生存物质救助，能够提供经济发展改革规划扶贫、教育扶贫、技术扶贫等多种长期性和可持续性的扶贫救济。[②] 另外，还需指出的是，农村少数民族地区的发展，不能也不可能一味地依赖政府的财政投入，而必须集思广益、想方设法地调动少数民族地区妇女自身的积极性。这就需要我们加大对少数民族妇女的文化教育的重视，从长期着手，逐步提升少数民族妇女自身素质，培养和锻炼其自身能力，继而为本地经济发展贡献智慧和力量。

---

① 李凤琴：《“增权理论”视阈下的少数民族妇女发展研究——以云南少数民族妇女发展为例》，《北方民族大学学报》（哲学社会科学版）2011年第4期。

② 具体可参见郑玉顺主编《中国农村少数民族妇女权益保障法律制度研究》，民族出版社2008年版。

（三）平衡少数民族风俗与法律规定之间的冲突

倘若我们把法律理解为一种源于社会，并且同人们的日常生活有着密切关联的规范秩序的话，那么法律就会主要有两种基本的外在表现形式：第一，国家制定法。也就是由国家专门机构按照一定的民主程序起草和出台的，并依靠国家强制力来保证实施的一种强制性规范。第二，习惯法。也就是由人们在长期的社会生产生活过程中逐渐形成的一套被社会大众所广泛认可和接受的一种自治性规范。在少数民族地区也存在着很多这样的习惯法，具体就是指那些具有民族特色的少数民族习惯法。由于各种理念和体制性原因，国家制定法的规定与少数民族习惯法的规定通常会在权利和义务的分配、利益冲突的解决上呈现出一定的不一致。这时，基于法治统一的惯性，当国家制定法在少数民族地区贯彻实施时，其与民族法的正面冲突也就不可避免地形成了。①“我国现行相关法律的起草和制定大都是建立在本国传统文化的基础之上，并移植与借鉴了世界许多国家先进法律文化和立法经验，继而实现了法律的现代性。然而，它却在一定程度上忽视了对我国少数民族文化和风俗习惯的传承，在民族性的继承上稍显不足。这就造成了在我国少数民族地区的现实生活中，往往存在着二元化的法律运作机制，也就是所谓的‘现代型法理机制与传统型习惯机制’。前者主要是由国家或法律来进行确认与维持，属于一种精英文化——国家法，后者则主要是由本民族来进行自我确认与维持，具有一定的自治性，它属于一种民间文化——习惯法。”②

为此，我们必须平衡两者之间的冲突，具体路径主要有两种：一是对国家立法进行变通。我国《立法法》第七十五条规定：“民族自治地方的人民代表大会有权依照当地民族的政治、经济和文化的特点，制定自治条例和单行条例……自治条例和单行条例可以依照当地民族的特点，对法律和行政法规的规定做出变通规定，但不

① 参见林伟《从冲突到融合——论我国少数民族地区法律二院格局》，《广东省社会主义学院学报》2007年第1期。

② 田熹文、朱建华：《民族风俗习惯与刑事法律适用冲突及其消解——以湖南湘西自治州土家族、苗族为例》，《西北民族大学学报》（哲学社会科学版）2015年第6期。

得违背法律或者行政法规的基本原则，不得对宪法和民族区域自治法的规定以及其他有关法律、行政法规专门就民族自治地方所作的规定做出变通规定。”根据当时立法者的思维逻辑，我国广大民族自治地方可以通过依法行使立法上的自治权和变通权来形成一种比较弹性化的法律条款，或者直接将实践中比较有益的习惯法条款吸纳进来，或者间接地作出一个明确的授权，最终起草和出台一部体现本民族地区特色的自治条例与单行条例，继而实现国家制定法与民族习惯法之间的良好衔接与融通。[①] 二是制定民族自治条例或法规。愿望终究只是一种愿望，还必须依托一定的技术手段和保障机制。换而言之，对国家法进行变通，并使其得到有效的贯彻落实，还要受制于立法者对民族法的理解与选择。然而，我国民族地区的立法者在行使变通权这一方面显然还不尽如人意，试图通过这一路径来解决国家法与民族法冲突的实际效果似乎不大。这也就导致时至今日我国仍无一部少数民族自治地区制定的变通规定或者补充规定。[②] 有鉴于此，近年来，诸多学者主张：在努力让国家制定法更加贴近中国社会各方面现实的前提下，也要争取让其最大限度地与民族区域自治法规、自治条例相衔接，更多地体现与引导少数民族的正义观和价值观。

① 具体可参见付明喜《中国民族地方立法自治研究》，博士学位论文，云南大学，2012年。

② 田熹文、朱建华：《民族风俗习惯与刑事法律适用冲突及其消解——以湖南湘西自治州土家族、苗族为例》，《西北民族大学学报》（哲学社会科学版）2015年第6期。

# 第三章

## 完善妇女权益保障的司法审判体制

十八届四中全会审议通过的《中共中央关于全面推进依法治国若干重大问题的决定》明确指出："公正是法治的生命线。司法公正对社会公正具有重要引领作用，司法不公对社会公正具有致命破坏作用。必须完善司法管理体制和司法权力运行机制，规范司法行为，加强对司法活动的监督，努力让人民群众在每一个司法案件中感受到公平正义。"具体到妇女权益保障而言，相关纠纷往往具有一定特殊性，这就需要我们创新思路、完善体制机制，实现司法审判的法律效果与社会效果的统一，真正发挥其定分止争之功能。所谓司法审判的法律效果，主要是指：审判是国家法律实现的基本途径，并对国家法律的实现起着基础性作用。因此，法律的实现对审判的过程有着相当的路径依赖。反过来，法律的实现程度则成为判断司法之有效性的基本指标。在我国，由于《宪法》《妇女权益保障法》等法律都业已确定了"对妇女等弱势群体实行特殊保护"的基本精神和原则。有鉴于此，为实现司法审判的法律效果，在涉及妇女权益纠纷的案件中，必须强化对妇女的法律援助，并适时创建公益诉讼制度；所谓司法审判的社会效果，则主要是指：法律是对社会现实的一种回应，本质上是以人类社会关系为研究对象的规范，是社会既定规则的总结和提炼，具有社会性。因此，理想的司法审判应当是客观的法律效果与主观的社会效果之有机统一。但司法不是在真空中运行，现实中的审判过程往往与理想情境相去甚远，审判的法律效果与社会效果难免出现冲突。有鉴于此，为实现司法审判的社会效果，在涉及妇女权益纠纷的案件中，必须加紧完善人民陪审员制度，并尝试推行调解制度。

## 第一节　强化法律救助

1979 年 12 月 18 日，《消除对妇女一切形式歧视公约》由联合国大会审议并通过。1981 年 9 月 3 日，该公约在第二十个国家批准之后正式生效，成为保护妇女权益的国际法基础。由于侵害妇女权益现象的泛滥，美国、英国、加拿大、日本、德国等 40 多个国家和地区都明确制定和出台了相关保护妇女权益的法律。[①] 与此同时，考虑到妇女这一社会群体的弱势地位，这些国家还相继创建和形成了有关妇女权益保护的法律救助制度。在比较完备的法律引导下和相对专业的法律救助制度的帮扶下，各国的妇女权益保障状况都得到了显著的改善。

### 一　对妇女维权进行法律救助的正当性

法律救助是指由政府相关机构或一些社会组织，为经济困难或特殊案件的人无偿提供法律咨询、律师援助、司法特殊通道以及社会救助等一项法律保障制度。如果仅从一种功利主义的视角来看，我们加强对妇女的法律救助力度，可以产生威慑潜在犯罪行为分子，继而实现男女实质平等、维护社会和谐稳定等很多较为明显的效果。然而，这并不能简单地成为说明该项举措具备正当性的唯一依据。考虑到对妇女实施法律救助还大都关涉到国家主体责任的归位以及被告人（犯罪嫌疑人）私权利的有效制约和限制，因此，还应当从法律依据、理论基础以及现实使然这三个层面来论证该项举措在我国所具有的一种正当性。

#### （一）法律依据

在现代法治国家，做任何事情都必须于法有据，否则就会难以

① 李贤华：《国外保护家庭妇女权益的司法制度》，《人民法院报》2012 年 3 月 2 日第 008 版。

持久，不能得到民众的认可和支持。检视现行国际、国内的一些法律文件，对妇女权益保障进行法律救助的合法性依据，主要是一些国际性公约和国内相关宪法性法律。

1. 国际性公约

在国际上，对“妇女权益法律救助”有所规定的主要是《消除对妇女一切形式歧视公约》。这一公约主要强调人人生而自由，在尊严和权利上一律平等，不得在任何权利和自由方面有任何的区别，包括基于性别的区别。该公约第15条特别规定了妇女在法律上同男子一样享受同样的权利，享有同样的诉权。该条具体规定如下：第一，缔约各国应给予男女在法律面前平等的地位；第二，缔约各国应在公民实务上，给予妇女与男子同等的法律行为能力，以及行使这种行为能力的相同机会。特别应给予妇女在签订合同和管理财产方面的平等权利，并在法院和法庭诉讼的各个阶段给予平等待遇。由此，可以看出，《消除对妇女一切形式歧视公约》不仅规定男女在法律面前一种形式上的平等，并且还强调，为实现这种平等，还应该给予妇女行使权利的相同机会。实际上，男女在法律面前平等并不仅仅意味着法律条文上不能有歧视女性的地方，还意味着妇女在现实生活中也能够受到法律的平等保护以及平等地享受法律的权益。换言之，妇女同男子一样，享有法律适用上的形式的平等，同时还享有使用法律的结果和利益的一种实质平等。为了使这些法律上的形式平等真正变为有效，成为一种活生生的现实，就必须建立一种机制，在必要时赋予那些相对弱势的人得到法律帮助的机会和能力。这样才能使需要法律帮助的个人有效地获得向法院申诉和进入诉讼的途径，其合法权益才能得到法律的良好保护。对妇女维权进行法律救助就是这一种机制。①

2. 国内相关法律

国内有关妇女维权法律救助的法律规定主要散见于《妇女保障法》《反家庭暴力法》等单行法律中。比如，在《妇女权益保障

① 北京大学妇女法律研究与服务中心主编：《当代中国妇女权益保障的理论与实践》，中国工人出版社2001年版，第430页。

法》中，其第四条规定："保障妇女的合法权益是全社会的共同责任……国家采取有效措施，为妇女依法行使权利提供必要的条件。"该条为我国妇女维权法律救助制度提供了一个原则性的依据。紧接着，《妇女权益保障法》第五十二条第二款规定："对有经济困难需要法律援助或者司法救助的妇女，当地法律援助机构或者人民法院应当给予帮助，依法为其提供法律援助或者司法救助。"第五十四条规定："妇女组织对于受害妇女进行诉讼需要帮助的，应当给予支持。"这两条对我国妇女维权法律救助制度进行了相对具体的规定。在《反家庭暴力法》中，其第十八条规定："县级或者设区的市级人民政府可以单独或者依托救助管理机构设立临时庇护场所，为家庭暴力受害人提供临时生活帮助。"其第十九条规定："法律援助机构应当依法为家庭暴力受害人提供法律援助。人民法院应当依法对家庭暴力受害人缓收、减收或者免收诉讼费用。"其第二十二条规定："工会、共产主义青年团、妇女联合会、残疾人联合会、居民委员会、村民委员会等必要时可以对加害人、受害人进行心理辅导。"上述这些规定为我国对家庭暴力受害者进行法律救助提供了一个基本依据。类似的法律依据还有很多，在这里就不再具体阐述。

（二）理论基础

虽然从一些国际性公约和国内宪法性法律的解读中，可以获知，加强对妇女权益保障的法律救助符合我国法律要求，具有合法性，但是更为充分的正当性论证还须回归理论层面，探讨其得以生成和发展的理论基础。于妇女权益保障的法律救助而言，概括起来，其理论基础主要有如下几个：

1. 正义理论

众所周知，现代法治的重要价值之一即为正义，而正义的一个核心意涵和任务就是如何对待与处理好一些弱势群体的权益保障问题。大家都知道，绝大部分的社会资源都是非常有限的，由于强势群体与弱势群体各种先天或者后天能力以及条件的不同，他们各自所占有的份额也必然是不等的，这可以说是一种客观存在的不平等。因此，对于那些在社会经济活动中处于弱势地位的群体，倘若法律不进行适当的特殊保护，那么这个社会也就丧失了最基本的正义基础，也就很难健康、持续地发展下去。正因为此，我们可以说，正义理论是政府保护弱势群体权利最为主要的一个理论依据。正如罗尔斯所言："所有社会基本善——自由和机会、收入和财富及自尊的基础——都应被平等地分配，除非对这一些或所有社会基本善的一种不平等分配有利于最不利者。"[①] 社会正义的基本理念要求对社会利益的分配要日渐趋于公正、合理，它的基本意味主要有如下三个：第一，要对每一个人的权利进行平等地保障，以确保他们平等的不受侵犯，这是基础；第二，要给每一个人提供平等的竞争机会，以确保他们能够通过自身的努力来降低这种不平等的差别；第三，要采取相关措施预防、制止以及救济不平等的现象。也就是说，一旦社会出现不平等现象，就应当把它限制在一定范围内，并采取相关措施进行及时补救。[②] 综上所述，罗尔斯的正义理论能够为我们对妇女这一弱势群体权利的维权工作进行特殊的法律救助提供了一种理论上的支撑。

2. 人本主义

社会发展的最终目标就是实现人的全面进步，而这既包括人自身的发展，也当然包括为人的进步与发展提供最为基本的条件。总而言之，人是万事万物的主体，人只能是目的而不能被视为一种手段和工具。故此，我们的一切理论研究与实践探索都必须将人作为首要出发点以及最终归宿。在这一点上，我国政府自成立以来，就有着比较充分的认识，并通过采取各种各样的措施促进人的全面进步和发展。比如，在革命时期，毛泽东同志依托马克思主义无产阶级的革命理论，形成并阐释了全心全意为人民服务的思想；在改革开放时期，邓小平同志传承并发扬了全心全意为人民服务的思想，并把"三个有利于"作为衡量评估一切工作成功与否的标准；在新世纪，江泽民同志根据时代特色和现实需求，比较开创性地提出了

---

① ［美］约翰·罗尔斯：《正义论》，何怀宏等译，中国社会科学出版社 1988 年版，第 292 页。

② 可参见吕建高《论弱势群体权利法律保护的理论逻辑》，《河北法学》2006 年第 1 期。

“三个代表”重要思想；紧接着，胡锦涛同志相继提出了科学发展观以及和谐社会相关思想，而这里面都含有浓厚的人本主义思想；在新时期，习近平同志开拓性地提出了“国家富强、民主振兴、人民幸福”的中国梦，它的理论依据和根本出发点都与以人为本有着重要关联。总而言之，国家加强社会弱势群体权益的保护顺应历史发展的潮流，也与人类生活的最高道德准则相契合，具有极为重要的价值和意义。[①] 另外，从实现社会进步的角度来看，政府也有责任、有义务去给予那些社会弱势群体一种比较特殊的保护。因为只有这样，才能让他们生活得更好，进而实现每一个人的价值，以谋求社会的共同进步。[②] 可见，为妇女这一弱势群体进行法律救助符合人本主义观。

（三）现实使然

加强对妇女权益保障的法律救助不仅具有充分的法律依据和相当的理论基础，亦受到诸多现实因素的隐性驱使，这才是妇女权益保障法律救助制度得以不断充实和强化的内在动力。具体而言，主要受到如下几个因素驱使：

1. 妇女是一类特殊的社会弱势群体

毫无疑问，无论从生理构造来看，还是社会观念，抑或劳动分工来看，相对于男性，妇女都是天然的一个社会弱势群体，需要国家和社会对其进行特殊保护。首先，从生理构造来看，造物主在“设计”人的生理结构时，就对男女有着不同的安排，女性的体质在很大程度上都是弱于男性的，并且还要经历“经期、孕期、产期和哺乳期”四期的长期困扰；其次，从社会观念来看，受制于“男尊女卑”“三纲五常”等传统观念的影响，大多数人都本能地认为，女性应该主要扮演家庭主妇的角色，其主要任务是照顾家庭，继而为男人在外打拼提供后勤保障和支持；最后，从劳动分工来看，大多数女性在就业中都会遭遇形形色色的歧视。因此，同男性相比

① 崔建周、白海彦：《伦理学视角下政府救助弱势群体的原因分析》，《中共山西省委党校学报》2004年第8期。

② 具体可参见余少详《弱者的权利——社会弱势群体保护的法理研究》，社会科学文献出版社2008年版。

较，她们只能从事一些相对“低端”的职业，并且由于政治参与度不佳，女性在国家政策决策中的代表权和发言度也不是很高，这就决定了女性相对弱势地位这一现状。更何况，近些年来，又相继形成了“农村留守妇女”“外出务工妇女”，这更加重了我国妇女这一社会弱势群体的地位，令人担忧！[①]

2. 妇女在维权过程中经常遭遇困境

“有权利必有救济，无救济即无权利”，在现代法治国家，不仅要通过各种法律赋予公民各种基本权利，而且还要同时创建各种救济机制，为公民享有和行使这种权利，以及当这种权利受到侵害时提供有效保障。[②] 虽然考虑到由于各种自然和人为的原因，广大妇女在社会中是一个社会弱势群体，国家已经在推动男女平等方面采取了诸多有效措施，并赋予了广大妇女一些比较特殊的权利，但是，国家并没有附带创立一种健全的救济机制，易言之，国家仍只是利用与男性基本相同的救济机制和救济规则，来对女性的权利进行保障，这显然是不切实际的，难以取得理想的效果，也会使前期的相关努力大打折扣。在我国，由于上述救济机制的不健全，在现实中，已经出现了很多活生生的案例，都显示出女性维权工作举步维艰的情况，这也进一步助长了侵害妇女权益现象的发生。[③]

## 二　对妇女维权进行法律救助的基本类型

一提到法律救助，相信很多人都会首先想到律师援助，这显然理解得过于狭隘。对于广大妇女而言，总体来说，其不仅在身体构造上弱于男士，而且在社会观念和劳动分工上，也同很多男士存在差距。这就造成广大妇女不仅在法律知识上会有所欠缺，而且在运用法律知识，以及维权能力和承受压力等诸多方面也会处于一定的

① 具体可参见马利暖、姚本先《留守妇女弱势群体心理压力研究现状与发展》，《社会心理科学》2015 年第 5 期；张艳《关于弱势群体权利保障的法律思考——以农村留守妇女为例》，《湖南人文科技学院学报》2011 年第 6 期；罗小锋《新移民妇女：一个结构性弱势群体》，《青年研究》2007 年第 9 期。

② 具体可参见陈焱光《公民权利救济论》，博士学位论文，武汉大学，2005 年。

③ 可参见彭谦、商万里《论少数民族妇女权利法律保护的发展思路》，《民族论坛》2012 年第 6 期。

弱势[①]。这就决定了，对妇女的司法救助不能仅仅局限于律师援助，而且还要包括法律咨询、司法特殊通道以及社会救助等多种措施。唯有如此，才能为我国广大妇女的维权工作提供一个全方面的保护，将其权利转化为现实。

（一）法律咨询

所谓法律咨询，是指从事法律服务的人员就有关法律事务问题做出解释、说明，提出建议和解决方案的活动。通常来说，由于法律的复杂性，非专业人士在遇到法律问题时，往往需要求助于律师、政府专业人员这类法律专业人士。法律咨询可以做免费与收费，政府与社会两种分类。在现今信息化时代，又开始出现了网络法律咨询平台，这类法律咨询大都是以免费为主。于妇女维权工作而言，法律咨询就是指由国家创建专门的法律咨询机构或者由社会公益组织，抑或国家和社会进行合作（国家提供资金和政策支持，社会组织负责运作）对受害妇女的相关法律事务问题做出解释、说明，提出建议和解决方案的活动。考虑到妇女这一社会弱势群体地位，这一类法律咨询通常要以免费或者收取极低的费用为主。[②]

（二）律师援助

所谓律师援助，可以做广义和狭义两种解析。广义上的律师援助既包括社会上的律师因接受法律援助机构或者政府相关部门的指

① 据相关调查显示：女性往往受教育水平更低，工作和收入更差，相应的健康水平也比男性更差。女性更容易有抑郁倾向，自报慢性病的比例更高。可参见北京大学中国家庭追踪调查组撰写的《中国民生发展报告 2015》调研报告。

② 以英国为例，英国社区法律咨询服务（以下简称社区法律咨询服务），是英国法律援助制度之一的社区法律服务的重要组成部分。在英国法律服务委员会（以下简称法律服务委员会）提供的专项资金支持下，社区法律咨询服务经与独立的法律咨询组织和律师合作，主要通过网站、电话热线、各类法律咨询中心、数码电视、回电服务等多种服务形式，就婚姻家庭、债务、教育、社会救济、税收、劳动就业、住房等领域常见法律问题，为广大经济困难（低收入人群或者依靠救济金生活的人）的英国居民提供内容丰富的、保密且独立的免费法律咨询服务。近年来，随着法律援助工作的深入发展，社区法律咨询服务已经成为英国公共法律教育工作的重要组成部分，发挥着越来越重要的作用。参见朱昆《英国社区法律咨询服务概述》，《河南省政法管理干部学院学报》2009年第5期。

派而向相关当事人提供代理和辩护服务，亦包括受聘于法律援助机构或政府其他部门，通过了全国法律职业资格的考试，取得了法律职业资格证书和律师执业资格证书，专门从事法律援助事业的人员，因当事人申请而向其提供相关代理和辩护服务。在现代法治社会，为社会弱势群体提供适当的律师援助服务，通常是国家和律师应尽的一种责任与义务。① 为了保障经济困难的公民获得必要的法律服务，我国政府于 2003 年制定并实施了《中华人民共和国法律援助条例》。其第三条明确规定："法律援助是政府的责任，县级以上人民政府应当采取积极措施推动法律援助工作，为法律援助提供财政支持，保障法律援助事业与经济、社会协调发展。"其第四条第二款规定："中华全国律师协会和地方律师协会应当按照律师协会章程对依据本条例实施的法律援助工作予以协助。"其第六条规定："律师应当依照律师法和本条例的规定履行法律援助义务，为受援人提供符合标准的法律服务，依法维护受援人的合法权益，接受律师协会和司法行政部门的监督。"于我国妇女维权工作而言，作为一个社会弱势群体，其理应受到国家和社会的律师援助服务。

（三）司法特殊通道

所谓司法特殊通道，是一个新兴的概念，就是对某类特殊的案件，在现有法律规定的范围内，进行一种特殊处理，简而言之，就是在立案、审理以及裁判方面给予其一种特殊照顾。可以说，这类法律救助是专门针对涉及妇女权益保障的案件所创设的。众所周知，妇女权益保障案件的危害后果往往比较严重，不能久拖，因此，需要优先立案、快速审理；妇女权益保障案件中的受害人往往处于弱势地位，难以掌握财产权，因此需要进行适当的诉讼费减免；妇女权益保障案件的发生地大都是在偏远地区，交通不便，因此可以建立巡回审判制度。

（四）伤害救助

所谓伤害救助，在此种语境下，就是指在司法裁判以后，国家

① 具体可参见贺海仁《法律援助：政府责任与律师义务》，《环球法律评论》2005 年第 6 期。

和社会应当给予受害者积极的物质救助、精神抚慰和心理调适，以使其恢复到，甚至超越犯罪发生之前的状态。[①] 众所周知，妇女由于受到其自身的天然生理构造以及后续的社会因素影响，其抗压能力往往比较低。因此，要想对妇女权益进行一个良好的保障，仅仅通过司法裁判对施害者进行制裁显然是不够的，还必须重视审判后对受害者的综合救助。以家庭暴力为例，在损害后果上，家庭暴力案件中的施暴者大都不顾亲情、泯灭人性，轻则恶言相向、凌辱诽谤，重则拳脚相加、殴打残害，这不仅会给受害者的身心健康造成重大损害，使其长期心情压抑、精神低落，而且还会引起“暴力循环”和“代际传递”，最终影响到整个社会的和谐与稳定——一个有目共睹的事实是，家暴行为发生后，受害人会在心理上和精神上受到很大程度的打击，这些层面的损害远非单一的刑事审判和刑事处罚就能完全化解。此时，来自国家和社会方面的辅助、安慰和调适就显得十分必要[②]。

### 三 我国妇女维权法律救助的现实状况

法律救助是世界各国所普遍采用的，国家对因知识水平有限、经济生活困难的当事人，给予其低价，甚或是免费的法律咨询、律师援助、司法特殊通道以及伤害救助的一种救济制度。它是一个综合性工程，在西方发达国家已经发展完善了数百年，也已经从一个小范围的道义行为或慈善行为，发展到国家对公民的责任和义务，是现代法治国家的一个基本标志。法律救助在我国出现的时间并不长。历经几千年，旧中国一直是处于人治的社会，法治建设都没有

---

① 具体可参见许福生《犯罪被害人保护之政策与法制》，新学林出版社股份有限公司 2013 年版，第 241 页。

② 以英国为例，其在反家庭暴力上主要存在三种模式，即“预防——零忍耐运动”“救治——多机构合作”以及“妇女支持——社会救济服务”。在这三种模式中，一些社会组织发挥着极为重要的作用。英国零忍耐福利基金会利用各种手段在大众媒体、公共场所广泛宣传禁止家庭暴力；英国妇女救助联合会在英格兰全境为在家中遭受身体的、性的或感情虐待的妇女和儿童设立的庇护所，提供安全的食宿、实际的和精神的支持以及法律和福利权益上的帮助，并开展妇女援助全国帮助热线业务。具体可参见曹诗权《中英维护妇女权益、防止家庭暴力研讨会综述》，《法商研究》2000 年第 3 期。

点滴踪影，更遑论法律救助制度了。[①] 改革开放以后，我国的法律救助制度才开始有所发展和完善，并取得一定的成就，但是，同世界发达国家相比，仍然存在不小的差距。

在法律咨询以及律师援助方面，2003 年国务院制定并颁布《法律援助条例》，对我国法律援助制度进行了比较详细的规定，其中就包括对受侵害妇女的法律援助。另外，2005 年，最高人民法院、最高人民检察院、公安部、司法部四部门联合起草和制定了《关于刑事诉讼法律援助工作的规定》和《关于民事诉讼法律援助工作的规定》。该两部文件创建了我国在刑事领域与民事领域的法律援助制度，力求为我国那些经济上十分困难的妇女提供各种法律援助。经过几年的建设和发展，根据相关调查和统计，截止到 2015 年，我国司法部门总共在全国范围内创建了四千余个法律援助机构（包括省、市、县三级政府）以及三千八百余个乡镇法律援助工作站。这其中，依托妇联组织建立起来的法律援助工作站就有两千余个，可以说这为妇女儿童就近申请并获得法律援助提供了非常大的便利。[②] 从以下数据中就可以看出效果：在 2007 年，我国各地法律援助机构共接收到涉及妇女权益的法律援助案件有四万七千余件，其案件的类型涵盖了刑事诉讼、民事诉讼以及行政诉讼等所有类型。[③]

在司法特殊通道方面，我国某些地方法院也开展了一些尝试性的探索，并取得了比较有益的经验。以湖北省为例，近年来，其各级法院积极尝试建立妇女维权的绿色通道，其内容有三：第一，实施五优原则。所谓“五优”，即指对某些特殊的案件进行优先立案、优先排期、优先办理、快审快结、优先执行。比如，在湖北省黄冈市中级人民法院，就有这个做法。它主要针对的是一些老人赡养以及家庭暴力等迫切需要加以解决的案件。还有，在湖北省恩施市中

① 北京大学妇女法律研究与服务中心主编：《当代中国妇女权益保障的理论与实践》，中国工人出版社 2001 年版，第 430—431 页。

② 主要数据来源于国务院妇女儿童工作委员会办公室编《国务院妇女儿童工作委员会成员党委 2007 年工作情况及 2008 年工作思路汇编》，2008 年 2 月。

③ 主要数据来源于蒋梅《科学发展观视野下妇女权益保障体系构建研究》，博士学位论文，湖南师范大学，2009 年。

级人民法院也采取了类似的做法。根据相关统计，其在一年里共审结了三百余件速裁案件，而这其中，涉及妇女权益保障的案件就达到了65%的比例。第二，贯彻落实诉讼费减、免、缓制度。这其中就包括对缺乏基本诉讼能力的女性当事人加大司法救助，这类女性当事人主要是指那些下岗的女工以及无民事行为能力和限制民事行为能力的妇女。例如，在湖北省恩施市，据相关统计，所有人民法院（包括基层法院），在这方面，一年所减免的费用共有20余万。第三，实施巡回审判制度，为民众提供便利。例如，从2006年到2008年，湖北省恩施市晓关法庭一共将67件涉及妇女权益保障的案件，尤其是那些关于女童的受教育权、离婚妇女的财产权和再婚权以及老年妇女的受赡养权等一系列发生在农村地区的案件的审判地点安排在当事人的家里，这样的"田间地头、送法下乡"的模式，可以说既便利了广大农村人民群众，又教育了广大农村人民群众，效果明显。[①]

在伤害救助方面，现今主要有两种形式：第一，针对家庭暴力的医疗救助。这其中最为典型的莫过于武汉市政法委和市妇联连同市法院技术鉴定所共同创立的"武汉市家庭暴力损伤鉴定中心"。该中心成立于2002年7月，它主要是对受暴者的伤害状况展开司法鉴定，并作出相关评估，以为那些比较困难的受害者提供免费帮助。和传统的法医鉴定相比较，"家庭暴力损伤鉴定中心"具有它自己比较鲜明的特点。具体而言，它不仅会对受暴者的表面伤情进行详细鉴定，而且还会对施暴时间的长短以及受害者的精神创伤等诸多方面因素进行鉴定。根据相关统计，"家庭暴力损伤鉴定中心"自成立以来，每年赶往寻求咨询和鉴定服务的群众很多。截至2007年，总计已经申请进行相关鉴定达几百起，平均每周就有二至三起。值得说明的是，前来申请家庭暴力伤情鉴定的群众几乎全部都为女性人士，她们的年龄从二十多岁到五十多岁不等。另外，"家庭暴力损伤鉴定中心"的负责人孙昌平曾分析到，同我们武汉市在

---

① 湖北省高级人民法院：《湖北省妇女权益司法保护状况的统计分析》，《人民司法》2008年第3期。

实际上所可能遭受的家庭暴力人数相比较，这“几百起”的数量其实并不算太多。而至于其原因，则主要还是因为整个社会对家庭暴力的认识还略显不足。第二，“庇护所”救助。典型的如在湖北省武汉市所诞生的“婚姻避难站——武汉新太阳女子婚姻驿站”。该组织成立较早，属全国首家，其在1995年9月就已创设，在当时还引起了很大的反响。根据相关调查，我们得知，该站是由张先芬女士发起创立。她之所以创设此站，主要是与她的亲身经历有关（张先芬女士婚姻不顺，曾三次离婚，并且在此过程中也饱受家庭暴力与社会歧视之苦）。在离婚后，她无意间了解到在国外有很多受虐妇女避难所，专门对一些特殊妇女提供救助。因此，她就萌生了在中国创设类似组织的想法，为像她这样的受虐妇女提供一个栖身之地。紧接着，她在自己公司的厂区腾出一个二百余平方米的房屋，并投入大约十三万元的专项资金，购办了五十余个床位以及相关生活用具和书籍，并且还设立了热线电话。该站不仅为广大受虐妇女提供暂时的、免费的食宿以及生活保证，而且还可以给她们提供合适的工作，并按劳付酬。“婚姻避难站——武汉新太阳女子婚姻驿站”在创建之时，就得到了湖北省民政厅与妇联等相关部门的大力赞扬和扶持，并在全省范围内加以推广。在1999年，孝感市妇联创立“孝感市妇女儿童庇护中心”，2001年11月，它又被改名为“孝感市妇女儿童绿荫庇护中心”。①

### 四　我国妇女维权法律救助存在的问题及主要出路

在妇女维权的法律救助上，国家的角色和功能我们就不再论及了。在这里，我们主要讲述和分析的是民间组织的角色和功能。毕竟，这才是世界发展的潮流所在。笔者主要是选取几个在我国比较有影响力的民间法律救助组织，对它们的创建背景、发展历程以及主要业务和取得的成绩进行简单的介绍，并据此对它们在运行过程中所遇到的各种问题进行简要论述，以找出相应的解决路径。

---

① 主要可参见李莉、李玲《妇女NGO在反家庭暴力中的社会救助机制与行动策略——基于湖北妇女NGO发展的调查》，《中华女子学院山东分院学报》（现《山东女子学院学报》）2010年第2期。

### （一）几个比较典型的妇女维权法律救助组织

时至今日，我国已经组织和成立了大量有关妇女维权法律救助的民间公益组织，这些组织尽管存在着这样和那样的问题，但是，毫无疑问，它们对于我国的妇女维权法律救助事业的发展大有裨益。比较典型的主要有如下几个：

1. 武汉大学社会弱者权利保护中心

武汉大学社会弱者权利保护中心（以下简称“中心”）成立于1992年5月，由现任全国人大常务委员会副委员长万鄂湘教授发起创立。作为“中心”发起人的万鄂湘教授于我国人权法领域有非常深入的研究，最初，他曾多次访问欧洲的各个名校，在回到母校之后，他深刻体会到在当前的时代背景下，我国社会弱势群体的合法权益非常容易受到侵害，同时却又缺少相关的公益性法律援助机构，那些拥有高学历的法学院学生也很难参与到法律实践之中，有鉴于此，他才有了要设立全国首家依托高校向社会弱势群体提供公益服务的民间法律援助机构的想法。有了万鄂湘教授的极力倡导，该“中心”最终得以组建并创立，其将教学、实践以及科研融为一体的构想深深吸引了当时的法学院院长马俊驹教授，从而赢得了马教授的大力支持。此外，中国已故著名法学家、武汉大学法学院教授韩德培先生、马克昌先生以及何华辉先生和余能斌先生等也纷纷对该“中心”表示支持，欣然应聘担任“中心”的法律顾问，法学院一大批中青年骨干教师对此也是响应者众多。

1992年5月20日，武汉大学社会弱者权利保护中心正式挂牌成立。武汉大学法学院的历任院领导都对“中心”的发展给予了大力的期盼和支持。2003年1月24日，“中心”在湖北省民政厅正式注册，成为湖北省第一家注册的，提供法律援助的民办非企业单位。自“中心”成立以来，近四十名国内国际知名法学专家、教授和众多的青年志愿者投身其中，积极参与“中心”运行，为保护社会弱者的合法权利，伸张社会正义，促进社会公正，做出了不懈的努力。2003年年初，“中心”成为全国第一家在民政部门注册登记的民间法律援助机构。

“中心”自建立之初就将“以最优秀的法律人才为最需要帮助

的人依法提供最优质的服务”作为宗旨。十几年来，“中心”始终信守“三最”的承诺，面向全国为社会弱者义务提供法律服务，许许多多自身权益受到侵害而又无法得到法律保护的妇女、未成年人、残疾人、老年人、劳工和“民告官”者等，在这些教授、学者和志愿者的帮助下依法讨回了公道，走出了绝望和无助的困境，自身合法权益得到了很好的维护。据统计，迄今为止，“中心”已接待咨询100000余人次，回复信件近50000余件，电话咨询60000余次，通过中心的网站提供法律意见3000余次，代理诉讼案件达28650余起，胜诉率达78%。

另外，“中心”还多次组织志愿者开展形式多样的普法和调查活动。“中心”多次深入到各市区中小学、各级妇联和青少办，举办和开展大量法律服务培训；“中心”多次组织志愿者进行街头法律宣传教育及咨询活动。每年假期，“中心”还组织志愿人员奔赴各地，开展社会调查，撰写社会报告，向有关部门反映法治建设的问题，促进公民法律意识的提高，使其关注社会，服务社会。

“中心”共设置有六个部门，分别是妇女权益部、未成年人权益部、残疾人权益部、老年人权益部以及劳工权益部和行政诉讼部。同时各部设置有部长、执行部长、专职律师等职位。武汉大学法学院的研究生和本科生在空闲时间，可以志愿参与“中心”的法律援助实践。为了更好地加强理论学习，完善理论建设，“中心”将之前关于法律援助的成功经验进行总结和整理，为更好地指导法律援助实践做准备，同时“中心”内的资深教授以及学者们还编写了若干套关于法律援助方面的丛书。比较典型的有“社会弱者权利保护理论与实务丛书”。这其中，譬如《社会弱者权利论》《欧洲人权法院判例评选》《法律文书大全》等书已经出版发行；由最高人民法院出版社出版的《百姓法律问答》丛书，共包括10本，其已于2004年全面发行；武汉大学出版社出版的《权利救济理论与实务》《行政诉讼权利救济理论与实务》《刑事被害人权利救济理论与实务》《妇女权利救济理论与实务》丛书也已陆续出版发行。此外，湖北省工会在“中心”设立了女职工权益保护站，开通了女职工权益咨询热线，由“中心”工作人员为求助者义务解答咨询。

作为全国首家专门从事社会弱者权利保护的机构，该“中心”自成立以来获得了社会各界的广泛赞誉和好评，也因此一直得到了海内外热心人士和组织的关注，每年来“中心”参观访问、交流、指导工作的国内外机构和人员络绎不绝。在2002年5月25日至26日，“中心”成功举办了成立十周年庆典暨民间法律援助论坛，这也是中国第一次民间法律援助论坛。全国人大常委会副委员长何鲁丽、最高人民法院院长肖扬、全国政协副主席罗豪才欣然为“中心”题词；团中央书记处常务书记、全国青联主席孙金龙、湖北省委副书记、常务副省长邓道坤等中央、省、市领导莅临会议祝贺。

2. 北京大学法学院妇女法律研究与服务中心

北京大学法学院妇女法律研究与服务中心（以下简称“中心”）成立于1995年12月，是中国第一家专门从事妇女法律援助及研究的公益性民间组织。“中心”以妇女这一特殊的弱势群体为服务对象，以提供法律援助为救济途径，致力于中国贫弱妇女的维权事业，以独特和创新性的视角为中国的贫弱妇女排忧解难，维护她们在社会、政治、经济生活中的合法权益，继而唤醒她们的维权意识和法律意识，消除她们精神和文化上的贫困，促进她们人格的发展和完善，帮助她们最终走上自尊、自立、自强之路。

“中心”自成立伊始，就确定了“厉行法律援助，保护妇女权益，维护法律公正，研究妇女权益问题，推动国家法律援助和妇女权益保障事业的发展”的宗旨，依照此宗旨将工作内容确定在如下几个方面：为全国妇女无偿提供来电、来访、来信及电子邮件的法律咨询服务；承办重大、典型、疑难及具有代表性的妇女权益案件，为贫弱女性当事人提供免费法律服务；办理公益诉讼案件，推动中国公益诉讼事业的发展。研究妇女权益保护的热点、难点问题，撰写研究报告，并通过有关渠道向国家立法、司法和行政机关提供有关妇女权益保障的法律意见，推动妇女法律制度的改革和完善与国内、国际妇女权益保护组织、法律机构、高等院校及专家学者广泛联系与合作，共同探讨妇女权益保护和妇女法律援助与公益诉讼的理论与实践。与新闻单位密切合作，向社会宣传保护妇女权益的法律知识，提高广大妇女的法律意识和维权意识，增强全社会对妇女权益问题和妇女法律援助的关心和重视程度。

“中心”作为一个公益性民间组织，与其他机构相比，有其自身的特点和优势，“中心”在运作过程中充分发挥了这些特点和优势，采取了一系列符合中国社会情况和特点的工作方式：“中心”依托于北大法学院的法学专家群体，能够为“中心”工作的开展提供广博的法律知识和充足的人力资源。“中心”成员中既有多年专门从事妇女法律研究并具有广泛社会影响的著名教授，也有北大法学院各专业的教授、副教授，还有一批非常优秀的法律各专业的研究生。高层次的学术人才和法律专业优势，为“中心”提供了高起点、高层次的工作条件。“中心”以有关律师事务所的部分专、兼职律师作为骨干成员，这些律师既具有奉献精神，又具有丰富的律师工作实践经验和较强的组织协调能力，为“中心”工作的高水平、高效率奠定了基础。同时，“中心”还广泛吸收了学术界、司法界、妇女界及新闻界的有关人士作为“中心”的外围成员，组成了专家小组，形成了广泛的、多层次的社会工作网络，增加了“中心”的社会影响力和感召力。“中心”根据中国妇女权益保护和法律援助的实际需要，将占人口半数的广大妇女这一特殊的社会弱者群体作为服务对象，为其提供法律咨询和法律援助，专门研究妇女权益保护的有关法律问题，形成了鲜明的专业特色。“中心”兼具研究与服务的双重职能，即通过“中心”工作这个窗口，了解妇女权益问题和法律援助问题并进行研究，反过来指导实践，推动法律的完善，从而达到理论与实践的紧密结合，具有深远的社会效益。“中心”顺应中国法律援助制度发展的需要和保护妇女权益的客观要求而诞生，其工作具有长期性、连续性和稳定性。“中心”立足北京，面向全国，服务于广大妇女，是一个具有代表性的公益性民间妇女法律援助机构。

北京大学法学院妇女法律研究与服务中心自1995年成立以来，运用国际NGO理念，致力于本土化的改革与探索，以极具创新性和卓有成效的工作，惠泽了中国无数的贫弱女性，取得了巨大的社会效益，在中国民间妇女法律援助领域里创造了属于自己的辉煌。1996—2006年的十年来，“中心”共接待来电、来信、来访及电子邮件等各类法律咨询近60000多件，涉及民事、刑事及行政等多方面的法律范围，内容包含婚姻家庭、人身权利、财产权利、劳动权益等多个领域，地域涉及全国28个省、自治区、直辖市。在案件办理上，“中心”共为全国的贫弱女性当事人免费代理案件600多件，办理各类重大典型有影响力的案件和公益诉讼案件100多件，许多案件被媒体追踪报道，产生了较大的社会影响。在咨询和办案的基础上，“中心”也进行了一系列的研究工作。多年来，“中心”针对我国妇女权益实践中的诸多问题进行了多层次的研究，有的研究成果以立法建议的形式提交立法部门。十年来，“中心”成员撰写各类研究文章和报告200余篇，发表论文近百篇；举办各类研讨会或论坛60多次；向有关部门提交法律意见书、立法建议和报告70多件，一些建议已引起相关部门的重视并成功推动了有关政策的改革。“中心”还出版了《当代中国妇女权益保障的理论与实践》(中英文)、《中国法律援助的理论与实践》《家庭暴力与法律援助——问题·思考·对策》《妇女法律援助案件·指南》《婚姻家庭疑难百问》《人身权利疑难百问》《劳动权益疑难百问》《妇女权益保障工作常用法律法规汇编》《中国妇女劳动权益保护理论与实践》等10部书著，得到了受益人群的好评，取得了较高的社会效益。这些成果为进一步深入研究中国的妇女权益保障和法律援助制度，夯实了实践经验和理论根据。在公益诉讼的探索和推动上，“中心”紧抓现阶段妇女权益的重点、热点和难点问题，将公益诉讼的重点放在职场性别歧视、职场性骚扰、家政女工的权益保护以及农村妇女土地权益保护四个领域，办理了30多起典型案件，并采取多种策略和途径积极推动立法和政策的改革，特别是在高校女硕士、女博士的生育权受到限制的问题上，“中心”通过宣传相关案件、召开研讨会以及引发社会大讨论等途径，在推动相关部门对这部分女性群体生育权的限制性规定的改革方面发挥了重要作用，从立法的层面上解决了这一困扰在校女硕士、女博士们多年的限制性政策。

“中心”取得的工作成绩以及所带来的巨大影响力和社会价值赢得了社会、有关部门和领导以及国内外同行的赞赏和肯定，也受到了国内外诸多媒体的广泛关注，有媒体将“中心”誉为中国民间妇女权益保护和法律援助的积极倡导者和实践者。1998 年 12 月 4 日，全国人大原副委员长、全国妇联名誉主席彭珮云女士亲临“中心”指导工作，1998 年 6 月、2001 年 1 月和 2005 年 7 月，美国前总统夫人希拉里及国务卿奥尔布赖特、联合国秘书长安南夫人、联合国人权高专办公室副专员威廉·梅尔·康女士、欧盟主席巴罗佐夫人及大使夫人分别访问“中心”，对“中心”出色的工作给予了充分肯定和高度评价。十年来，先后有近百家中外媒体对“中心”及“中心”办理的重大案件进行报道，各类报道达 1000 多篇。2002 年，“中心”被中国《财经杂志》选为中国十大有影响力的民间组织之一。“中心”主任郭建梅与全球千名杰出妇女一起共获 2005 年诺贝尔和平奖提名，并被《南风窗》杂志评选为 2005 年的年度公益人物，被《中国质量万里行》杂志选入 2006 公益维权人物候选榜。

3. 北京红枫妇女心理咨询服务中心

于 1988 年 10 月成立的北京红枫妇女心理咨询服务中心（以下简称“中心”）作为一个非营利性的民间妇女组织，是由妇女问题专家王行娟女士和一群热衷于妇女事业的知识女性自愿组织设立的。该“中心”旨在研究改革开放背景下妇女运动的新问题和新特点，同时对提出的问题一一给出对策，积极地为有关部门贡献行之有效的意见，在做研究的基础之上，结合实践，切实致力于改善妇女的处境和地位。其作为一个社会公益机构，作为一个开放的妇女阵地，为一大批热衷公益、乐于奉献的志愿者提供了施展抱负的平台，相信他们定能在助人为乐的道路上大放异彩。

“中心”的宗旨是，为城乡的妇女、儿童与家庭提供心理咨询与社会服务，开展社会性别和以人为本的研究与政策倡导，推动和谐社会的建设。具体的有下列各方面：普及心理健康知识，提高女性心理健康水平，为妇女提供心理咨询服务。将心理咨询服务推进到社区。关注弱势妇女群体的心理需要，开展多种服务，帮助她们调适心理，缓解压力，提高生活质量。唤起妇女的主体意识，挖掘妇女的潜力，促进妇女的成长。实行服务与研究并举的方针，研究和反映妇女的需要，向有关部门提出政策性建议和意见，为保护妇女的权益，实现男女平等，以及为妇女的自我实现创造良好的外部条件。通过培训等多种形式和渠道传播社会性别、以妇女为本的观念，推进社会性别观念纳入社会主流，纳入到社会经济和社会政治生活的方方面面。时至今日，“中心”创设得比较有特色的项目有开通妇女热线、开展家庭问题社区干预实验项目、开办方舟家庭中心，等等。

“中心”不仅在国内拥有大批的支持者，于国际上也享有相当高的知名度。1995 年联合国第四次世界妇女大会上，其是联合国经社理事会第一批承认为中国 NGO 的少数几个组织中的一个（当时称为中管院妇女研究所）。“中心”也是唯一可以派观察员出席政府会议的民间组织。此后，“中心”还参加了联合国召开的北京+5、北京+10 大会。同时“中心”海纳百川，积极保持同国内外一些民间组织以及学者的交流。正是因为有了这些交流，“中心”显然更加具有活力，不仅开阔了视野，更是紧紧把握住相关领域的最新动向，在该领域内处于遥遥领先的地位，从而开展了许多具有前瞻性的活动。“中心”不断推进与国际上相关人士的交流，在频繁的礼尚往来之中，渐渐形成了深厚的友谊。一些人士为了帮助“中心”解决面临的问题，专门到当地的图书馆收集相关资料，不辞辛苦地查找、复印资料，然后寄到中国来。还有一些朋友专程来到中国，分文不取地向志愿者们传授相关课程，以提高志愿者的专业水平，真可谓是“有朋自远方来，不亦乐乎”。一些朋友则帮助红枫的人员得到相关机构的资助，甚至让参会的人员住在自己家以解决住宿问题，使“中心”有机会参与到国际交流之中，等等，此类事件不胜枚举，“中心”将会永远感谢并铭记那些帮助过“中心”的海内外朋友们。在“中心”的一面墙上，贴满了资助过“中心”的机构和个人，深深体现着“中心”的感激之情。与此同时，“中心”也获得了国际社会的肯定。在 2007 年 3 月，“中心”理事长王行娟和国内 3 位女性一同获得了美国维护世界妇女权益的组织“重要之声环球合作伙伴关系”颁发的“2007 年全球领导奖”。此外，1993 年王行娟还获得了北京市委宣传部颁发的“老有所为优秀共产党员奖”，1999 年获得中国心理卫生协会优秀工作者奖。2005

年，王行娟在“全球千名妇女争评2005年诺贝尔和平奖”活动中获得了提名。

（二）我国妇女维权法律救助存在的问题

虽然，上述这些“中心”在妇女维权的法律救助上尝试采取了很多相对灵活的途径与技巧让“中心”能够顺利健康发展并因此取得了令人瞩目的成绩。但是，也不可否认，“中心”在运作的过程中也经历了诸多艰难和曲折的困境。简而言之，主要有如下几个：

1. 认识方面的限制

妇女维权救助面临的第一个问题就是社会认识，即国家和社会对这些民间法律救助组织怎么看待？国家对这些民间法律救助组织是一个什么样的看法？又会具体去怎么看待这些民间法律救助组织的成立和发展？众所周知，长期以来，中国文化传统中有一种单一而非多元的特征，整个社会可以说已经习惯了单一化的组织类型以及单一化的运作方式。在这种“一元化”文化理念下，中国人已经形成了一个根深蒂固的理念，即民间就意味着非政府，非政府就是一个无组织、无纪律的状态。我们要想去改变和消除这种老化和腐朽的观念是非常困难的。[①] 在现如今，我国的一些民间组织还无法获得社会的广泛认可和理解，也因此难以得到官方的有效支持与配合。因此，我们可以这样说，这些民间法律救助组织在运行过程中所可能遇到的首要障碍和困难就是来自于人们思想上的局限，换句话来表述，就是说中国的整个社会根本就还没有做好接纳和认可民间组织的思想观念准备。这也是上述那些“中心”在早期创建和发展过程中之所以备受“关注”并常常遭遇“敏感”的一个非常重要的原因。

2. 资金方面的限制

在我国，妇女维权民间法律救助组织在创建和运行过程中大多数都会存在着资金来源渠道单一，资金保障不足的困境，这也是我国民间社会组织基本都会面临的一个现实问题，上述这些“中心”

① 参见王向南《中国非营利性组织发展的制度设计研究》，博士学位论文，东北师范大学，2014年。

当然也不例外。通常而言，资金保障是这些民间社会组织发展过程中一个最为关键的保障，但目前在法律上，我国的民间组织还无法依据法律从政府获得必要的资金政策上的扶持和帮扶，也难以像国外的一些民间组织一样可以从社会上进行广泛的募集，以获取所需要的资金。以上述的几个“中心”为例，成立多年来，它们主要是依靠福特基金会的帮扶与资助而保持良好发展与运行，相反，国内的资金筹集渠道却非常稀缺，这也导致这些机构的稳定性和持久性难以得到根本的保障。

3. 人员方面的限制

上述这些“中心”的工作任务量往往非常大，并且大都还十分复杂。可以说，这些社会组织法律援助的供求情况非常不平衡，两者之间的矛盾也非常突出。此时，资金上的缺乏又直接造成这些社会组织的福利待遇水平不是太高，这继而造成这些组织专职工作人员的不足，而且通常还具有很高的流动性。造成这种现状的缘由归纳起来主要有两个：一个是来自于社会，即中国社会还没有为专门从事公益事业的律师提供相应的生活保障，也没有搭建相关的制度对专门从事公益事业的人员予以奖励和支持。在这种现状下，再加上让人望而生畏的工作任务量，是不可能指望人们能够长久地专注于此了。毕竟，在市场经济条件下，每一个人都会面临生存问题，这是每个个体都无法回避的一个现实问题。另一个原因则可能要联系到当今中国人的精神状态问题。众所周知，中国改革开放后的剧烈社会变革给人们精神上带来了极大的冲击，导致在这个社会理想和现实、奉献和索取之间的往往存在着非常严重的冲突，社会公共意识、奉献意识、服务意识的提高也因此受到了很大的影响。[①] 报酬低、资金不稳定、工作负担重不仅使许多律师对高校民间法律援助机构望而却步，法律院校的老师也难以满腔热情投身于法律援助事业。目前，在我国知识分子的待遇还有待进一步提高的情况下，在完成繁重的教学任务而又还有余力的老师大多选择到营利性律师事务所兼职。而专职的督导学生进行法律援助实践的老师的缺乏，

① 参见张琳《现代性的信仰困境与信仰塑造》，博士学位论文，复旦大学，2012年。

又使高校法律援助不能很好地配合课堂教学的内容，影响了其在法学教育中发挥应有的作用，也使得高校法律援助机构无法吸引更多的法律系学生参与。

（三）我国妇女维权法律救助的主要出路

针对我国妇女维权法律救助制度现今存在的一些主要困境，结合一些域外国家的有关经验，并根据中国的现实国情。笔者认为，为了建立健全我国妇女维权领域的法律救助制度，今后需要在如下几个方面作出努力：

1. 把妇女维权法律救助作为一个独立的体系

在建立完善我国整个社会法律救助制度的同时，国家应当对妇女维权领域的法律救助制度的建立完善给予一个更为特殊的重视和关照，在法律保障上、经费支持上以及机构和人员的配置上等方面都要基于相对倾斜的政策。换而言之，就是要把妇女维权法律救助工作作为一个独立的体系来加以对待。至于其缘由，主要是考虑到任何一项制度和政策都是根据实际需要制定出来的，而现实情况呼唤妇女维权法律救助制度的发展和壮大。囿于生理构造、历史文化传统以及现实环境等一系列因素，妇女最容易遭受来自各方面的侵害，而妇女文化水平和经济地位又普遍低于男性。这就决定了妇女往往比男性更为缺乏保护自己的能力，是一个最需要帮助和保护的社会特殊弱势群体。[①] 另外，考虑到妇女的总数在国家总人口中占据了半壁江山，其维权工作在整个国家法律救助体系中占据着至关重要的地位，并且妇女维权法律救助大都具有其自身比较独特的特征和需求。这种状况必然要求国家创建和完善同这种状况相适应的法律救助制度和体系，并配备充足的、专业的硬件设施和软件设施，为其运行和发展提供保障。

2. 大力鼓励和扶持民间法律救助工作的开展

众所周知，对社会弱势群体进行适当的法律救助在本质上是一种“国家责任”或者“国家义务”，但这并不意味着必须由国家进

① 参见钟云萍《妇女人权的现状、原因及保障机制》，《湖南科技学院学报》2005年第12期。

行包办。相反，理想的法律救助模式应当是在国家的指导和监督下，允许多种形式的法律救助存在，采取官办和民办双轨共同发展。[①] 另外，法律救助在性质上也是属于一种公益性慈善事业。这项工作是一项社会性很强的工作，必须得到社会各个方面的支持，需要民间一些热心公益事业的人来参与。具体而言，国家在关注政府法律救助组织发展的同时，也应当与那些民间法律救助组织建立一个经常性、持久性的联系和沟通机制，及时就它们在物质保障、人员配备以及运作过程中所遇到的各种困难进行有效的沟通和协调。另外，为了保证民间法律救助组织的正常运转和发展，国家还有必要建立健全相关审批和管理制度，对这些民间救助组织的人员资格、经营场所以及经费保障等问题确定一个基本的标准并展开定期的审查与支持。

3. 建立起政府和社会相结合的资金筹集体系

如前所述，资金保障问题是制约我国妇女维权领域法律救助组织运行和发展的一个极为重要的瓶颈。有鉴于此，政府应当首先积极给予这些法律救助组织一定的财政支持，比如，可以建立专项“民间法律救助基金”，对那些符合审批条件的民间法律救助组织的创设与运行提供一定比例的资金支持。同时，国家也可以考虑建立一个适当的奖励制度，对那些在妇女维权法律救助领域运行状况比较好，取得很多实效的民间法律救助组织，给予一定数额资金奖励。当然，考虑到我国目前的财政状况，国家应当利用政策、宣传、奖励等方式，积极争取国内外社会各界的捐助，吸收社会资金参与支持妇女维权法律救助组织的发展。比如，考虑到在现代社会，企业对自身的社会声誉越发重视，政府可以对资助的单位、企业以及个人通过一定的方式予以表彰，以提高其社会声誉，还可以通过减免税收的方式予以适当鼓励，继而借此构建起一个健全、完善、畅通的妇女维权法律救助的社会筹资渠道。[②]

---

① 赵讯：《弱势群体保护的社会契约分析》，《政法论坛》2007 年第 4 期。

② 北京大学法学院妇女法律研究与服务中心编：《当代中国妇女权益保障的理论与实践》，中国工人出版社 2001 年版，第 455—457 页。

4. 培训一批热心妇女权益保障事业的女律师

民间法律救助组织应该有专职的或者兼职的律师，以解决目前面临的办案需要的连续性和救助组织成员流动性大之间的矛盾。同时，专门的法律工作需要专门的法律人才，目前妇女法律救助面临的一个很重要的问题就是一些专业人才的缺乏，而这些专业人才往往又是发展妇女法律救助事业的一个基础。目前，在我国，正在从事妇女法律救助以及有从事妇女法律救助意愿的人非常的少，而在这些正在或者愿意从事的人当中，又具备相应专业知识和技能的人则更加少了。在现实中，法律救助的工作者们所面对和处理的往往是一些陈年旧案与疑难杂案，这需要很强的工作能力和工作技巧，才能帮助那些求助者。同时，妇女普遍文化素质较低，这不仅要求法律救助的工作者们要具备必要的基础法律知识，还需要他们懂得运用很多的心理辅导知识和心理辅导技巧。这并不是一般人所能胜任的。故此，政府应当主动去培训一批敬业、合格的律师，从人力上保障广大妇女对法律救助的需求。

## 第二节　创建公益诉讼制度

改革开放以来，随着我国妇女权益保障事业的不断发展，妇女群体的权益保护工作也取得了很大的进展。但是，这并不意味着中国妇女权益保护的状况是乐观的。近年来，随着经济全球化速度的加剧以及中国社会转型的加速，侵犯妇女权益的行为与现象呈现出日益复杂化、团体化以及规模化的趋势。现有的救济机制和规则日渐难以应对。因此，如何切实保护在社会中处于弱势的整个妇女群体的合法权益问题，进一步减少和扫除相关制度和立法、执法中对妇女维权的现实障碍，已经成为落实妇女权益的关键问题。近年来，理论界对公益诉讼制度作了积极探讨，司法实践中也不乏大胆的探索，本文在借鉴国外相关司法经验的基础上，尝试分析了在我国现阶段构建公益诉讼制度的必要性和可行性，并提出一些初步的建议与看法，以期对我国妇女权益保护问题和公益诉讼制度的建立和发展有所裨益。[①]

## 一　新时期妇女权益侵害的现状及其特点

自新中国成立以来，尤其是改革开放以来，我国在妇女权益的保护方面已经取得了非常大的成就，这是有目共睹的，不可否认。但是，我们也必须意识到，随着全球化进程的不断推进以及经济社会的日渐发展，当前，在妇女权益保障上我国已经逐渐出现了一些新的情况，主要体现为：一些国家政策，乃至立法隐藏着一些歧视妇女的内容和条款；妇女的政治权利行使得不够充分，妇女的参政程度以及其在社会中所享有的实际地位与她们在社会中真正扮演的角色不相适应；妇女面临的就业环境与竞争环境都逐渐加剧，包括政府机构在内的劳动力市场对女性的各种性别歧视现象依旧大量存在；婚姻家庭领域内依旧存在一些比较突出的问题，典型的如家庭暴力问题；等等。[②] 上述这些现实问题都对我国传统妇女权益保障工作的思想观念、运作机制以及救济路径等提出了比较新的要求和挑战。

同时，随着妇女权益保障领域一些新现象的产生，妇女权益的损害也开始呈现出一些新的特点。主要表现有两个：第一，侵害的对象呈现出群体化与团体化的趋势。社会主义市场经济的不断发展，对我国社会各个方面都产生了一定影响。比如，一些典型妇女群体的出现——“打工妹”群体、下岗女职工群体以及女大学生群体和农村留守妇女群体，等等。这些群体是我国社会发展的真实反映，它也让妇女侵权领域的对象呈现出一种群体化和团体化的趋势。现实中，“打工妹”群体的权益受到集体侵犯、女大学生群体就业遭到普遍歧视等现象比比皆是。第二，侵害的客体呈现出多样性和复杂性的趋势。随着社会主义市场经济的不断发展，在妇女侵权领域的客体上，也有很大的变化。在同一个案件中，可能既有对

① 林小毅：《从妇女权益保护看公益诉讼制度的建立》，《中华女子学院学报》2007 年第 6 期。

② 顾秀莲：《与时俱进，开拓创新，把妇女维权工作提高到新水平——顾秀莲在全国省区市妇联主席工作会议上的报告》，《中国妇运》2002 年第 11 期。

人身权益造成的损害，也有对劳动权益造成的损害，还有对教育权益造成的损害。另外，还需要特别指出的是，在实践中，已经出现了很多并没有直接的受害对象，但却侵犯妇女基本权利的案例。比如，在社会文化的宣传中，往往对妇女地位和妇女角色的宣传存在一定的偏见。虽然这并没有侵犯哪位具体妇女的权益，但是实际上它也对我国妇女群体的权益造成一定损害。总而言之，上述这些新的变化和新的趋势都对我国妇女权益维权领域的思想观念、运作机制以及救济路径等提出新的要求和挑战，需要及时作出调整和改革。①

### 二 传统救济机制在妇女维权上的局限性

我国《妇女权益保障法》第二条第二款规定："实行男女平等是国家的基本国策。国家采取必要措施，逐步完善保障妇女权益的各项制度，消除对妇女一切形式的歧视。"目前，我国妇女权益侵害领域呈现出了一些新的特点，如侵害对象的群体化和团体化、侵害客体的多样性和复杂性等，并且侵害的手段也日益隐蔽。这就决定了我国传统的妇女维权机制在面对新型妇女权益侵害现象时，必然会捉襟见肘，存在一定的局限性。具体而言，主要有二：

#### （一）妇女权益保护相关法律在维权方面的局限性

时至今日，我国已经初步形成以《宪法》为统领，以《妇女权益保障法》为核心，涵盖《婚姻法》《继承法》以及《民法通则》和《刑法》等诸多法律、行政法规及部门规章以及地方性法规和地方政府规章在内的一套完善的妇女权益保护法律体系。但是，要想将这些法律所赋予妇女的法定权利转变成一些现实的权利却是一个很漫长的过程，并且还需要一系列配套机制的保障。尤其是在当前中国的社会转型时期，妇女各项权益的保障可以说更加困难和复杂。现今我国该领域的相关法律还存在着很多的不足之处，包括《妇女权益保障法》在内的法律，往往规定的内容都比较抽象和空

① 可参见周湖勇、许悦《公益诉讼：妇女有效维权的新途径新尝试》，《人权》2008年第5期。

洞，在实践中缺乏可操作性，许多条款往往仅仅起着宣示性的作用，并不具有现实上的可诉性。更何况，我国也没有创建一个专门的机构来具体负责与监督这部法律的贯彻落实。虽然新修订的《妇女权益保障法》针对原《妇女权益保障法》所存在的制裁措施不够全面、救助途径不够健全、内容表述不够具体等诸多问题已经进行了适当的完善，而且在实体上还学习和借鉴了一些法治发达国家在妇女权益保护上的先进经验，如创设了法律援助、司法救助等诸多保障措施，特别强调了各个政府部门的主要职责，等等。但是，该部法律在程序方面依旧存在很多不合理之处，比如，其程序性条款仍然大多数是一种宣示性的，并没有现实中的可诉性；它仍然没有创设处理妇女权益争议的专业化机构与专业人员，也没有形成一个独立的妇女权益保障争议诉讼程序，等等。如《妇女权益保障法》第五十三条规定："妇女合法权益受到侵害的，可以向妇女组织投诉，妇女组织应当维护被侵害妇女的合法权益，有权要求并协助有关部门和单位查处。有关单位应当查处，并予以答复。"《妇女权益保障法》第五十四条规定："妇女组织对于受害妇女进行诉讼需要帮助的，应当给予支持，妇女联合会或者相关妇女组织对侵害特定妇女群体利益的行为，可以通过大众传播媒介揭露、批评，并有权要求有关部门依法查处。"这两个法律条款虽然明确规定了各级妇联组织在开展妇女维权工作时所享有的权利以及进行维权的方式和路径，等等。但是，我们同时也应当看到，它并没有对相应的法律责任和法律后果进行规定。众所周知，诉讼是保障妇女权益的一个最为有力的路径，虽然法律规定妇联可以帮助妇女进行起诉，但其并没有同时规定对妇女开展帮助的具体形式以及妇联在诉讼中到底具有何种地位等实质性问题。[①] 另外，在我国，由于宪法诉讼的缺乏，这造成侵犯妇女基本权益的一系列事件和行为根本不可能通过诉讼的路径去获得《宪法》上的保护。

### （二）传统诉讼制度设计在妇女维权方面的局限

大家都知道，在我国三大诉讼类型中，一直都只受理有关"利

① 具体可参见袁锦绣《妇女权益保护法律制度研究》，人民出版社 2006 年版。

害关系人”的诉讼，换而言之，只有起诉人和侵权行为存在一定的诉讼利益时，法院才会予以受理。例如，《民事诉讼法》第一百一十九条规定原告必须与本案有利害关系，《行政诉讼法》第二条、第四十一条也规定原告只能针对行政行为侵犯的合法权益而提起诉讼，《刑事诉讼法》第一百零八条规定，自诉案件必须存在自身合法权益受到侵犯的情况。上述这些规定被统称为“直接利害关系原则”。所以，在现今情况下，当妇女的一些权益遭到侵害时，如果并没有直接的受害人或者只是与一些抽象行政行为发生关系，那么她们是不能直接向法院提起相关诉讼的。这时候，这些受害人通常只能向有关政府部门进行反映。另外，我国的行政诉讼法只有针对具体行政行为不服而直接提起行政诉讼的规定，并没有建立一个通过行政诉讼来保护社会公共利益的机制。这就导致实践中一些侵害妇女权益的行为无法进入诉讼通道内，典型的如妇女就业歧视，即便有的侵权案件最终进入诉讼并且获得胜诉，这个判决通常也仅具有个案上的效力，而不及于其他同类案件。这时候，一旦其他妇女遭受到同样的侵害，则又需要重新进行诉讼，费时、费力。对于那些没有具体受害人的侵权案件，如涉嫌歧视、诋毁妇女形象和人格的信息、广告、启事、言论，等等，更加无法进入到诉讼程序。总而言之，上述这些不科学、不合理的制度设计决定了我国诉讼制度在妇女维权上的局限性，对我国妇女维权造成很大的影响——广大妇女不仅可能会由于个人力量上的不足而经常造成败诉，甚至还会由于诉讼资格上的限制而根本难以进入诉讼程序。①

## 三 国外关于妇女维权中公益诉讼的规定

“他山之石，可以攻玉”，在公益诉讼的制度构建上，尤其是妇女维权领域的公益诉讼制度构建上，国外一些国家已经开展了很久，并因此积累了较为丰富的经验。对这些经历和经验进行较为详细的介绍，并加以适当借鉴和吸收，对我国日后建立和发展妇女维权

① 具体可参见徐卉《反家暴立法中的证据规则与公益诉讼机制》，《妇女研究论丛》2014 年第 5 期。

公益诉讼十分必要，我国妇女权益的整体保障工作也会因此而受益。

所谓公益诉讼，即指为维护公共利益而提起诉讼及诉讼运行的系列制度的总称。具体而言，主要是指法定的主体（包括国家机关、社会组织和个人）依据法律的规定，对违反法律、法规，侵犯国家利益、社会利益和不特定多数人的利益的行为，向法院起诉，由法院追究相关人法律责任的一种活动。[①] 公益诉讼是一种新型的诉讼制度，区别于传统的保护个人利益的私益诉讼（包括刑事自诉、民事诉讼、行政诉讼）。公益诉讼在保护弱势群体的利益方面可以发挥传统诉讼难以取得的作用，这一点在西方一些发达国家已经获得较好的社会效应。在国外，公益诉讼一直受到支持和重视，运行得也较好。根据公益诉讼在世界各国的实践来看，许多国家都通过立法和判例赋予社会团体提起公益诉讼的资格，在原告资格比较保守的大陆法系国家，也大都赋予社会团体原告资格。

在法国，法律会赋予某一类团体以团体的名义起诉的权利，而可以成为原告的团体通常包括工会、禁酒同盟和家庭团体的全国性组织和地方支部，以及为取消种族歧视、卖淫而设立的社会团体。为了使诉讼权利不被滥用，法国法律往往会在团体诉讼资格上予以某些限制，相关的法律为了保证团体的宗旨目标不被改变、实际行为能力不被影响与削弱，会在这些团体之中做出选择，而只有那些服务于公共利益，同时具备实际行动能力的团体或者集团才能获得此项资格。其实，法国法院早于 1913 年就曾作出这样一个判决：认为一行为直接或间接侵害团体利益的，该团体可以作为原告。在此之后，要成为原告就不仅仅只限于涉及团体利益了，而当该团体的成员的利益遭受损害之时，该团体也是可以提起公益诉讼的。

在德国，有检察官提起的诉讼和团体诉讼，团体诉讼分为禁止之诉和为团体成员提起的损害赔偿之诉。[②]

在我国台湾地区，同样对那些以公益为目的而提起诉讼的相关团体赋予原告资格。

① 具体可参见韩波《公益诉讼制度的力量组合》，《当代法学》2013 年第 1 期。

② 具体可参见张兴国《德国社会团体民事公益诉讼主体资格研究及借鉴》，《河北青年管理干部学院学报》2012 年第 5 期。

在公益诉讼比较发达的英美国家，其公益诉讼的原告不仅包括检察机关、社会团体，同时可包括个人。而在美国，则是将提起公益诉讼的资格广泛地赋予公共福利社团，譬如环境保护组织、土地资源保护组织，等等。①

在英国，依据法律设立的平等委员会、种族平等委员会等组织有权利提起诉讼。英国于1976年成立了“机会均等委员会”，其是独立于政府的，有权力发布解决歧视问题的实施准则，并可以依据性别歧视法提起诉讼，尤其是团体诉讼。譬如英国妇女组织曾起诉要求将拳击手泰森驱逐出境。②

## 四　我国妇女维权中公益诉讼的制度设计

单独就公益诉讼而言，其在中国刚开展不久，尚缺乏诸多可以借鉴的实践经验，在运行中也出现了许多困境，特别是公益诉讼激励机制在立法上未能得到确立和保障。公益诉讼制度的现状与公众对公益诉讼的大量需求存在结构性的矛盾。于妇女维权上的公益诉讼而言，这种矛盾则更加突出。其他公益诉讼可能会遇到立法、执法的困难，而妇女维权上的公益诉讼则还会面临文化、观念的阻碍。所以，可以说这个制度是一个特别具有挑战性和前瞻性的事业。③ 有鉴于此，我们必须对该项制度的受案范围、提起主体以及诉讼被告做出精准设计。

### （一）受案范围

“从政治目标到法律话语，诉讼不再仅仅是当事人个体寻求自我救济的方式，而是成为一种倡导方式，公益诉讼致力于通过某种给社会整体带来影响的方法改变法律或法律的适用方式。妇女权益保护公益诉讼也具有同样的特性，它不再仅仅是妇女个体的诉讼，

① 具体可参见肖建国《民事公益诉讼的基本模式研究——以中、美、德三国为中心的比较法考察》，《中国法学》2007年第5期。

② 具体可参见温其如玉《英国公益诉讼不乏启示》，《检察日报》2015年7月30日第003版。

③ 郭建梅、李莹：《妇女权益与公益诉讼》，中国人民公安大学出版社2009年版，第116页。

它对于妇女群体、对于性别平等与性别和谐乃至于社会整体和谐具有了非同一般的意义。”① 在世界范围内，有关妇女权益保护的公益诉讼主要有三类：第一类是“宪法诉讼案件”。这类案件主要是对国家的立法权进行审查，以评估和判断国家的相关立法是否存在侵犯妇女权益的情形。第二类是推进性别社会结构变革的典型案件。这类案件的目的主要是通过实践中一些比较典型的案件来挑战立法或者执法中存在的各种缺失，继而为实现性别平等目标搭建一个社会行为模式。第三类是侵犯众多妇女权益的案件。这类案件的主要目的则是协调单个妇女间的行动，以增加她们同侵害者进行对抗的毅力和能力，继而更好地维护自身的合法权益。

必须承认，对于第一类公益诉讼，即保护妇女权益的“宪法诉讼案件”，目前在中国尚不存在制度基础，因为我国至今仍不存在违宪审查制度，时至今日，抽象性行政行为仍未被纳入行政诉讼受案范围；对于第二类，即推进性别社会结构变革的典型案件，在中国则有较大的发展空间。主要是因为改变这个性别不平等的社会结构，往往需要很多重力量的参与和支持，而这其中，司法的角色非常重要。对此，我国的《妇女权益保障法》已经明确要求司法机关对妇女侵权相关问题的介入，并对其在建设性别平等社会结构中的重要地位和功能加以承认。在现实中，针对此类案件的公益诉讼也已经有所实践。比如，2007 年，由北京大学法学院妇女法律研究与服务中心（以下简称“中心”）提起的“杨某人事争议案”，即为一个典型的“推进性别社会结构变革的典型案件”。具体案情大致如下：杨某于 2003 年 3 月与丈夫刘某一并调入北京某学院，但该学院并没有为杨某安排工作。直到 2003 年 9 月，杨某靠自己竞聘才进入该院的国际学院工作。2004 年，杨某转到该院政法系艺术教研室工作，成为在编教师，讲师职称。2004 年 8 月，杨某与该院签订聘用合同，合同期限自 2004 年 9 月 1 日到 2007 年 8 月 31 日。由于工作表现优秀，杨某聘用合同期满后又经过两次续签手续，被聘

① 沈国琴：《从政治到法律：妇女权益保护公益诉讼法律框架的构建》，《新视野》2011 年第 2 期。

为中级讲师，合同期限至2009年8月31日。2007年5月，刘某向该院递交调离申请书，院领导便通知其妻杨某的工作关系也将一同调出。此时，由于杨某刚生完孩子，尚在休产假。刘某多次代表妻子与院系沟通，但没有取得效果。该院在未通知本人的前提下，于2007年9月6日，单方面解除了与杨某之间的聘用合同。2007年，杨某找到“中心”，请求法律援助。“中心”委派律师代理本案，法院最终认为该院解聘杨某的依据明显存在不当，且程序不符合规定的调动程序，因而单方面解除合同行为无效，应当恢复与杨某的工作关系。本案的典型意义在于：对现今高校在引进人才过程中普遍存在的配偶“同进同出”的政策予以批评。该政策明显否认女性人格和劳动权的独立，将女性视为丈夫的附属品，并且将女性作为学校打击报复丈夫离职的牺牲品，有违男女平等原则。①

对于第三类，即侵犯众多妇女权益的案件，则应当成为我国妇女权益中公益诉讼的重点。由于受到侵害的女性数量众多，难以统一协调，倘若让她们单独行动，则明显效果不佳。再加上这些施害者往往都很强势，这进一步加重了妇女群体的维权负担。此时，由国家相关机构或者相关社会组织、单位，代表妇女群体提起公益诉讼，则再合适不过了。在现实中，这一类妇女维权公益诉讼案件多次出现。比如，在2007年，由中心代理的“35名女教师退休年龄纠纷案”就属于这种类型。详细案情大致如下：浙江省30多名女教师系20世纪80年代初接替离退休父母而走上教书育人的教师岗位的，经自身努力，先后取得合格学历、教师资格证书和中小学中级、高级职称，县教育局的教师名册上，每年都在她们的身份栏里填写干部身份。2007年6月15日，县教育局突然给多名分别于2003年、2005年退休的女教师发退休通知单，告知她们已经于2003年、2005年退休，并要求她们及时办理退休手续。经过了解，她们得知自己当了20多年的教师，却依然是工人身份，教

① 案例来自于郭建梅、李莹《妇女权益与公益诉讼》，中国人民公安大学出版社2009年版。

育局是按照工人身份强制她们 50 周岁退休的，这明显与国家相关规定有悖。[①] 事情发生后，这些女教师多次与县教育局协商，均无效果。2007 年 7 月，这些女教师们将该情况反映到该中心。中心认为，县教育局的行为明显违反了国家相关人事政策，侵害了这些女教师的平等劳动权，因此决定为这些女教师提供法律援助，并代理提起公益诉讼。法院于 2007 年 11 月 6 日开庭审理此案，中心代理律师出庭应诉，《中国妇女报》等多家媒体旁听。虽然此案最终由于各种原因败诉，但在此案后，该县教育局取消了今后对类似情况的女教师进行提前退休的政策。应该说，这些女教师用牺牲和抗争为后人赢得希望。[②]

（二）提起主体

一般而言，公益诉讼制度构建的首要问题就是其具体启动者，这也是公益诉讼制度构建过程中最为关键的问题。那么到底谁应该去充当妇女权益公益诉讼制度的具体启动者呢？从世界范围来看，在一般性的公益诉讼启动者的规定上，各国都可能会存在着些许的差异，但有一点却是极为相似的，即对于公益诉讼的原告，并非采取单一化的直接利害关系模式，而是采取一种多元化的模式，也就是除了直接的利害关系人以外，其他一些非直接利害关系人也可以去充当原告。具体而言，这类公益诉讼的原告主要有如下三种：检察官提起公益诉讼[③]、个人提起公益诉讼、社会团体提起公

① 根据原国家人事部于 2004 年颁布的《事业单位试行人员聘用制度有关工资待遇等问题的处理意见（试行）》之规定，这些女教师一直在教师岗位工作，并取得了中、高级职称，理应按干部待遇退休，即应该在 55 周岁退休。

② 案例来自于郭建梅、李莹《妇女权益与公益诉讼》，中国人民公安大学出版社 2009 年版。

③ 自现代检察制度产生以来，检察机关就以国家利益和社会公共利益的代表的面目出现。随着社会的发展和时代的进步，检察机关公诉权的行使已不再局限于刑事诉讼领域。在最早产生现代检察制度的西方法治国家，其检察机关就某些民事、行政案件享有公诉权与参诉权，已有相当之历史。而我国检察机关从建立伊始与行政机关即是一种各自独立、互不隶属的平行关系，为保护人权，维护法制统一、维护国家利益和社会公共利益，监督行政机关依法行政，由其对部分民事案件，尤其是以行政机关为被告的民事案件和部分以行政机关为被告的行政案件拥有公诉权和参诉权，即检察机关有权提起民事、行政公益之诉或客观之诉，这不仅合乎法理，而且在我国人大统一领导下的一府两院制这种政治体制之下，则更为必要。

益诉讼。

于妇女权益维护上的公益诉讼而言，在现阶段，由检察官作为提起主体，无论在我国的制度设计上，还是在通行理念上，都是不可行的，也是普通大众难以接受的。相反，对于个人提起和社会团体提起则比较恰当。对于个人，主要是指一些公益律师的参与。公益律师对于维护妇女合法权益，推进整个社会的男女平等发挥着重要作用。如此，为了鼓励社会中有更多的律师去从事妇女公益诉讼事业，政府应当逐渐创立一种胜诉奖励制度，即对于那些因公共利益而提起妇女公益诉讼，并且最终取得胜诉的律师，应当从法院对侵害者的经济惩处中抽取一定比例的数额作为奖励，给予公益律师；对于社会团体，当前在我国主要指妇联组织和一些公益社会团体，如北京大学法学院妇女法律研究与服务中心。妇联应当在维护我国妇女权益的公益诉讼中发挥一种主导的作用，无论从法律规定上，还是从社会观念上，妇联可以说都是广大妇女利益的理想代言人，也是广大妇女群众的最佳利益诉求者。但是，在今后，妇联要想应对和适应新形势下妇女维权的新要求、新需要，却必须要创新思想观念和制度机制，公益诉讼则是一个非常有效的路径。对此，妇联也理应在这个公益诉讼当中发挥一种主导性的作用。① 另外，对于社会公益团体参加妇女维权领域的公益诉讼，是当今世界的一个大趋势，它可以缓解政府的压力。然而，为了预防和杜绝一些社会团体滥用自己的这种诉权，国家机关应当制定相关法律法规对这些社会团体的资格进行明确的限制，并做好日常的审查、监督工作，并将审查监督的结果及时向社会公布，继而把这些团体置于千万大众的监督之下，以确定它们是否真正代表社会的公共利益，是否真正有能力去维护公共利益，等等。

---

① 妇女公益组织作为推动者往往有三种模式。一是妇女公益组织并非案件利害关系人，但有权直接以原告身份提起诉讼，典型代表是印度。二是妇女公益组织以法庭之友的身份参与诉讼，典型代表是美国。此模式中，妇女公益组织虽不能以原告身份提起诉讼，但可以作为与妇女有共同利益的一方积极推动妇女的诉求。三是妇女公益组织以中立者的身份参与诉讼，典型代表是英国。具体可参见沈国琴《从政治到法律：妇女权益保护公益诉讼法律框架的构建》，《新视野》2011 年第 2 期。

（三）诉讼被告

对于妇女维权领域中的公益诉讼而言，其被告的确定同普通公益诉讼并没有太多的差异，即除了直接的侵害者外，一些负有维护妇女权益的机关和组织在某种情况下也能成为被告，典型的就是这些机关或组织的不作为。比如，在美国的梅里特尔·文森案（Meritor Vinson）中，原告就是对《人权法案》中关于预防和制止性骚扰规范的落实情况提起公益诉讼。这个案件的被告就是一个银行。它本来是负有为女职工的工作提供一个基本的工作环境和工作条件的义务，却在实践中，其副经理实施了针对女职工的性骚扰行为。在此案中，法院明确指出：此案不只是存在性骚扰的问题，并且银行也应当为它的员工的一些行为承担相应的责任。只要原告能够证明存在由于性别歧视而形成了一个不健康或者侮辱性的工作环境和工作条件，那么就可以去认定这种行为违反了《人权法案》的相关规定。同理，在我国，如果一些政府机关或者妇联组织在妇女权益保障时不作为或者滥作为，则也应当成为公益诉讼的被告。

## 第三节 完善人民陪审员制度

在我国，人民陪审员制度是发挥司法民主，将社会效果寓于法律效果之中的一个重要路径，它可以弥补职业化法官的社会经验之不足。[①] 如果说在《决定》颁布之前直接将女性人员、妇联工作人员或者其他妇女权益保障专业人士纳入人民陪审员之中，让其参与涉及妇女权益保障的审判，还是一个悬而未决的考量的话，那么在《决定》颁布之后，一切就迎刃而解了。《决定》指出："完善人民陪审员制度，保障公民陪审权利，扩大参审范围。"其中，"扩大参审范围"这一提倡，使得妇联组织多年所探索的实践，即女性人员，甚或是妇联干部，或者其他妇女权益保障专业人士担任人民陪

① 江国华：《常识与理性（八）：司法理性之逻辑与悖论》，《政法论丛》2012年第3期。

审员工作得到了正式上的法律确认，继而获得了法律上的支持。也就是说，我国妇联长期实践和争取的工作，现在已经得到了法律上的认可与保障，这对深入推进我国男女平等具有重大价值和意义。

## 一　人民陪审员制度的价值所在

所谓人民陪审员制度，主要是指由人民陪审员参与人民法院的个案庭审活动，并对案件中所涉及的事实问题、法律问题，发表观点、意见和主张，以供案件的审判者——职业法官用于参考的一种制度。[①] 我国的人民陪审员制度起源于苏联司法制度中的人民陪审制。从法律类型角度来看，尽管我国隶属于社会主义法律类型，但随着近代社会的发展，各国法律之间的界限划分已经十分模糊，不断学习、借鉴对方法律文化中的合理因素是当今世界发展的大趋势。因此，可以说，目前我国的人民陪审员制度兼具两大法系的特征，具有混合性，具体表现在如下两方面：一则从人民陪审员的构成来看，具有英美法系陪审团成员平民化的特点；二则从人民陪审员的职能来看，主要受大陆法系国家参审制的影响，没有对人民陪审员和职业法官的职权进行划分，事实问题和法律问题往往由两者在案件审理过程中共同解决。[②] 至于人民陪审员的价值，则主要有二：

### （一）形式上：发挥司法民主

所谓“人民民主”，就是指由人民来真正当家做主。它是一种由大多数人来享有和行使的民主，换而言之，就是广大的劳动人民在国家的政治生活、社会生活以及经济生活和文化生活中都能拥有一个内容真实并且极为广泛的民主权利。从民主发展的历史实践看，民主主要有直接民主与间接民主两种形式。间接民主是现代法治国家所普遍采取的一种民主形式，在间接民主的制度下，人民通过自己选举的代表来管理国家事务和社会事务，监督国家机关及其工作人员的活动。根据我国《宪法》第二条的规定，中华人民共和

---

① 汤唯建：《人民陪审团制度的评析和完善建议》，《政治与法律》2013 年第 3 期。

② 具体可参见王黎明《我国人民陪审员制度研究》，硕士学位论文，吉林大学，2015 年。

国的所有权力都在实质上来源于人民的赋予。人民主要是通过各级人民代表大会（全国人大和各地方人大）来行使国家的各项权力。并且，广大民众还可以通过各种法定的方式与路径，来参与到国家事务，主要包括文化事项、经济事项以及社会事项的治理当中。

作为国家权力的一种，司法权力当然也应属于人民，人民亦可以通过各种法定的路径和形式进行参与。[①] 当然，考虑到司法权力的特殊性，它往往具有针对个案、居中裁判、定分止争的功能，具有很高的专业和技术属性。因此，对司法权力的参与，不能等同于立法权力和行政权力，由人民群众通过人民代表大会制度或行政参与、信息公开等路径进行参与。相反，在司法领域，大都创设人民陪审团制度或人民陪审员制度，由人民群众通过担任人民陪审员的途径参与到司法审判当中，以发挥司法的民主性。在我国，《中华人民共和国民事诉讼法》《中华人民共和国刑事诉讼法》和《中华人民共和国行政诉讼法》这三大诉讼法均对法院在审理一审案件时使用陪审员赋予了选择权，并作了相关程序规定[②]。

### （二）实质上：弥补法官不足

虽然创建人民陪审员制度，让人民群众参与司法审判，有助于提升司法的民主性，但是这只是一种形式上的价值，只具有象征意义。而该制度的真正价值则在于其在司法审判中所发挥的一种实实在在的功能。这种功能并非我们现今通常所说的“陪而不审，审而不议”所能够概括的，必须做出合理定位。

---

① 具体可参见汪宇婧《中国司法民主化问题研究》，硕士学位论文，华东政法大学，2014 年。

② 我国《刑事诉讼法》第一百七十八条规定：“基层人民法院、中级人民法院审判第一审案件，应当由审判员三人或者由审判员和人民陪审员共三人组成合议庭进行，但是基层人民法院适用简易程序的案件可以由审判员一人独任审判。高级人民法院、最高人民法院审判第一审案件，应当由审判员三人至七人或者由审判员和人民陪审员共三人至七人组成合议庭进行。人民陪审员在人民法院执行职务，同审判员有同等的权利……”《民事诉讼法》第三十九条规定：“人民法院审理第一审民事案件，由审判员、陪审员共同组成合议庭或者由审判员组成合议庭。合议庭的成员人数，必须是单数。适用简易程序审理的民事案件，由审判员一人独任审理。陪审员在执行陪审职务时，与审判员有同等的权利义务。”《行政诉讼法》第六十八条规定：“人民法院审理行政案件，由审判员组成合议庭，或者由审判员、陪审员组成合议庭。合议庭的成员，应当是三人以上的单数。”

所谓“公正”，就是指公平和正义，而司法公正则是指法律的公平和正义在司法过程中的展现。在当今法治社会，我们可以大胆地说，一个社会，一个国家，无论其制度、其政策多么公正，如果它不去考虑司法公正，则最终肯定会造成社会集体的整体衰落和动荡，那就自然更称不上是真正的公正。即便会有这样的公正，经过历史长期的检验，也终将会被国家、社会与人民所舍弃。[①] 司法公正通常具有两个基本内容：一则实体公正，即指司法审判的结果必须体现公平正义；二则程序公正，即指司法审判的程序必须不偏不倚，符合正当程序。

人民陪审员制度有助于实现司法实体公正。司法审判作为一项比较复杂的社会活动，其不仅需要较为专业的司法经验与法律知识，而且还十分需要来自其他方面的社会经验，甚或是专业知识。同普通社会民众相比，职业法官的特长主要在于具有较为专业的司法经验与法律知识，相反，他们在其他社会经验以及其他专业知识方面较为短缺，并不是必然比普通社会民众优越。如此一来，普通社会民众的实践经验多样化、生活体验多元化，以及所具有的其他专业知识，决定了他们能够弥补司法审判中职业法官在其他专业知识与实践经验方面的不足。[②] 正源于此，我国在建构人民陪审员制度时，非常重视广大人民陪审员在其社会生活经验以及其他专业方面知识上所具有的特长之发挥，继而能够让广大人民陪审员的生活思维抑或经验思维和职业法官的法律思维实现交相互补，这样就使法院能够更好地认定案件事实，并正确适用法律。对此，曾任最高法院长的董必武同志在一届全国人大四次会议上作最高法工作报告时就曾经说道：“我国的人民陪审员制度能够把来自社会人民群众中的其他专业知识与社会经验带进法院审判中去。”[③] 还有，沈德咏同志在担任最高法副院长的时候，其在《关于〈关于完善人民陪审

---

① 王晨：《司法公正的内涵及其实现路径选择》，《中国法学》2013 年第 3 期。

② 参见苗炎《司法民主：完善人民陪审员制度的价值依归》，《法商研究》2015 年第 1 期。

③ 董必武：《关于最高人民法院工作的报告（摘要）——在第一届全国人民代表大会第四次会议上（一九五七年七月二日）》，《人民司法》1980 年第 3 期。

员制度的决定〉草案的说明》中曾经说道："众多司法审判实践已经说明，我国人民陪审员参与到案件的审判当中，不仅有利于我国社会主义司法民主的实现，而且在社会经验、道德以及其他专业知识等方面对案件展开认定和判断，使其同法院的职业法官产生一种思维互补的效应，这十分益于案件事实的认定工作，并可以帮助法官能够准确地去适用法律规范，继而促进司法公正。"①

## 二　女性人员担任陪审员的正当性

女性人员担任人民陪审员是指由一些女性人员，甚或是妇联工作人员以及其他妇女权益保护的专业人士担任陪审员，并参与到涉及妇女权益的案件审判当中。如果从功利主义的立场来看，这可以产生促进司法公正，提高司法公信力，维护广大妇女权益等诸多积极效应，但这并不能简单地成为论证其具备正当性的唯一源泉。相反，还需从法律依据、理论基础以及现实使然三个层面来剖析女性人员担任陪审员，并参与我国妇女案件审判在我国所具有的正当性。

### （一）法律依据

在现代法治国家，任何制度的创建和开展都必须具有法律依据，这也是法治思想的一个根本要求。于女性人员担任人民陪审员这一制度设想而言，虽然，在我国现今的一些法律中，并没有较为明确的规定，但还是能够从某些法律的规定中寻找出些许的端倪，继而获知该制度在总体上还是符合法治精神的。比如，《宪法》（2004 年）第四十八条规定："中华人民共和国妇女在政治的、经济的、文化的、社会的和家庭的生活等各方面享有同男子平等的权利。国家保护妇女的权利和利益，实行男女同工同酬，培养和选拔妇女干部。"类似的还有：《妇女权益保障法》（2005 年）第十条第一款规定："妇女有权通过各种途径和形式，管理国家事务，管理经济和文化事业，管理社会事务。"第十二条规定："国家积极培养

① 沈德咏：《关于〈关于完善人民陪审员制度的决定〉草案的说明——2004 年 4 月 2 日在第十届全国人民代表大会常务委员会第八次会议上》，《中华人民共和国全国人民代表大会常务委员会公报》2004 年第 6 期。

和选拔女干部。国家机关、社会团体、企业事业单位培养、选拔和任用干部，必须坚持男女平等的原则，并有适当数量的妇女担任领导成员……”等等。

（二）理论基础

在理论上，吸收女性人员，尤其是妇联工作人员或者其他妇女维权保护工作的专业人士参与到涉及妇女案件的审判当中，主要是根据陪审制度的基本理念而派生出来的，即“同类审判”原则——“如果我有罪，审判我的除职业法官外，要有和我同类的人，因为他能够理解我。”换而言之，就是用一种普通人的生活常识来矫正法官的职业思维，同时，从某种意义上说，还种做法可以用民意来对抗司法的专横。[①] 众所周知，目前，在司法领域，仍然是一个男性司法人员和男性价值观处于主导地位的境遇，这就使得法庭在审理一些女性犯罪的案件时，易于用男性的思维来衡量怎样的处断才是公正，而往往却忽视了对女性被告人的犯罪心理特点和行为习惯的特殊考虑。这显然不利于实体定罪量刑中主客观相统一原则的实现，也不利于社会伦理道德与法律的协调。妇女陪审员制度的引入则能有效地克服这一弊端：在审理女性犯罪的案件时，由女性陪审员参与到合议庭中听取法庭调查和辩论。由于女性陪审员具有与女性被告人相同的性别及由此派生的相似的思维方式和社会经验，她们天然地比其他男性法官更能理解女性被告人的犯罪背景，能更加身临其境地感知案情，进而在法庭评议环节从女性视角分析案件，以中和与校正其他男性法官的男性化价值观，使案件的最终审判结果有效排除审判人员由个人性别因素造成的偏见而无限接近于客观公正。

（三）现实使然

女性无论从生理上还是心理上而言，皆有多种不同于男性的特征，这些特征在她们以原告或者被告的身份介入司法的过程中也会不可避免地体现出来。为了克服这些特征给她们本身带来的不

① 夏冬英、林徽：《新时期人民法院完善妇女维权机制的途径》，《人民司法》2006年第3期。

便，更好地维护女性被追诉人的权益，同时也为了避免这些特征给国家审判活动带来的负面影响，乃至利用这些特征为国家进行审判服务，针对女性生理心理特征进行的特殊人权保护就成为一种必需。然而，在客观上，在司法审判中，男性工作人员占绝大多数。传统观点认为“法律显然的是纯男人的领地”，女性的“易受诱惑与缺乏理性或理性发展不完善结合在一起，只能对法律和文明的公共领域造成灾难性影响”。因此，法律职业向来都是排斥女性的。① 大多数司法体制都是由男性设计的，宣扬的是男性的思维习惯和生活习惯，而在大多数情况下忽视或遗忘了女性的要求和意愿。这样的司法体制又势必反过来影响法律执行者的主观态度，使他们易于用男性的思维衡量怎样的措施才是公正和平等。如女性主义法学指出的，法律按照男人看待和对待女人的方式看待和对待女人，作为男性统治社会不可分割的一部分，法律使性别等级永久合法化。② 正是通过这样主观和客观的相互感染，司法程序受到了有关两性的传统价值观念、性别定式和偏见的严重影响，涉案女性的权利在很大程度上被忽视了。如仅 1999 年一年，媒体就曾经报道过河北省保定市高碑店看守所某在押女犯遭到两名看守多次强暴的事件③和湖南省东安县冷水滩看守所主任强奸猥亵在押女性多人次的事件④。尽管只是个别现象，且两起案件中侵害女性被追诉人的犯罪人也已经受到法律的制裁，但案件本身已经造成了极其严重的负面社会效应，让人不禁要对女性被追诉人人权保护现状发出质问：这是已经被媒体曝光的案件，可事实上，还有多少我们所不知道的女性被追诉人受侵害现象每天在发生？由此可见，在涉及妇女案件的司法审判中，吸收一些女性人员，尤其是妇联工作人员

① ［澳］玛格丽特·桑顿：《不和谐与不信任——法律职业中的女性》，信春鹰译，法律出版社 2001 年版，第 2、67 页。

② 参见［美］凯莎琳·巴特利《女性主义的法律方法》，《哈佛法律评论》1990 年第 4 期。

③ 具体可参见丁图、保剑《揭开堕胎黑幕》，《检察风云》（法制新闻月刊）2000 年第 6 期。

④ 具体可参见邓祥国、李民《冷水滩看守所惊曝强奸女囚案》，《中国社会导刊》2001 年第 6 期。

或者其他妇女维权保护工作的专业人士进行参与，发挥自身优势，实属必要！

### 三　我国女性人员担任人民陪审员的运行现状

在四川，2012 年 12 月 18 日，四川省高级人民法院专门召开在妇联干部中选任人民陪审员工作座谈会。民革中央副主席钮小明、四川省政协副主席曾清华以及四川高院院长刘玉顺和四川省妇联主席陈芳出席会议。全国和省级人大代表、政协委员及人民陪审员等 70 余人应邀参加会议。据统计，目前，在四川全省人民陪审员中，共有妇联干部 272 人，占妇女代表总数的 19.58%。五年来，四川法院通过充分发挥妇联干部了解社情、熟悉政策以及善于做妇女儿童工作的优势，加强选任培训、履职管理和物质保障，使妇联干部陪审工作逐步常态化、规范化运行。四川省政协副主席曾清华指出，在妇联干部中选任人民陪审员，既有效补充法院审判队伍，也为妇联干部提升素质、全面履职提供了一个良好平台。四川省高院院长刘玉顺要求，全省法院加强与各级妇联组织的密切联系，通过完善妇联系统人民陪审员工作机制，加强法官队伍建设，推动法院管理，促进整体提升。四川省妇联主席陈芳则表示，今后省妇联将对担任人民陪审员的妇联干部加大支持力度，帮助她们在参与审判及司法调解过程中积累经验，增长才干。①

在陕西，2010 年，陕西省妇联组织抢抓人民陪审员换届选任时机，大力推荐妇联干部、优秀女性代表担任人民陪审员，经法院与人大审核和任命，全省 108 个县（区）共聘任女性人民陪审员 670 名，占总人数的 26%，比届前增加了 168 人，其中妇联干部 230 人，比届前的 115 人翻了一番。在 2010 年 5 月，2005 年时选任的人民陪审员任期已经届满，省高院联合省司法厅下发《关于认真贯彻落实〈关于开展新一轮人民陪审员选任工作的实施方案〉的紧急通知》，新一轮人民陪审员选任工作启动，为基层妇联推荐妇联干

① 谢慧、刘峰：《四川：强化妇联系统人民陪审员选任》，《人民法院报》2010 年 12 月 19 日第 001 版。

部、优秀妇女代表担任人民陪审员提供了重要机遇，也为各级妇联组织更好地参与社会事务，维护妇女儿童合法权益提供了更为广阔的工作平台。省妇联紧抓时机，积极与省高院交流沟通，及时向各级妇联下发了《关于做好推荐妇联干部、优秀妇女代表担任人民陪审员工作的紧急通知》，对推荐工作做了全面部署。在推荐工作中，各级妇联组织积极协调，主动作为，认真组织、选拔、推荐，通过调研摸底，找准人选，向当地基层人民法院着力推荐思想品德好、文化素质高，具有一定法律知识、公道正派、热心维护妇女儿童权益事业的妇联干部和优秀女性代表，得到了基层人民法院的大力支持，取得了较好的成绩。经统计，全省108个县区共任命2572名人民陪审员，其中女性670人，妇联干部230人。其中，铜川市人民陪审员中女性占42%，比届前增加了13个百分点；安康市人民陪审员中仅妇联干部就有40人，比届前增加了31人；渭城区人民陪审员中女性占81%；汉滨区人民陪审员中仅妇联干部就有11人。妇联干部及优秀女性代表以人民陪审员的身份参加人民法院的审判活动，是人民法院对妇女儿童权益保障工作的高度重视，有利于切实维护妇女儿童合法权益，促进了陕西省妇女维权工作迈上新的台阶。[①]

## 四　我国女性人员担任人民陪审员的制度完善

关于女性人员担任人民陪审员的制度完善，要将其置于整个人民陪审员制度改革的大背景下去思考，才能更具现实意义。具体而言，我国应当在如下几个方面做出努力：其一，要放宽女性人民陪审员的选任机制，使选出来的女性人民陪审员能够真正代表广大妇女的利益；其二，要合理配置女性人民陪审员与法官的职权边界，使女性人民陪审员能够真正维护妇女的合法权益；其三，要建立健全女性人民陪审员履行职权的保障机制，使她们能够安心地去履行自己的职责。

---

① 刘李娜：《陕西：妇联干部任人民陪审员人数翻番》，《中国妇女报》2010年9月3日第A01版。

（一）放宽女性人民陪审员的选任机制

无论是英美法系的陪审团制，还是大陆法系的参审制，都对陪审员的资格进行了一定的限制。比如，在美国，虽然担任陪审员的要求各州不尽相同，总的来说要求并不高，不分贫富、种族和性别，但也规定了一些基本条件，譬如陪审员的年龄、居住地、交流阅读水平等，陪审员也不能有重罪前科；大陆法系对于参审员资格的设置类似于普通法系，只要满足诸如年龄、精神状况、理解能力等基本条件均可成为参审员，当然也设置有消极资格，譬如在犯有重罪、在行政或司法系统任职等情况下不得担任参审员。总的来说，各国对陪审员的要求不高，并不追求陪审员的精英化。但是，在我国，却要求陪审员的文化程度一般应当为大学专科以上。虽然并不算完全的强制性规定，但是也意味着很多大专以下的公民将失去陪审资格，鉴于我国大多数人并不具备大专以上文化水平，特别是许多年纪较大的人和绝大多数农民，这项规定无疑使得大多数公民实质上受到歧视，没办法享受到应有的权利。[1] 因此，建议今后应当逐步降低人民陪审员的资格要求，扩大人民陪审员的范围。尤其是对于涉及妇女的案件，一般都是一些家庭的琐事或者纠纷，通常对女性陪审员的文化程度要求并不高，相反，要求其对人情世故、女性的一些基本心理状况更了解些。“一般而言，在法院辖区内，凡是具有选民资格，未被剥夺政治权利，有正常语言表达能力的公民均是候任人选。”[2] 具体而言，在县级法院的女性人民陪审员的构成中，应当以普通女性为主，而在区级法院人民陪审员的构成中，应当以普通女性市民或者妇联工作人员及其他妇女维权专业人士为主。“专家陪审主要是在相对发达、人才密集、生活节奏较快的城市社会适用，也只有在这些地区，才

① 刘晓莹：《对我国人民陪审员制度的反思与重构》，硕士学位论文，中国社会科学院研究生院，2014 年。

② 李拥军：《我国人民陪审制度的现实困境与出路——基于陪审复兴背后的思考》，《法学》2012 年第 4 期。

有可能选择出适量的专家陪审员供民众挑选。”[①] 另外，还需指出的是，必须在法律上明确各级人民法院人民陪审员中女性代表的大致比例，这也是女性人民陪审员制度完善的根本之道。

（二）明确女性人民陪审员的权利义务

众所周知，人民陪审员应以“常识判断”“情理判断”作为其权力运行的基础，只对事实认定的问题负责，而相关法律适用问题则因为过于专业，即便基于陪审员的集体智慧做出判断也很可能难以符合实体法的精神或规定，故宜由职业法官处理。当然，陪审员也可以提出相关建议，但对法官不具有约束力。[②] 我国《依法治国决定》明确要求：“实行人民陪审员不再审理法律适用问题，只参与审理事实认定问题。”这一规定可以说很好地诠释了人民陪审员的本质功能，它能够让陪审员真正发挥自己在案件事实认定上的朴素认知，继而凸显一种大众普遍观念，这与陪审员的应有定位也是相符合的。然而，还有如下两个现实问题需要我们进一步思考和研究：第一，在陪审员参与的案件庭审中，该庭审相关制度及具体程序应当如何构造和安排？尤其是有关案件事实的认定问题，到底是由陪审员独自来负责，还是由法官和陪审员来共同进行合议认定？第二，假如有关案件事实的认定只由陪审员来具体负责，那么对于案件证据的采信与否，是否也可以由陪审员来独自进行呢？[③] 当然，对这两个问题的思考和研究，对我国女性人民陪审员参与涉及妇女权益案件的审理也同样适用。

对于第一个疑问，倘若仅仅让人民陪审员来单独负责案件事实的审理业务，那么就应当参照英美法系陪审团制度的构造，把人民陪审员和职业法官在案件庭审阶段与案件合议阶段的职务活动完全进行分割；倘若让人民陪审员和职业法官一起来负责案件事实的审理工作，那么就应当参照大陆法系参审制的构造，把法官和人民陪审员在案件庭审阶段与案件合议阶段的职务活动紧密联系起来。笔

① 廖永安：《社会转型背景下人民陪审员制度改革路径探析》，《中国法学》2012年第3期。

② 同上。

③ 张嘉军：《人民陪审制度：实证分析与制度建构》，《法学家》2015年第6期。

者认为，在我国，“人民陪审员只参与案件事实的认定工作”的内涵主要是：第一，我国依旧实行的是由人民陪审员和职业法官一起参加审判的参审制，整体同大陆法系相似，而不是英美法系的陪审团制；第二，人民陪审员的功能和影响有所收缩，他们不再参与案件的法律适用工作；第三，对于案件的事实认定工作也并不是仅仅由人民陪审员来单独负责，相反，则是由人民陪审员与法官一起来认定。[①] 职业法官还是要在案件的庭审阶段给予人民陪审员在事实认定方面一定指导和帮助。故而，我们可以获知，在人民陪审员制度的整体定位上，我国仍然选择的是一种大陆法系的参审制，但也做出了些许的调整，主要是对人民陪审员参与案件审判的范围作了适当的缩小，仅仅让其负责案件的事实认定工作。所以，在我国，是无需对人民陪审员参与案件审判的庭审制度进行任何改革的。相反，仍然可以让职业法官与人民陪审员共同负责审理和裁判案件。可是，在案件的合议环节，还是要将其划分为两个不同阶段：一是由人民陪审员与职业法官一道对案件的事实问题展开认定与合议；二是由职业法官独自对案件的法律适用问题进行选择。而对此，人民陪审员不能参与。如此，对于第二个问题，即那些和案件有关证据的采信问题，同样应当由职业法官与人民陪审员来一起决定。[②]

在陪审员的义务设定上，如果从正面设定义务，的确有困难。因为陪审员的素质各不相同，难以以相同的发言时间、发言形式和内容对陪审员加以要求，因此还有待专家学者们与实践中法官们共同研究。但从反面来说，不可为的规定可以进行设定，例如：无正当理由而临时拒绝参与审判，影响审判活动正常进行的；不具备陪审员资格而制造虚假证明参加陪审的；利用陪审员权利徇私舞弊、玩忽职守的；[③] 其他故意干扰庭审正常进行的，或者造成其他严重后果的，应当依法处罚或追究刑事责任。这些规定的落实还需要相应法规的配套落实。

---

① 参见王黎明《我国人民陪审员制度研究》，硕士学位论文，吉林大学，2015 年。

② 参见刘晴辉《对人民陪审制运行过程的考察》，《北大法律评论》2007 年第 1 期。

③ 施鹏鹏：《陪审制研究》，硕士学位论文，西南政法大学，2007 年。

### （三）加强女性人民陪审员的履职保障

一般而言，人民陪审员在庭审前、庭审中以及庭审后参与案件审理的各项权利都要给予充分的尊重和保障，从而保证人民陪审员参审的热情和责任感。此时，一个良好的、健全的保障机制就显得至关重要。对于女性人民陪审员来说，这个履职保障机制显得更加重要。主要原因在于，女性本身在社会上就处于一种弱势地位，无论是生理构造上，还是经济地位上，都可能面临着比男性陪审员更大的风险和更高的需求。然而，反观我国，虽然赋予了人民陪审员较为广泛的权利，但并没有建立起一个相配套的保障机制，这就导致该项制度运行过程中的困难重重。有鉴于此，今后，为了切实保障女性人民陪审员履行职权，提高其参审的积极性，需要在如下几个方面做出相应的改革：

在培训机制上，依据十八届四中全会《决定》的要求，人民陪审员仅仅负责案件事实的认定工作，而不再参与到案件的法律适用工作。相应地，我国对人民陪审员进行培训的主要内容也应当发生些许改变。然而，在当下，很多法院对拟任人民陪审员进行的定期或者不定期培训，其课程内容基本涵盖《刑法》《刑事诉讼法》《民法》《民事诉讼法》以及《行政法》《行政诉讼法》等诸多法律。进行这样的培训课程安排，其出发点固然是好的，主要是为了提高人民陪审员的法律知识素养，提升其参与案件法律适用的能力。但是，现如今，这一安排显然已经不再具有多大价值和意义。人民陪审员既然已经不再参与到案件的法律适用工作，也就不需要再将他培养成为一个具备扎实法律专业知识的“法官”型人才。如此，《刑法》《刑事诉讼法》《民法》《民事诉讼法》以及《行政法》《行政诉讼法》等法律内容都不适合再作为人民陪审员培训的内容。相反，培训的内容理应以提升人民陪审员庭审效率，强化人民陪审员的庭审技巧以及对庭审程序和规则的认知为主；在培训的组织上，应当主要由基层法院来负责对拟任的人民陪审员进行任职前的培训与任职间的培训。在必要的时候，才可以考虑由各地的中级人民法院和高级人民法院来组织人民陪审员，展开大规模的集中学习和培训；在培训的方式上，除了要利用现有的法官学院等便利场所和条件进行集中式授课以外，法院也要经常组织人民陪审员进行庭审现场观摩活动，既可以现场观看本院的优秀人民陪审员的案件陪审过程，也可以组织赴外地观察同级人民法院人民陪审员的案件陪审过程。

在经济保障机制上，《人民法院组织法》第三十九条规定："人民陪审员在执行职务期间，由原工作单位照付工资；没有工资收入的，由人民法院给以适当的补助。"该补助应当包含人民陪审员履行陪审职务的必要支出，包括交通成本、用餐费及误工费。另外，应当规定，人民陪审员履行陪审职务期间，在原单位享受的工资、奖金及其他待遇不变，所在单位不得因为人民陪审员履行陪审职务而扣减工资、奖金等收入，也不得在工作评定中因此给予负面评价。此外，人民陪审员的经费应当实行地方财政的单独支付。人民法院可以依据实际需要，给予合适的补助。[①]

在激励和惩罚机制上，为鼓励当事人利用平民陪审机制，可以规定由陪审员参审的案件免收诉讼费。现阶段为吸引普通民众参与陪审，可以采取一些激励措施，如保障补助足额发放，采取有效方式予以褒扬、奖励等，不宜设定强制陪审义务。同时，正如职业法官办案会出现错案和司法腐败一样，人民陪审员同样可能产生上述问题。因此，人民陪审员的改革不仅仅要落实陪审员的职权，同时在监督方面与职业法官相衔接。如果人民陪审员真正拥有权力而不加以制约，产生腐败是必然的。由于人民陪审员来自社会的各个层面，比起有固定人事管理关系的职业法官更难控制。因此，必须考虑对陪审员加以必要而切实的监督制约。人民陪审员违法办案需追究责任的，可参照职业法官的违法办案责任制度予以追究。[②] 对于无正当理由缺席陪审的，可予以惩戒，如经济处罚，以一定途径公开予以谴责，等等。对于人民陪审员在履行职务中的违法行为，情节轻微的由人民法院警告、通报批评，情节严重的由人大常委会撤

---

① 汪建成、刘泊宁：《论我国人民陪审制度改革的走向——基于人民陪审制度功能的思考》，《东岳论丛》2015 年第 8 期。

② 黄学军：《论我国人民陪审员制度的改革完善》，《西藏民族学院学报》2008 年第 1 期。

销其人民陪审员资格，触犯刑法的按职务犯罪处理。人民法院具体负责对人民陪审员的日常管理，并定期向人大常委会报告人民陪审员的工作情况。但是，需要指出的是，应当允许陪审员依一定理由豁免陪审义务。从长远发展来看，应使“陪审”重新入宪，明确适格公民的陪审义务，同时修法以强制力为后盾，确保陪审义务得以顺利履行。①

## 第四节　推行调解制度

众所周知，一方面，妇女的婚姻家庭权益在妇女的整个权益保护中占据着至关重要的地位，其往往交织着复杂的亲情和人情；另一方面，婚姻家庭矛盾纠纷长期以来一直都是我国妇联系统所接受信访的一个主要问题，同时也是我国诸多基层妇女维权组织开展相关业务工作的一个重要内容。有鉴于此，某些时候，如果我们一味地强调司法审判，进行简单的对抗式处理，反而不利于亲情的修复与家庭的稳定，受害妇女的权益也就难以得到根本的保护，这显然得不偿失。可以说，相对于司法判决而言，调解可能是更好的婚姻家庭纠纷解决机制，它可以在较短的时间内，用一种较低的成本来灵活化解妇女权益纠纷，并调和婚姻家庭矛盾，继而收到妇女权益保障中的最佳社会效果。

### 一　婚姻家庭纠纷适用调解机制的价值

当前，中国社会正处于转型期，人际关系的复杂化、利益冲突的加剧都使得我国各类婚姻家庭纠纷日益凸显，数量也与日俱增。实践经验表明，由于婚姻家庭纠纷的特殊性，再加上调解机制所具有的特殊优势以及多元化纠纷解决机制的世界大趋势，调解制度定能在一系列婚姻家庭纠纷解决中大展身手！

---

① 谷玲：《我国人民陪审员制度探析》，硕士学位论文，苏州大学，2012年。

（一）婚姻家庭纠纷的特点

众所周知，婚姻家庭关系是一种特殊的法律关系，其在本质上是一种人身关系与财产关系的复合体。当然，两种关系也有主次之分，其中人身关系是占据着主要地位的，而财产关系则依附于其，并因其的变动而变动。具体而言，婚姻家庭关系作为一种身份关系，确保该关系本身的稳定与持续就是其赖以存在的一个主要目的。在这一点上，婚姻家庭关系与其他民事法律关系有着很大的不同，其他民事法律关系的建立或者解除的主要目的是便宜作为法律关系主体的自己。更何况，婚姻家庭关系还是一种广义上的亲属关系，这种关系一旦选择，通常具有“终身性”，无论法律关系主体间的关系好坏，都必须认真对待，直至死亡。[①]这就决定了婚姻家庭类的纠纷有别于一般的民事类纠纷，它往往更多地涉及感情、亲情以及道德，有着自身非常独特的属性。概而言之，主要如下[②]：

第一，在婚姻家庭纠纷当中，非根本性的冲突较多。一般而言，在婚姻家庭纠纷当中，唯有双方当事人产生严重对立，才会算作根本性的冲突。这类冲突如果不进行及时解决，可能会威胁婚姻家庭的存续与稳定。然而，在现实生活中，婚姻家庭纠纷多表现为一些非根本性的冲突，其往往是偶然发生的，只要在发现后，进行了及时化解，就可以保持和维护婚姻家庭关系的持续和谐。

第二，在婚姻家庭纠纷当中，非理性的因素影响较大。一般而言，在家庭成员之间发生纠纷，他们大都难以保持冷静并缺乏理性。这就造成她们非常容易感情用事，并且持续性地会受到情绪混乱等一些非理性因素的影响。这就使得婚姻家庭纠纷的当事人难以展开协商和谈判，此时，就需要第三方来参与化解。

第三，在婚姻家庭纠纷当中，往往都和社会利益有着密切关联。很多人都认为婚姻家庭纠纷主要是一些私人之间事情，并不波及他人。然而，这是一种错误的认识。殊不知，婚姻家庭纠纷还和

---

① 蒋月：《构建婚姻家庭诉讼司法调解制度》，《甘肃社会科学》2008 年第 1 期。

② 具体可参见欧仁山、李艳梅《调解对于构建和谐婚姻家庭的独特价值》，《社会科学家》2009 年第 9 期。

社会利益有着密切的关联。众所周知，作为社会的一个基本组织细胞，家庭关系的和谐稳定是整个社会安定的前提和基础。如果婚姻家庭纠纷难以得到及时、公正、有效地化解，那么这不仅仅是个人以及家庭的悲剧，而且更会对整个社会造成极大损害，继而影响社会的进步与发展。

第四，在婚姻家庭纠纷当中，通常具有很强的隐私性。具体而言，引起婚姻家庭纠纷发生的原因有很多，常见的如出轨、精神异常、性格不合以及家庭暴力，等等。这些原因对于婚姻家庭纠纷双方当事人来说都是属于他们的个人隐私，他们往往也非常不愿意将其“曝光”出去。假如外界通过各种途径获知到这些原因，那么很可能会造成当事人的人格尊严与社会形象受到严重损害。这种情况不仅会给当事人带来极大的痛苦，而且很可能还会给一些无辜人士带来不必要的伤害。

第五，在婚姻家庭纠纷当中，当事人对结果的追求具有多样性。婚姻家庭当事人在环境、性格以及道德素养等相关因素上的不同，决定了婚姻家庭纠纷在性质、表现形式以及对抗程度上的差异。也正因为此，婚姻家庭纠纷的当事人往往对其纠纷解决存在不一样的结果追求，比如，有的人是为了追求解决结果的公正性，而有的人则仅仅希望自己的人格能够得到应有的尊重；有的人追求简单的个人自由，他们希望能够通过这次纠纷的化解来彻底摆脱自身受束缚的状态，而有的人则追求效率，他们希望自己的婚姻家庭纠纷能够尽快解决，以让自己尽快从纠纷之中摆脱出来；当然，也有的人是为了追求公平正义或者纯粹为自己讨一个说法，为此，在某种程度上，他们甚至可以不惜一切代价，而有的人则为了追求家庭成员间的一种和谐美满关系，为此，他们愿意吃点亏或者认为自己受点委屈无所谓；等等。可以说，纠纷解决的价值追求不同，选择的纠纷解决方式也会存在差异，唯有如此，纠纷解决的效果才能最大化。[①]

① 具体可参见覃英、高思贤《调解在解决婚姻家庭纠纷中的必要性和可行性研究》，《学理论》2009年第20期。

（二）调解机制的优势所在

所谓“调解”，就是指纠纷双方当事人处于自己的真实意愿，主动主张或答应通过一个中立的第三方来主持和斡旋纠纷当事人之间的协商谈判，从而实现和平解决双方矛盾的一种纠纷解决方式。[①]调解机制有利于缓解司法审判所面临的压力，缓和当事人之间的对立和冲突，继而对确保社会和谐稳定大有裨益。它主要包括司法调解、行政调解以及人民调解三种类型。2011 年 3 月，中央社会治安综合治理委员会牵头 16 家单位起草和出台了《关于深入推进矛盾纠纷大调解工作的指导意见》。我国的调解机制也由此获得了在全国范围内的推广和适用。从这个我们也可以看出调解机制具有很高的实践价值和意义，有着其他纠纷解决机制所不具有的独特优势，这值得我们进行深入探讨。

其一，调解的程序较为简易。具体而言，在调解中，其基本取消了司法审判中那种严格的举证制度以及其他一系列程序法上严格的规制。相反，它仅仅进行一种较为简单的事实认定。因此，有些学者就认为，在调解中，当事人可能在心理上更加互相认同，进而很好地回避了规则和情理之间的矛盾。[②]

其二，调解并不需要严格地坚守法律的真实。具体而言，调解用相对简单的事实认定取代了司法审判中较为严格的举证制度，进而极大限度地避免了因当事人举证不利而可能产生的败诉，可以说，这对当事人合法权益的维护颇有助益，它较好地解决了法律真实与客观真实之间的矛盾。

其三，调解能够真正彰显当事人之间的意思自治原则。具体而言，调解通常让当事人根据自己的实际情况与需要来处理其自身离婚后的财产与子女抚养问题，这对实现案件当事人之间的实质平等大有裨益。因此，可以说，调解很好地化解了司法非白即黑的判决

---

① 宋建立：《法治下的调节与和谐社会》，《法学杂志》2008 年第 2 期。

② 具体可参见覃英《调解在解决婚姻家庭纠纷中的特殊功能和特点研究》，《学理论》2009 年第 20 期。

结果和当事人诉求之间的矛盾。[①]

其四，调解可以适当减少离婚成本，继而节省一定的诉讼费用。调解一般是在当事人相互尊重以及彼此友善的环境下来开展的，因此婚姻家庭纠纷的双方当事人通过调解这一途径来解决他们之间的纠纷，能够很好地减少甚至避免因选择诉讼所耗费的一些不必要花销。比如，诉讼费用、律师费用、交通费用以及其他相关费用。

其五，调解所达成的协议更易被当事人遵守与履行。众所周知，调解就是一个谈判、协商的过程，在调解的过程中，就已经充分听取和考虑了双方当事人之间的意见和想法。因此，我们可以说，在事后的执行上，调解协议往往具有司法判决所不可比拟的效果。具体而言，与司法判决相比较，当事人更加愿意自觉去履行调解协议。如此，我们可以说，调解很好地避免了在法律意志和法官意志之下形成的判决可能陷入执行难的尴尬境地，是一种相当不错的纠纷解决方式。

其六，调解对当事人间的亲属关系之维持非常有益，尤其是对未成年子女的成长极为有益。婚姻家庭关系当事人之间的关系是一种亲属关系，通常并不能由他们任意选择和改变，相反，其往往具有一定“终身性”。因此，在婚姻家庭双方当事人之间发生纠纷时，常常是进行裁判非常容易，然而，要想做到案结事了却是非常困难。即便是对于那些已经被判决解决婚姻关系的夫妻而言，因为还尚存在孩子这一关系媒介，要想使他们彻底地脱离以前的那种关系，从社会学的角度来看，几乎是一件非常不现实的事情。总而言之，夫妻之间能够长期维持一种较为平和的心态，对于他们的未成年子女来说，才是一个最大的福祉。

其七，调解可以缓和当事人的心态，进而对其日后能够仍然以一个正常人的状态回归到社会大有裨益。婚姻家庭纠纷的双方当事人，大多数情况下都会因为这个“缠人”的纷扰而陷入混乱，进而

① 具体可参见姜虹《完善婚姻家庭矛盾纠纷治安调解之管见——以“民调进所”为切入点》，《公安研究》2011 年第 4 期。

无法冷静思考自己所处的实际状况以及未来的生活。因此，为了帮助当事人能够迅速地回归于正常生活，并对未来生活保持一种乐观的态度，就需要借助调解这一纠纷解决方式来帮助当事人克服其心理问题，并缓和自己的心态，继而使婚姻家庭纠纷的当事人在精神和心理上都能够获得解脱，进而实现自主、自由、重生。[①]

（三）多元纠纷解决机制的趋势

多元纠纷解决机制是指在一个国家的社会中，对于一个纠纷，往往存在着多种类型的解决路径，并且这些不同的路径分别以自身独特的功能与方式来进行运作。这些不同的解决路径所共同构成的一种相互协调和支持，并满足纠纷主体多元化需求的一整个制度体系就是多元化纠纷解决机制。[②] 在我国，随着经济的发展和进步，整个社会的矛盾呈现出一种井喷之势。虽然，逐步提升法院在解决这些矛盾中的地位与作用十分重要和必要，但是，我们也要意识到，法院并不是万能的，它不应当也不可能去承担社会全部纠纷的解决任务。因此，那种希望把所有的社会矛盾都吸纳到司法这单一管道内部来进行解决的思路，显然是与社会运行和发展的基本规律相悖的。相反，在当下，我们应当抓紧挖掘和完善社会自身所具有的纠纷解决潜力和机能，整合除司法外的其他纠纷解决机制，继而在社会中形成一个多元化的纠纷解决机制。唯有如此，才能促成社会纠纷解决机制的一个多元化格局。[③]

第一，司法路径要慎重。司法路径并不是什么类型的纠纷都可以解决，也都能取得最佳的效果。在现代社会，司法固然重要，但是我们绝不能产生这样的想法，即法院能够解决社会上几乎所有类型的纠纷。法院当然也不应该把一切社会纠纷都吸收进自己的“管道”来进行消化，尤其是在一些法律规定的较为模糊和空洞的领

---

① 具体可参见丁慧、都星羽、李放《婚姻家庭纠纷调解机制问题研究》，《辽宁师范大学学报》（社会科学版）2008年第6期。

② 范愉：《非诉讼纠纷解决机制研究》，中国政法大学出版社2000年版，第33页。

③ 《人民法院第三个五年改革纲要（2009—2013）》明确提出要“建立健全多元纠纷解决机制。按照‘党委领导、政府支持、多方参与、司法推动’的多元纠纷解决机制的要求，配合有关部门大力发展替代性纠纷解决机制”。

域，更加应当慎重。[①] 一般来说，法院是国家权力和公民权利最平等的汇合点，凭借这个汇合点，法院可以说能够调整好各种类型的社会关系。[②] 但同行政机关一样，在大多数情况下，法院通常扮演的只是一种"规则适用者"的角色，而不能去主动创造相关的规则，这主要是由法院在我国整个宪政体系中的地位所决定的。比如，《宪法》第一百三十三条规定："中华人民共和国人民法院是国家的审判机关。"《中华人民共和国法院组织法》第一条又重申了前述规定，并在第四条重申了《宪法》第一百二十六条之规定："人民法院依照法律规定独立行使审判权，不受行政机关、社会团体和个人的干涉。"第三十三条规定："最高人民法院对于在审判过程中如何具体应用法律、法令的问题，进行解释。"上述这些法律条款基本上都对法院在我国整个宪政体系中的地位作了比较明确的规定，即它只有法律的适用权，而无法律的创制权。这就反映出目前中国社会矛盾呈现出快速增长之势的根本原因往往并不在于司法，甚至在某种程度上，我们还可以认为司法纠纷解决的社会效果不佳也并不是单单由司法所造成的。相反，这个原因可能是多方面的，比如，相关法律的缺失、几个法律之间存在一定冲突、某些法律自身存在些许瑕疵等，都有可能会对司法纠纷解决的社会效果造成影响。有鉴于此，我们可以说，社会纠纷能够得到很好的解决的关键角色是立法，而不是司法。由于法院通常只负责适用法律，它所承担的责任主要是法律适用方面上的，它不应该也不可能对其所适用的法律本身是否制定得良好去承担任何法律上的责任。[③]

---

① Dennis J., "Hutchinson Source: Felix Frankfurter and the Business of the Supreme Court", *The Supreme Court Review*, Vol. 1980, p. 144.

② 具体可参见胡弘弘、邓晓静《公民的司法参与权研究》，《现代法学》2007 年第 6 期。

③ 马克思强调："自由的审判程序，是那种本质上公开的、受自由支配而不受私人利益支配的内容所具有的必然属性。"（《马克思恩格斯全集》第 1 卷，人民出版社 1956 年版，第 178 页）如果以为不自由的法律套上自由的公开审判程序就会得出公正的判决，这只能是一种幻想。公丕祥：《传统东方社会司法的特殊机理——马克思的理论阐释》，《法商研究》2001 年第 5 期。

第二，其他纠纷解决机制要重视。长期以来，众人皆知，人类社会有其天然的纠纷消化系统，它能够自己去消解一些社会矛盾。这就好比人自身有其天然的免疫机能一样，对于人类社会而言，像司法这样的纠纷解决路径，就好比药物对于人体一样，通常只有在人体自身的免疫机能不发生效果或者效果并不是太佳的前提下，才会进行介入。因此，对于社会纠纷而言，通常只有在社会自身免疫机能失灵或者效果不佳的前提下，司法的干预才是有必要的。这就说明纠纷和矛盾是一个社会运行所常有的现象。但是，对于一个正常的社会来说，绝大多数的纠纷与冲突都是理应通过这个社会自身所具有的一种天然免疫系统来进行化解的，也正是借助于这种天然的机能，人类社会才能够绵延不断，发展至今。[①] 另外，还需强调的是，在如今的中国，很多社会矛盾规模化爆发的一个关键缘由，就是因为社会自身所具有那种纠纷解决机能并没有被充分挖掘，并加以有效利用。具体而言，古老的乡土社会已经逐渐消失，经过多次的社会变革，在我国传统乡土社会所延续数十年的诸如家庭、族群以及村社等一系列民间纠纷解决路径也几乎全部瓦解。随着我国社会经济的快速发展与变迁，我国各地区之间的人口流动数量与频率也在不断增加，传统的那种“熟人社会”开始逐渐被现代的“陌生人社会”所取代。在此种背景下，那种建立在“熟人社会”基础上的各种民间纠纷解决机制，在现代的“陌生人社会”，几乎难以再生存和持续下去。有鉴于此，今后我国解决社会纠纷和冲突的首要策略和举措理应放在“思考如何去激活并充分挖掘、利用社会自身所具有的那种天然的纠纷消解机能”，正如我们要想改善人体的健康状况首先应当要去思考如何增强人体的自我免疫力一样。如此，一系列司法之外的纠纷解决机制，如人民调解、行政调解理应逐渐受到重视，[②] 西方 ADR 机制就是一个明

---

① ［美］罗伯特·C. 埃里克森：《无需法律的秩序——邻人如何解决纠纷》，苏力译，中国政法大学出版社 2003 年版，第 5 页。

② 刘峥：《司法改革的困境突围——以社会司法需求的多层次性为基点》，《山东审判》2009 年第 5 期。

显的例证①。

## 二　婚姻家庭纠纷调解机制运行的状况

我国正处于社会转型时期，正因为此，各阶层、各方面的纠纷与矛盾呈现快速增长之势。这导致我国司法机关的压力陡增，司法资源也日渐趋于短缺。面对此种情形，近些年来，我国法律界都把关注的视角着重放在了如何构建多元化争议解决机制上，并且都毫无例外地对调解制度保有格外的重视。② 时至今日，经过多年的发展，我国已经构建起以人民调解为主，诉讼调解与行政调解为辅的多重争议调解机制，它们在我国社会矛盾化解中有着越来越重要的作用。具体到婚姻家庭类纠纷而言，调解机制总体运行较好，发挥了较大功能，但也不免存在一些不足之处。

### （一）人民调解

人民调解制度在我国相关的法律规定中有很多渊源。在 1954 年，由周恩来总理所领导的中央人民政府政务院就已经起草和颁布了《人民调解委员会暂行组织通则》。《通则》规定要在全国范围内逐渐建立起一个统一的人民调解制度，这标志着该制度在我国的正式确立。现如今，人民调解制度已经被载入我国宪法（第一百一十一条），并且，还有许多立法文本对该制度有所涉及。2011 年 1 月 1 日起施行的《中华人民共和国人民调解法》第二条规定："本法所称人民调解，是指人民调解委员会通过说服、疏导等方法，促

① ADR（Alternative Dispute Resolution）意为"解决争议的替代方式"，或者翻译为"非诉讼纠纷解决程序"。由于它没有复杂的程序，且不伤当事人之间的合作关系，这种起源于美国的争议解决的新方式，被很多西方国家采用。其表现形式主要有三：（1）Negotiation，即双方当事人之间进行的协商谈判；（2）Mediation or Conciliation，即由双方当事人共同选择的第三者进行的调解；（3）Mini-trial 与 Arbitration，即模拟法庭与仲裁。其基本特性有三：第一，它是当事人之间达成的自愿的解决争议的方法；第二，通过 ADR 达成的解决争议的方案没有法律上强制执行的效力；第三，ADR 既可以单独适用，也可适用于诉讼程序和仲裁程序中。Lynch，J. ADR and Beyond：A Systems Approach to Conflict Management，*Negotiation Journal*，Volume17，Number3，July 2001，Volume，p. 213.

② 邓丽：《论乡土社会的人民调解与现代都市的专业调解——以婚姻家庭争议的调解机制为例》，《理论学刊》2008 年第 8 期。

使当事人在平等协商的基础上自愿达成调解协议，解决民间纠纷的活动。”该法为人民调解机制的进一步发展提供了法律依据，其明确了人民调解的性质、组织形式等一系列问题。

1. 婚姻家庭纠纷中人民调解机制的运行现状

我国《婚姻法》第三十二条规定：“男女一方要求离婚的，可由有关部门进行调解或直接向人民法院提出离婚诉讼……”这里所规定的调解，主要是指司法调解以外的民间调解，也就是我们经常所提到的人民调解。对于《婚姻法》中“有关部门”的具体范围，我国法律虽然并没有做明确地界定，但是，在一系列具体的实践中，通常包括纠纷当事人所在的工作单位、一些群众团体以及基层的一些调解组织与法律服务机构。由这些“有关部门”所主持开展的人民调解，同司法调解有着一定的区别，并且也不属于行政调解的范畴。就其功能而言，它与我国国民有关家庭纠纷必须通过调停解决的传统思维以及“非讼”心理相契合。因此，非常容易被当事人接受，再加上它的具体运作方式比较灵活和宽松，有利于营造一个良好的纠纷解决氛围，从而有利于妥善、及时解决事端，平息纠纷，减少诉讼案件，受到婚姻家庭当事人的欢迎。①

据相关统计，截至2008年，我国共有大约84万个各类人民调解委员会，五百万人民调解员。它们绝大部分都分布在乡间村落、城镇社区以及企事业单位等各个地方和领域。随着社会的发展，人民调解制度的内容在实践中变得更加丰富和完善，现在已经基本建立起了一个完备的工作制度与工作规范。根据我国司法机构的相关统计，在人民调解委员会所负责和处理的民间纠纷当中，有很大部分的比例是婚姻家庭类纠纷，其数目大约为133万件。并且婚姻家庭类纠纷也正是人民调解机制最能发挥自身价值和作用的领域，由人民调解委员会调解过的婚姻家庭类纠纷，其成功率达到了惊人的97%比例，比人民调解委员会所调解的其他类型的民间纠纷的成功

---

① 具体可参见丁慧、都星羽、李放《婚姻家庭纠纷调解机制问题研究》，《辽宁师范大学学报》（社会科学版）2008年第6期。

率要整整高出 2 个百分点。[①] 以福建闽南地区为例，根据实证调研和考察，从 2009 年到 2011 年，厦门市思明区中华司法所总共调解相关纠纷四百七十六件，其中调解成功的案件有四百七十六件，成功率竟然达到了 100%。在这四百七十六件纠纷里，邻里纠纷和婚姻家庭纠纷是主要类型，分别占到调解总数的 52.31%与 8.83%。还有，同安区五显镇明溪村家事纠纷援助中心在 2009 年至 2011 年之间，总共调解各类纠纷共计一百一十二件，这其中，家事纠纷的比例有 14.3%。[②] 另外，在 2014 年，湖南省妇联在全省推行婚姻家庭纠纷调解工作试点工作。对此，常德市妇联进行积极响应，并于 2014 年 8 月在鼎城区挂牌成立全市首个婚姻家庭纠纷调解委员会（以下简称"婚调委"），经过近一年的运行，取得非常显著的效果。截至 2015 年 7 月，共接待咨询 305 对，调解 226 对，调成（调和或调离）185 对，调解成功率达 81.86%。[③]

2. 我国婚姻家庭纠纷人民调解机制存在的问题

作为一种东方社会所特有的经验，人民调解可以算作是一个民间社会的自治活动，它具有很强的人文关怀功能与政治向心功能。作为一个相对独立的社会纠纷解决路径，人民调解制度是我国司法制度的一个重要补充，它可以为司法制度过滤掉部分纠纷，有时候甚至是它的一个前置性程序——它是减少与预防社会不稳定因素的一个防护墙，也是疏通与化解各种社会矛盾的一个减压阀，同时它更是保证社会安全有序的一个稳定器。一言以蔽之，人民调解制度在构建和谐家庭与和谐社会中具有不可替代的作用和地位。当然，我们同时也必须清醒地意识到，在我国实践当中，人民调解机制还存在许多的问题尚待解决和完善，这是未来我们的工作重点所在。

---

① 邓丽：《论乡土社会的人民调解与现代都市的专业调解——以婚姻家庭争议的调解机制为例》，《理论学刊》2008 年第 8 期。

② 数据主要来源于厦门大学法学院课题组《运用人民调解机制解决婚姻家庭纠纷调研报告——以闽南地区为样本》，《东南司法评论》2012 年第 00 期。

③ 湖南省常德市妇联：《基层妇联工作微观化的有益尝试——对婚姻家庭纠纷调解工作的初步探索和粗浅思考》，《中国妇运》2015 年第 10 期。

首先，是人民调解机制的存在基础有所动摇。众所周知，人民调解机制赖以存在的基础多半是传统的乡土社会，那么由于我国目前已由乡土社会向市民社会转换，地缘性的熟民社会向陌生人社会转换，人民调解的生命力、驱动力和支撑力如何构建，这制约着人民调解机制功能的进一步发挥。[①] 其次，人民调解机制的价值功能与实际运行机制存在背离。我国《人民调解法》第三十一条规定："经人民调解委员会调解达成的调解协议，具有法律约束力，当事人应当按照约定履行。"此条法律规定可以说进一步强化了经人民调解委员会调解所达成协议的强制性效力。另外，在福建省司法厅起草和出台的《关于进一步加强司法所建设工作的意见》以及厦门市司法局起草和公布的《关于加强人民调解员工作的意见》等诸多地方的立法文本及相关规定性文件中，则着力鼓励实行一种"庭式调解"。这种调解模式比较注重程序上的严格，比如，规范双方当事人申请立案、进行辩论等环节。还有，在某些地方，为了增强人民调解人员的专业业务水平，提出了"社区法官"的口号。这种口号着力鼓励和提倡一些退休法官全面进驻各社区，发挥自己的丰富经验和专业特长。总而言之，在过往，人民调解员大都是由社区内的声望较高、阅历丰富的人员来担任。但是，目前，一些城市地区的调解组织在选任人民调解员上越加重视他们的学历与专业背景。[②]

（二）司法调解

在实践中，司法调解又称为诉讼调解或者法院调解，它主要是指在人民法院审判人员的主持下，纠纷当事人进行平等协商，并自愿达成相关协议，以化解双方之间民事纠纷的争议解决方式。作为我国传统司法实践中一个比较独特的纠纷解决方式，司法调解曾经被一些西方国家尊称为"东方经验"，并进行适当学习和借鉴。新中国成立以来，我国司法调解先后经历了"调解为主""着重调解"以及"依法自愿调解"这三个不同的阶段。时至今日，随着我

---

① 丁慧、都星羽、李放：《婚姻家庭纠纷调解机制问题研究》，《辽宁师范大学学报》（社会科学版）2008年第6期。

② 具体可参见宋明《人民调解的现代定位》，《法制与社会发展》2008年第3期。

国政治、经济、社会体制的不断发展与改革，司法调解这种机制也时刻处在不断变革之中。

1. 婚姻家庭纠纷中司法调解机制的运行现状

我国现行《婚姻法》第三十二条第二款规定："人民法院审理离婚案件，应当进行调解。"这表明在人民法院审理离婚案件的过程中，调解是一个必经的程序。我国法律之所以会作出这样的安排，主要是考虑到离婚案件本身是一种身份关系诉讼，它具有很多自己独特的属性。具体而言，通过调解这种方式来解决离婚案件，对化解双方当事人之间的冲突，并适当减轻他们的精神损害，继而协调处理好各种关系大有裨益。对于那种认为法官进行司法调解是一种人治而非法治的观点，显然是人为地隔离了司法审判的价值目标同社会生活的总目标之间的关系，甚至在某种程度上把法制简单地等同于司法审判，这是不合理的。殊不知，调解可以很好地促进纠纷当事人双方之间的交流和沟通，它允许当事人根据自身的具体情况与实际需要等因素来有效化解面对的各种婚姻家庭问题，继而减少当事人之间的冲突与矛盾以及进一步的精神伤害；另外，采用调解，还可以节约当事人的时间、交通、饮食等诉讼成本，对预防和避免双方当事人未来可能发生的潜在纠纷也十分有利。[①]

从我国这20多年来司法调解的现状来看，民事纠纷的调解结案率基本是处于一个逐渐下降的趋势。然而，令人惊讶的是，婚姻家庭类案件的调解结案率却一直都处于一个相对较高的水平。[②] 例如，根据2009年最高人民法院工作报告的相关数据表明，我国婚姻家庭继承纠纷案件总共结案的有1380762件，其中采用调解方式来结案的案件占到了47.73%的比例。而同时，合同类案件的调解结案率为32%、侵权类案件的调解结案率为34%。另外，在婚姻家庭纠纷案件中，还有高达22.12%比例的案件是以撤诉结案，这也明显

① 具体可参见邓学仁、严祖照、高一书《DNA鉴定——亲子关系争端之解决》，北京大学出版社2006年版。

② 具体可参见田依立《离婚纠纷诉讼调解问题研究》，硕士学位论文，吉林大学，2012年。

高于后两类案件。[①] 中山大学的黄建武教授曾经对我国 1988 年到 2010 年的相关材料进行统计分析，最后得出，这段时间内的婚姻家庭继承类案件的调解结案率相对稳定并且一直较高，除了 1989 年和 1990 年分别为 67.2% 和 70.4% 以外，1991 年至 1997 年都在 50% 至 60% 的区间，1998 年至 2010 年的十多年间调解结案率都维持在 40% 至 50% 的区间，最低值是 2002 年的 43%。[②]

2. 我国婚姻家庭纠纷司法调解机制存在的问题

人民法院在审理婚姻家庭类案件的时候，对司法调解进行强制性适用的这一规定，随着我国社会经济的快速变化以及纠纷解决相关理念的不断发展进步，在实践中开始日益暴露出一定的局限性，这甚至在某种程度上阻碍了其作用的发挥。具体而言，问题主要有如下几个：[③]

第一，调解的适用范围稍微偏窄。在我国现行法律规定的框架下，作为一种前置程序，司法调解仅仅局限于离婚类案件的处理，除离婚以外的所有婚姻家庭类纠纷的诉讼，则需要严格依据我国《民事诉讼法》的相关规定，适用普通民事诉讼程序，而调解只是一种自愿选择，这明显有些偏窄，并严重影响了我国婚姻家庭类纠纷的诉讼效果。众所周知，离婚争议和其他一些婚姻家庭的争议，在本质上并没有太大的差异。这些婚姻家庭类的案件理应都适用强制调解制度。

第二，调解的程序启动有点偏晚。我国《民事诉讼法》第九十三条规定："人民法院审理民事案件，根据当事人自愿的原则，在事实清楚、分清是非的基础上进行调解。"可见，在我国，要想达到该条规定适用调解的条件，必须先已经进行了开庭。考虑到我国《婚姻法》从来没有明确过调解程序启动的准确时间，这就造成在

① 数据主要转引自陈国华《婚姻诉讼特别程序研究》，硕士学位论文，安徽大学，2012 年。

② 黄建武：《中国调解功能的演变及制度创新启示——基于 1988 年至 2010 年统计材料的分析》，《北方法学》2012 年第 5 期。

③ 具体可参见蒋月《构建婚姻家庭诉讼司法调解制度》，《甘肃社会科学》2008 年第 1 期；丁慧、都星羽、李放《婚姻家庭纠纷调解机制问题研究》，《辽宁师范大学学报》（社会科学版）2008 年第 6 期。

具体的实践中，法院基本都是在进行案件开庭审理之后，法庭评议之前，才开始采用调解程序的。可是，纠纷当事人双方在此时刚刚结束法庭庭审，他们已经经历了严格的举证、质证，以及针锋相对的互相辩论，这时的氛围显然已经十分不利于当事人之间的协商谈判，并相互妥协，达成谅解。

第三，调解的程序还不够规范、严谨。时至今日，包括婚姻家庭类纠纷在内的司法调解，到底该适用哪种程序，它的具体执行期限又应该有多长，我国的《民事诉讼法》都没有作出明确的规定。尽管在目前的司法实践中，一些经验比较丰富的法官，可能会对调解程序的运用非常称心自如，但如果司法调解完全任由法官来自由掌控，这会导致司法调解非常容易受到审判时限、法官工作态度等因素的影响，继而使调解有时候很可能会流于形式，难以达到作为法定程序设置的立法预期目的。当然，这还很容易造成法官漠视当事人的权利，对于调解，通常只会做到“点到为止”，为了调解而进行调解，或者出现久调不决的状态。上述这些都会严重损害司法的权威，难以实现司法调解制度所应有的效果。

第四，调解的效力还不够明晰。我国《民事诉讼法》第九十七条规定：“调解书经双方当事人签收后，即具有法律效力。”简而言之，纠纷当事人在司法中所达成的调解协议，在送达给当事人进行签收之前，对当事人双方来说是没有任何拘束力的。然而，从法理上来说，既然在婚姻家庭类案件的司法审理中，调解程序是一种强制性适用程序，那么对此类案件调解协议的效力也应当更加明确。总而言之，法院所开展的调解也是一种非常严肃的司法行为，在法官的主持下，纠纷当事人之间就权利义务争议所达成的协议，如果对他们的反悔权并没有任何的限制和约束，那么将会对司法的权威产生严重侵害，同时，也非常容易助长当事人在司法调解过程中的草率以及不认真行为，继而造成法院人力、财力上的浪费。

（三）行政调解

所谓“行政调解”，即指由行政机关主导的，以国家法律、政策为依据，以平等、自愿为原则，通过劝导、教育等诸多方法，推动纠纷双方当事人展开友好协商，并进行互谅互让，以促使他们达成相关纠纷解决协议，进而解决民事争议的一种纠纷解决机制。它与行政裁决、行政仲裁等一起共同构成了行政机关处理相关民事经济等纠纷的重要制度。[①] 行政调解则具有专业性、综合性、高效性以及主动性和权威性等特有优势，体现了“以和为贵”的传统观念和现代非强制行政方式的基本理念，在解决纠纷、化解矛盾以及维护稳定中都有着其他纠纷解决机制难以替代的作用。[②]

1. 婚姻家庭纠纷中行政调解机制的运行现状

离婚的形式主要有两种，即裁判离婚和协议离婚。从法理层面来分析，协议离婚有广义与狭义两种解释。其中，从广义上而言，协议离婚是指夫妻双方最终采取协议的方式来解除他们之间的婚姻关系。它比较注重于“协议”这种方式，不仅包括夫妻双方最初就已经达成一致，然后通过行政登记程序来解除婚姻，而且也包括一方先进行提出，然后由人民法院进行调解而实现的一种合意离婚。从狭义上而言，协议离婚仅指自夫妻双方提出的时候，他们就已经在离婚以及相关问题上自愿达成一致，只是依照行政登记程序来办理离婚。我国的协议离婚制度，是中国多年积累的一种特色。自新中国成立以来，在长达六十余年的法律实践中，它不但已经得到了广大民众的基本认同，而且还积累了非常丰富的制度经验。如此，随着我国社会经济的快速发展以及婚姻家庭相关法制的逐渐完善，夫妻双方通过协议的方式这一非诉程序来解决离婚问题的现象，在所有离婚案件中所占的比例越来越多，甚至在某种程度上，已经被大部分的当事人视作离婚的首要选择。一般来说，行政调解应当在协议离婚中，也就是在婚姻登记机关办理离婚登记的过程中充分发挥其功能。然而，十分遗憾的是，在理论上，行政登记机关到底是否应该具有调解职能还尚未形成其说。因为，依据我国《婚姻法》等相关法律的规定，婚姻登记机关其实并没有调解的义务以及调解的职能，它的责任主要是对当事人之间达成的离婚协议的全面性、真实性及合法性进行审查，进而据此依法作出准予或者不准许的决

① 俞少如：《多元纠纷解决机制中的行政调解》，《学术界》2007年第6期。
② 朱最新：《社会转型中的行政调解制度》，《行政法学研究》2006年第2期。

定。在婚姻登记机关的具体实践当中，对于调解的认识则更加混乱，调解也因其并没有一个强行性法律规范的支撑，而不会成为一个法定的程序与方式的要求。即使在现实中，有些行政机关比较重视调解，并对协议离婚的当事人主动开展一些调解工作，但也往往是基于一种情理层面的考虑，根本不能体现出对调解机制价值功能的重视和宣传，更遑论其他类型的婚姻家庭纠纷了。可以说，在我国，就婚姻纠纷而言，行政调解也是一种盲区，无所作为。① 因此，我们只能将视角转移到普通行政调解机制的研究上。

近年来，随着四川、河北等地区相继在大调解体系背景下对行政调解机制的创新和突破，行政调解也逐渐在构建和谐社会中真正体现出其解决社会纠纷的一种独特优势，行政调解也因此成为在行政法领域推动社会管理创新的一个重要构成方面。虽然，在目前，我国法律对于行政调解的规定很少，但是部分省份充分结合自己行政调解工作的实际，已经开始展开一些探索性的行政立法，以让行政调解工作逐步纳入法制化的轨道。例如，在四川省，省政府在进行深入考察的基础上，专门起草和出台了本地区关于加强行政调解工作的意见。紧接着，四川省的十多个地级市，陆续起草和颁布了自己市区的有关行政调解工作的实施细则，② 29 个省直部门也起草和出台了自己部门领域的具体实施意见。这些细则和意见都把开展行政调解工作作为各级政府以及有关政府部门的一项基本职能，并建立了一个由各级人民政府领导，政府法制部门进行牵头，政府各有关部门为主体的行政调解工作新机制。据相关统计，截至 2010 年，四川省各级政府以及所属职能部门总共建立了 21653 个行政调解室，并配备了 26492 位行政调解员。这些行政调解室和行政调解员总共调解九万余件社会各类矛盾纠纷，调解的成功率达到了

---

① 丁慧、都星羽、李放：《婚姻家庭纠纷调解机制问题研究》，《辽宁师范大学学报》（社会科学版）2008 年第 6 期。

② 如《阿坝藏族羌族自治州行政调解工作暂行办法》《巴中市行政调解工作暂行办法》《成都市新都区行政调解工作办法》《达州市行政调解办法》《德阳市行政调解工作暂行办法》《乐山市行政调解暂行办法》《泸州市行政调解工作规定》《眉山市行政调解工作暂行规定》《绵阳市行政调解工作规定》《内江市行政调解工作暂行规定》《遂宁市行政调解工作暂行规定》，等等。

90%。总而言之，在这些地区已初步形成了一个协调统一、运行畅通的行政调解工作机制，行政调解在定分止争，维护和谐上发挥着非常重要的功能。①

至于一些婚姻家庭纠纷，在现行的行政调解机制下，其主要由公安机关来负责。根据我国相关法律的规定，公安机关在婚姻家庭类的矛盾纠纷中，主要担负着治安调解以及进行处罚的义务和责任。这其中，治安调解主要是指对于那些由于民间纠纷而产生的打架斗殴和损坏他人财物等触犯治安管理法的行为，公安机关在查明事实、明晰责任之后，在公安机关的主持下，由双方当事人进行平等协商，相互妥协，并自愿达成调解协议，公安机关不进行相关治安处罚的一种机制。② 在实践中，婚姻家庭类纠纷大都属于民间纠纷的一种。因此，公安机关对于因该种纠纷而引起的一些触犯治安管理法的行为承担着非常重要的责任。具体而言，公安机关主要按照《人民警察法》《治安管理处罚法》以及《公安机关办理行政案件程序规定》和《公安机关治安调解工作规范》等相关法律法规的规定，对于因婚姻家庭矛盾而引起的治安案件，尤其是其中那些情节相对轻微，双方当事人在情感上仍存有希望，而且双方也都希望政府机关能够进行介入的案件，公安机关应当也必须进行介入，并在法定的情形与条件下通过调解这种方式来进行化解。总之，通过公安机关的治理调解，达到既要解决婚姻家庭纠纷，又要促使婚姻当事人之间和睦相处的目的。

2. 我国婚姻家庭纠纷行政调解机制存在的问题

尽管行政调解是一种源远流长的“东方经验”，在社会纠纷解决中也发挥着比较独特的功能，然而，新的历史条件下我国行政调解也面临挑战，存在诸多缺陷与不足，需要在改革中加以完善。具体而言，主要有如下几个：

---

① 陈永革、肖伟：《行政调解：内涵界定、法理基础和应然价值》，《甘肃行政学院学报》2011 年第 3 期。

② 参见孟昭阳《治安调解的界定及适用范围与条件》，《中国人民公安大学学报》（社会科学版）2008 年第 6 期。

首先，因法律法规规定的过于抽象而造成对调解尺度的把握不太精准。虽然我国《治安管理处罚法》《公安机关办理行政案件程序规定》以及《公安机关治安调解工作规范》等法律规范中都对治安调解的适用范围做了一定的规定，均指出治安调解主要适用于那些因民间纠纷而导致的触犯治安管理法，并且情节相对较轻的治安事件。然而，对于到底该如何正确理解民间纠纷和婚姻家庭纠纷的具体内涵与外延，上述法律都没有进行明确规定。因此，在具体的实践中，由于婚姻家庭类纠纷本身所具有的一种复杂性，对于因婚姻家庭类纠纷而引起的各种经济纠纷以及其他一般民事纠纷，公安民警在进行接警时，经常会无法在短时间内准确判断这些案件的性质，甚至有些民警为了避免不必要的麻烦，或者为了防止群众事后进行投诉，对上述这些性质的案件通常做一种降格处理，也就是把它们统一当作一种治安案件来进行现场调解，最终以此结案。

其次，因法律法规规定的不够明确而造成对婚姻家庭类纠纷的处置不当。比如，个别民警将《治安管理处罚法》第九条所规定的“可以调解”错误地理解为“必须调解”，因此，他们往往认为调解是此类案件的一种必经程序；一些民警对于调解的时效，往往抱着“能调则调、不能调则拖”的想法，知道当事人不愿意进行长时间的消耗，而最终迫使他们快速达成和解，或者让案件陷入久拖不决的一种状态。另外，因为《治安管理处罚法》对治安调解所达成协议的效力并没进行明确的规定，所以部分当事人并不能认真对待自己在调解过程中的意见与主张，事后一旦有一些不满意，就会主动撕毁调解协议，或者干脆进行反悔，不履行该项协议，再加上实践中一些民警通常对民怨产生一种畏惧、畏难等情绪，他们在主观上并不愿意再次处理此类案件，因此通常是以告知到民调机构或者向人民法院寻求帮助的方式来进行最终处理。

最后，由于不重视传统道德以及风俗的功能而造成调解的效力降低。在中国这个大陆法系的国家中，任何执法行为都需要严格依照法律规定，特别是公安机关调解婚姻家庭纠纷，必须注重依法行事。然而，在调解过程中，在分清是非的基础上，往往以法律规定为唯一依据，这忽略了将法律与传统道德、民俗习惯的融合贯通，忽略了婚姻家庭纠纷内在的特殊性和复杂性，忽略了婚姻家庭关系调整时亲情与乡规民约的制约作用，忽略了依靠血缘地缘关系的作用。在调解过程中，法律知识的普及与教育被放在首位，虽然辅以冷却宣泄（让对立双方有一段矛盾冷却、情绪宣泄的时间）、释法解疑（寓法律教育于分清是非过程中）、换位思考等方法，但对借用和发挥中华传统道德和善良风俗的潜在积极作用并没能充分发掘。有些纠纷调解后，当事人以不符合传统道德认知而加以反悔，此时，虽然通过纠纷解决过程达到了教育的目的，但尚未完成解决纠纷的最终目的。[①]

## 三　婚姻家庭纠纷调解机制的现实出路

近年来，伴随着“和谐社会”这一目标的提出和宣传，我国的调解机制也随之重新焕发了新的发展机遇和生机。调解机制在解决婚姻家庭类的纠纷中发挥了非常重要的作用，但是，因为立法文本以及其具体实施中所存在的一些缺陷和不足，使调解机制功能的发挥受到了一定程度的限制。故此，在构建和谐社会的今天，必须采取相关措施，逐步完善调解机制，以充分挖掘其定分止争的作用。

### （一）完善现有的各种调解机制

一是对于婚姻家庭纠纷司法调解机制而言，应当在坚持调解作为离婚前置程序的基础上，将调解程序的强制使用扩大到所有的婚姻家庭诉讼案件当中。以民事诉讼法修改为契机，完善诉讼调解制度，实行调审分离，建立家事调解的程式，规范司法调解，强化调解意识，提高调解能力，创新调解方法，倡导调解艺术，建立和完善调解的激励机制。严格再审制度，强化调解的独立性，改革调解方式，优化婚姻家庭案件司法解决的社会效果。另外，在可能的情况下，还可以参考域外国家做法，在我国设置家事法庭，统一负责

---

① 参见姜虹《完善婚姻家庭矛盾纠纷治安调解之管见——以“民调进所”为切入点》，《公安研究》2011 年第 4 期。

调解婚姻家庭案件。[①] 二是对于婚姻家庭纠纷行政调解机制而言，应当修改《婚姻登记条例》，赋予婚姻登记机关调解职能，重新设立协议离婚的审查期和考虑期，废除“即时办理”的相关规定，从而减少轻率离婚、快餐式离婚，杜绝闪结闪离，从而保障婚姻关系的稳定，发挥婚姻登记机构行政调解的固有作用。另外，公安机关也要明确治安调解的范围和边界，严格按照《公安机关治安调解工作规范》的规定来调解婚姻家庭纠纷，同时，也要注重传统道德和善良风俗的运用。[②] 三是对于婚姻家庭纠纷人民调解机制而言，应当积极发挥民间调解机制的作用，以法律形式明确民间调解机制运行当中形成的民间协议的法律效力，实现诉讼调解和人民调解的有效互动链接。实行人民调解员资格准入制度，赋予民间调解法律上的公信力。等等。

（二）充分发挥各级妇联的作用

“从婚姻家庭矛盾纠纷的本质来看，多源于日积月累的生活小事，道理情理法理渗透其中，第三方适当介入，进行调解，往往是解决纠纷比较好的途径。既满足了当事人解决纠纷的需求，又体现了‘和为贵’的宗旨，引导家庭成员化消极排斥为包容理解。”全国妇联调研组在江西南昌召开的座谈会上，南昌市妇联主席黄琰如此介绍。在该市的青云谱区，2007 年成立的全省首家婚姻家庭指导工作室正是基于当地妇联组织的这种理念。工作室免费向婚姻当事人提供婚姻调解、危机干预等专业化、人性化和规范化的服务。而在具体的婚姻家庭纠纷调解工作中，南昌市还创新推出了“说理执法”的模式，帮助很多有矛盾纠纷的家庭重回和谐。在婚姻纠纷中，还通过判断和区分当事人是“危机婚姻”或“死亡婚姻”采取

① 在我国，已经有一些法院对家事审判做了颇具特色的改革尝试，为家事法庭的全面建立提供了重要参考。比如 2010 年 3 月 23 日，广东省高级人民法院宣布在 7 个法院试点组建家事审判合议庭，集中审理因婚姻、亲子关系引发的人身权纠纷及与此相关联的财产权纠纷。四川、湖北等地均有类似尝试。家事法庭的构建在我国已初见雏形，家事法官有专门化的趋势，专业的家事陪审员也已出现。聘请熟悉婚姻家庭法律规定、长期从事妇女儿童维权工作、善于做思想工作的人员做陪审员已成为各个家事合议庭的共同做法。这些尝试为家事法庭的全面构建提供了重要参考素材。

② 参见蒋为群《完善我国治安调解的几点思考》，《公安研究》2008 年第 6 期。

不同的调解方法。不仅仅是江西省，据全国妇联调研组介绍，为适应婚姻家庭领域的新常态，各地妇联都把化解婚姻家庭纠纷作为维权工作的重点，探索新思路，以信访工作为主渠道，以联调联动为突破口，以专业化服务为新手段，千方百计开展婚姻家庭纠纷的调解工作。

2015 年 5 月 12 日，湖南省妇联联合相关部门共同起草和颁布了《关于在县市区建立婚姻家庭纠纷专业性人民调解委员会的通知》。此部文件对婚调委的一系列相关内容都进行了比较详细的规定。截至 6 月，湖南全省共建立 30 个区县级婚姻家庭纠纷人民调解委员会，聘请专兼职调解员 482 人。在一年试点工作中，各试点接受咨询的夫妇数为 7011 对，其中当场调和 1782 对，调和率达 41.3 %。同样在浙江省杭州市，当婚姻家庭发生纠纷的时候，老百姓除了可以找律师，找法院还可以找杭州市婚姻家庭纠纷人民调解委员会进行调解。在具体的调解工作中，由妇联组织主导的婚调委以挽救家庭为原则，以法律、法规、政策和社会公德为准则，于情于理进行分析梳理，用较为软性的工作思路化解矛盾。值得关注的是，婚调委调解后出具的调解协议书具有法律效力，可申请法院的司法确认。

（三）政府向社会购买公共服务

政府向社会购买公共服务是现今行政领域的一个最新发展趋势，这样不仅可以降低政府部门的负担，还可以提高公共服务的质量和效率。[①] 这同样适用于婚姻家庭调解机制。根据相关实证调查，我们发现，湖南省现有的婚调委试点几乎都是以妇联、司法以及民政这三个部门来共同组建的。其中，由民政部门在当地的离婚登记处附近提供办公场所，或者干脆由民政部门在附近租用相关的场所办公，而司法部门则主要负责提供专业知识方面的指导，妇联组织则具体负责相应工作的管理、沟通与协调。为了启动此次试点工作，2014 年，湖南省妇联一共向首批 15 个试点区县分别下拨了大

① 参见王丛虎《政府购买公共服务与行政法规制》，《中国行政管理》2013 年第 9 期。

约5万元活动经费。这全部的75万元经费几乎全部来自省妇联自己的办公经费。由于受到相关政策的限制，2015年，除一些部分试点区县已经将此项费用开支纳入到政府财政预算外，其他一些试点地区则很可能由于没有经费保障而难以持续办下去。全国妇联调研组在江西也听到了类似的担心。为此基层妇联，以及民政、司法等多个部门纷纷提出建议——加强顶层设计，出台推进婚姻家庭纠纷调解工作的政策，落实工作机构、人员构成、经费来源；建立工作机制，建立妇联、民政、法院、司法、综治等部门共同合作的工作机制；培训妇联调解队伍，鼓励维权干部学习法律、心理咨询以及婚姻家庭咨询知识。举办调解业务培训班，将维权干部业务培训纳入民生项目，政策上明确妇联调解干部享受专项津贴。此次调研牵头人，全国妇联权益部副部长兰青认为，婚姻家庭纠纷调解工作是创新社会治理模式的体现，应鼓励参与其中的志愿组织积极参与公益创投项目。此外，不少地方成立的婚调委等相关机构或组织，也基本都是政府各部门出于共同解决婚姻家庭纠纷，继而确保社会和谐稳定而提出的一个全新举措，这与政府购买公共服务的具体精神和要求也是基本吻合的。因此妇联组织也应在“大调解”的思路下，进一步拓宽视野，用项目化方式专业运作婚姻家庭纠纷调解工作。①

---

①　全国妇联权益部调研组：《婚姻家庭纠纷呼唤调解创新》，《中国妇女报》2015年9月29日。

# 第四章

## 加大妇女权益保障的社会宣传工作

十八届四中全会审议通过的《中共中央关于全面推进依法治国若干重大问题的决定》明确指出：“法律的权威源自人民的内心拥护和真诚信仰。人民权益要靠法律保障，法律权威要靠人民维护。必须弘扬社会主义法治精神，建设社会主义法治文化，增强全社会厉行法治的积极性和主动性，形成守法光荣、违法可耻的社会氛围，使全体人民都成为社会主义法治的忠实崇尚者、自觉遵守者、坚定捍卫者。”自我国《妇女权益保障法》正式颁布实施以来，借助于政府、妇联等主体的大力宣传和推动，我国广大公众对妇女权益保障相关知识的了解程度和评价状况都已经有了显著的提升。但总体来说，与世界一些发达国家相比，我国仍然是处于一种比较低的水平，同我们的理想和预期也存有很大的差距。有鉴于此，在今后一段时期，仍需要我国政府和妇联等主体加大有关妇女权益保障的社会宣传，希望借此将我国妇女权益的保障工作再提升至一个新的台阶。具体而言，首先，要提升广大妇女自身的维权意识。众所周知，妇女自身的维权意识是避免侵害妇女权益行为发生的第一道关卡，只有其自身的维权意识得到提高后，才能够使她们在现实中勇于同侵害妇女权益的各种现象做斗争，以防止其再次发生。因此，可以说，这是改善我国妇女权益保障现状的一个治本之策。其次，要树立全民妇女权益保障观念。无可否认，加强对广大妇女的法制宣传和教育，以提升其自身的维权意识，是改善我国现今妇女权益保障现状的一个治本之策，但要想使这个策略能够更好地发挥效用，还必须辅之以“全民守法、护法观念”的树立。只有两者同时进行，相互促进，方可达到事半功倍的效果。

## 第一节 提升妇女自身维权意识

人类社会是由男女两性所共同构成的一个整体，缺一不可。社会的存在、发展和进步都是靠男女两性的共同努力和密切合作。从古至今，女性和男性共同成为历史的创造者、人类文明的建设者，尤其是广大妇女，始终是推进社会文明进步的一个极为重要的力量，这样的例子可以说比比皆是。进入 21 世纪，妇女的状况已经发生了显著的改善和变化，其在政治、经济、科教以及文化领域业已取得了令人瞩目的非凡成就，继而成为改变世界一系列不公平、不平等现象的强大力量。可以说，从法律上和事实上，以全面的、持久不懈的行动来谋求男女平等的实现，已经成为一个不可抗拒的历史潮流。然而，随着社会经济的发展以及社会变革的不断深入，人们的伦理道德、生活方式以及思想观念都已经发生了变化，各种新思想、新观念不断冲击着现代人的工作状况和家庭生活，妇女维权工作也因此面临着许多新的矛盾和挑战。从这个角度而言，在新时期，提升妇女自身的维权意识就显得至关重要。①

### 一 提升妇女自身维权意识的正当性

众所周知，改善妇女权益保障状况，提升广大妇女的社会地位，有很多路径可以采用。但是，毫无疑问，加大宣传和培训力度，继而提升妇女自身的维权意识，是一条最为根本的路径，也是最为有效的路径。其原因主要有二：

#### （一）妇女自身是维权工作的关键

从哲学的角度来讲，事物的运动发展往往是内因、外因共同作用的结果。所谓“内因”，即指事物发展变化的内在原因，又称“内部根据”；所谓“外因”，即指事物发展变化的外部原因，又称

① 具体可参见王菊芬《妇女权益保障与妇女发展》，上海古籍出版社 2004 年版。

“外部条件”。一般而言，内因是事物运动发展的源泉，是事物运动发展的基本动力所在，也是推动事物运动发展的一个根本原因，它往往决定着事物的性质和发展方向，而外因通常只是事物运动发展的一个条件，它必须通过内因才能发挥作用。因此，在现实中，我们必须着重突出内因的作用，对内因给予特别重视。[①]

具体到妇女权益保障而言，妇女权益的维护固然有赖于法律上的保障和社会经济的全面进步，有赖于社会支持系统的外在推动，但更离不开妇女自身的素质和努力。因为法律的保障和社会的支持仅仅是妇女权益保障水平取得发展和进步的一个外因，我们并不能完全寄希望于此。相反，妇女自身的素质则是妇女权益保障水平取得发展和进步的内因，这才是保障妇女权益的关键和根本所在。易言之，妇女自身的素质事关她们能否适应社会发展进步的要求，事关她们在社会中的地位能否得到有效的提升，事关她们能否很好地维护自己的合法权益。因此，广大妇女群众要努力在实践中增长知识、顽强奋进、自强不息，以自己对社会的贡献来谋求自己相应的社会地位，以自己的业务素质来促进自身的进步发展，以自己的实际能力来维护自身的各项合法权益，继而努力做到有为、有位，懂法、用法，善于采用法律赋予自己的武器来积极和各种违法侵权行为做斗争，争取做一个新时代的强者。[②] 故此，我们可以说，妇女自身是维权工作的关键。

### （二）意识对行为具有能动的反作用

在哲学上，辩证唯物主义观点主张：所谓“物质”，主要是指一种不依赖于人的意识为转移，相反，却能被人的意识予以反映的客观存在。紧接着，他们进一步认为整个世界都是一个不依赖于人的意识而转移，却能被人的意识予以反映的物质世界。总而言之，世界在本原上就是一种物质。从方法论上来讲，辩证唯物主义者们大都认为物质决定意识，意识只是对物质的一种反映。有鉴于此，我们务必要对物质的作用和功能加以特别重视，并把其置于一个根

① 具体可参见牟秀华《试论事物发展的内因和外因》，《教育教学论坛》2010 年第 27 期。

② 具体可参见祁琳芳《新时期妇女维权途径探析》，《现代妇女》2012 年第 2 期。

本性的地位。然而，我们同时也不应当忽略意识对物质的那种能动的反作用，继而对意识的作用和功能也应当给予一定的重视。细言之，意识的这种能动反作用不仅体现在意识通常能够准确地反映客观事物，而且还突出地体现在意识通常能够进一步反作用于客观事物。正确的意识能够对人们的具体实践活动进行合理指导，从而推动客观事物的发展和进步；同理，错误的意识则可能会对人的具体实践活动产生错误地引导，从而对客观事物的发展和进步形成阻碍。①

具体到妇女权益保障而言，法律意识的培育和塑造对于提升人们自身的维权意识有着不可替代的作用。法律意识主要是指人们有关法律现象的想法、看法以及观点的总称，它主要包括人们对法的本质、法的作用以及法的发展和权利义务等相关内容的看法。但是，每个人的法律意识基本上都和他自身的法律知识有着莫大的关联，然而法律知识并不是与生俱来的。相反，它主要是凭借后天的法律学习、法律关注以及法律运用等相关过程中逐渐形成的。故此，我们可以说，法律认知是一个人法律意识状况的首要表现，而法律认知主要是指个体对法律以及法律相关现象的了解、熟悉以及掌握的一种主观状态。可见，法律认知的客体即指社会中的法律实施情况以及与法律相关的内容。要想让法律在社会中能够得以普遍地遵守，就必须不断地培养和提升民众的法律认知。② 有鉴于此，提升妇女自身的维权意识对于我国妇女维权工作的开展和进行至关重要。

## 二　我国妇女自身维权意识的现实状况

对妇女自身的维权意识状况展开调查，有助于我们合理、准确地判断我国日后妇女权益法治宣传工作的预期目标和具体路径。一般而言，在法治社会，维权意识主要由两个部分构成：一则是对相

① 具体可参见刘守和《论物质与意识关系中的两个层次》，《理论探讨》1989 年第 1 期。

② 具体可参见李线玲《当前我国公民对〈妇女权益保障法〉认知状况的分析》，《山东女子学院学报》2014 年第 1 期。

关法律的熟知情况，二则是实践中的妇女维权情况。故此，我国妇女自身维权意识的状况主要包括如下两个部分：

（一）对《妇女权益保障法》的认知状况

作为我国妇女权益保障领域的一个专门法，《妇女权益保障法》具有一种“母法”的性质和地位。它在总则之后，总共安排了六章内容。这六章分别对妇女的政治权益、妇女的文化教育权益、妇女的劳动与社会保障权益、妇女的财产权益以及人身权益与婚姻家庭权益等进行了相对详细的规定。因而，我们可以说，妇女大众对《妇女权益保障法》的知悉水平以及评价状况，可在一定程度上体现出妇女对于自身权益的认知状况，并反映出我国女性的权利意识和法律观念。

为了比较清楚地获知我国妇女的社会地位，全国妇联与国家统计局分别于1990年、2000年以及2010年在全国范围内开展了三次规模较大的“中国妇女社会地位”调查。其中，在1992年《妇女权益保障法》起草出台之后，为了弄清中国妇女大众对此法的认知程度，在第二期与第三期的“中国妇女地位”调查所设置的问卷当中，都有一些有关对《妇女权益保障法》认知状况的问题。这些问题主要包括：是否知晓中国现在保障妇女权益的专门性法律，即《妇女权益保障法》？这些法律在保障妇女权益方面的现实作用和实际功能到底如何？等等。

在“是否知晓中国现在保障妇女权益的专门性法律，即《妇女权益保障法》”的调查中，2000年进行的第二期妇女地位调查显示，有71.7%的受访女性知晓此部法律的存在，而2010年进行的第三期妇女地位调查则显示，有81.2%的受访女性知晓此部法律的存在，比上一期整整高出9.5个百分点。因此，可以看出，10年来，我国妇女在这一方面的意识已经得到了较为良好的改善。但是，通过数据分析，仍然存在如下几个问题：第一，从性别的角度来看，女性的知晓率仍然要低于男性，还有待提高。2000年进行的第二期妇女地位调查显示，有76.3%的受访男性知晓此部法律的存在，而只有71.7%的受访女性知晓此部法律的存在。2010年进行的第三期妇女地位调查则显示，有85.8%的受访男性知晓此部法律的存在，而只有81.2%的受访女性知晓此部法律的存在。[①] 第二，从地域的角度来看，农村妇女的知晓率远低于城市妇女，也有待提高。2010年进行的第三期妇女地位调查显示，户籍为城市户口（县城和城市）的被访者中一共有96.0%的人知晓《妇女权益保障法》这部法律的存在，同时，户籍为农村户口（村和镇）的被访者中只有88.3%的人知道中国目前有这部法律。其中，城市女性的知晓率大约为90.6%，而农村女性的知晓率仅仅为70.9%。并且，通过相关数据统计和分析，我们基本确定，被访者的城乡户籍不同会对他们的《妇女权益保障法》认知产生显著性的影响。第三，从教育程度的角度来看，文化水平不同的人，对此部法律的知晓率也存在着较大的差异，有待给予关注。调查显示：不识字或识字很少的受访女性，有47%的比例知晓此部法律的存在；小学文化程度的受访女性，有68.0%的比例知晓此部法律的存在；初中文化程度的受访女性，有86.4%的比例知晓此部法律的存在；高中及以上文化程度的受访女性，对该部法律的知晓率在90%以上。[②]

在"这些法律在保障妇女权益方面的现实作用和实际功能到底如何"的调查中，虽然2010年第三期全国妇女社会地位调查显示，广大女性对《妇女权益保障法》的知晓程度有了明显提高，但是她们对该法有用的评价与十年前相比却有所降低。具体而言，2000年第二期全国妇女社会地位调查显示，63.8%的人认为很有用，27.6%的人认为有点用，合计共为91.4%。其中，女性认为《妇女权益保障法》有用的占85.3%，比男性低12.2个百分点。2010年第三期全国妇女社会地位调查显示，有31.9%的人认为《妇女权益保障法》作用很大，有48.9%的人认为有些作用，合计共为80.8%。其中，女性认为《妇女权益保障法》有用的占80.5%，比男性低0.6个百分点。另外，基于不同因素的影响，这一差异会更加明显：第一，从地域的角度来看，2010年第三期全国妇女社会地

① 刘小楠：《〈中华人民共和国妇女权益保障法〉认知状况研究》，《云南大学学报》（法学版）2013年第2期。

② 李线玲：《当前我国公民对〈妇女权益保障法〉认知状况的分析》，《山东女子学院学报》2014年第1期。

位调查显示，城镇女性中有 32.4%的受访者认为《妇女权益保障法》作用很大，农村受访女性中有 31.3%的比例认为作用很大，城镇女性中有 48.6%的受访者认为《妇女权益保障法》有些作用，农村受访女性中有 48.5%的比例认为有些作用，城镇女性中有 4.9%的受访者认为《妇女权益保障法》没有作用或者说不清，农村受访女性中却有 15.1%的比例认为这部法律没有作用或者根本说不清。从上述数据中可以看出，在认可这部法律作用（作用很大和有些作用）方面，户籍为城市户口的被访者与户籍为农村户口的被访者的比例几乎一致，相差并不是太大，而对该部法律持否定态度（作用不大和根本没用）的人数比例，户籍为城市户口的被访者比户籍为农村户口的受访者要低很多。[①] 第二，从年龄的角度来看，2010 年第三期全国妇女社会地位调查显示，在 29 岁及以下的女性中，有 82.8%的受访者表示《妇女权益保障法》作用很大或者有些作用，9.3%的受访者表示此部法律没有作用或者说不清。在 30—49 岁的女性中，大约有 80.25%的受访者表示《妇女权益保障法》作用很大或者有些作用，大约有 5.5%的受访者表示此部法律根本没有作用或者说不清。在 50 岁及以上的女性中，有 79.45%的受访者表示《妇女权益保障法》作用很大或者有些作用，7.7%的受访者表示此部法律没有作用或者说不清。另外，调查还发现，不同的职业层次分布，不同的文化教育程度也会对广大女性对《妇女权益保障法》的作用评价产生非常大的影响。[②]

（二）现实中妇女自身维权意识的调查状况

知晓维护妇女权益相关法律的存在是一个层面，而在面对侵害妇女权益的行为发生时，知道用这些法律武器去同该种侵权行为做斗争，以维护自身的合法权益又是另一个层面了。因此，对实践中广大妇女的真实维权状况展开详细调查，对于了解我国妇女自身的维权意识，并据此寻找出相关解决路径，大有裨益。

---

① 刘小楠：《〈中华人民共和国妇女权益保障法〉认知状况研究》，《云南大学学报》（法学版）2013 年第 2 期。

② 具体可参见李线玲《当前我国公民对〈妇女权益保障法〉认知状况的分析》，《山东女子学院学报》2014 年第 1 期。

在政治权益上，以中国村民自治第一村——广西合寨村为例，据相关统计，在该村，表示曾经参与过村委会选举的妇女的比例达到了85%，表示并没有参与过村委会选举的妇女的比例有15%。而在这些曾经参与过村委会选举的妇女当中，参与过四次以上的妇女的比例有29%，参与过两到三次的妇女的比例有42%，只参与过一次的妇女的比例有14%。另外，在上述这85%的妇女当中，有64%的妇女认为是基于自己的权利而来参加村委会选举的，但也有部分妇女表示，她们参加村委会选举仅仅是为了凑人数。在那些没有参与过村委会选举的15%妇女当中，有53.3%的妇女表示自己是因为临时有事而没有参与村委会选举，有20%的妇女认为村委会选举只不过是走个形式而已，没有必要去参与，还有13.3%的妇女根本就不清楚，甚至是不知道这件事。① 由此看来，虽然合寨村的妇女政治权利行使和保障状况总体较好，但仍然存在着有个别妇女不知晓的现象。而在实践中，面对这一侵犯自身政治权利的行为，这些妇女通常习以为常，根本就不会去向选举组织者进行理论或者去向有关部门进行投诉和寻求救济。

在土地权益上，以山东省白沙埠村为例，当此地妇女的土地权益遭到侵害的时候，有80%的妇女会去寻求村委会进行帮助解决。相反，仅仅有10%的妇女知道去法院进行起诉来维护自己的合法权益；当然，即便是部分妇女知晓如何去维权，也基本碍于颜面，不愿意去维护。因为他们往往认为妇女进行维权在农村是一件相当丢脸的事情，可能会让广大村民们看不起。所以，她们就选择了听天由命，任人宰割。以该地的臧女士为例，她是2010年嫁到白沙埠村的，根据臧女士的回忆，在白沙埠村的两年里，自己娘家的承包地已经被当地的村委会以出嫁为由迅速予以收回，而婆家的村委会却一直没有给她分配相应的土地。当问到为何这么久了都不去有关政府部门寻求相关救济的时候，臧女士竟然回答："生活在这个村里，村委会不给我分地，我能有什么办法啊，怎么能犯得上为了这

① 熊巍：《村民自治制度下农村妇女政治参与研究——以"中国村民自治第一村"广西合寨村为例》，硕士学位论文，广西师范大学，2014年。

点小事就去法院告人家呢，传出去都会让人笑话，又不是现在吃不上饭了。如果我去告了，得罪了村干部，自己以后在这个村还怎么做人？怎么生活？”①

在人身权益上，据相关统计，针对“如果遭受家庭暴力，你会选择哪种途径进行救济”这一问题，在所有的受访者中，选择“寻求亲戚朋友进行帮助”的人数最多，占到了受访者总数的60.51%；其次是选择“寻求村委会、乡政府以及县政府进行帮助”的人数，占到了受访者总数的15.43%；再次是“寻求公安部门进行帮助”的人数，占到了受访者总数的12.70%；最后才是“寻求其他组织、机构，如妇联、法院以及社交媒体进行帮助”的人数，仅仅占到了受访者总数的11%多。从上述的调查数据中，我们可以很明显地看出，在我国广大的农村地区，在遭受家庭暴力之后，我国受害者在救济方式的选择上仍然是以私力救济为主。相反，她们的公力救济意识并不是太强。② 另外，从重庆市某区人民法院3年里所审理的家暴案件的一种V形波动趋势中，也能佐证这一观点：在2008年达到历史最高，有27件，在2009年下降到了19件，在2010年又出现了上升，达到了25件。总而言之，3年间该区人民法院审理家暴案件的平均量大约为23件，占到了婚姻家庭类案件总数的五分之一多。然而，根据我们的实际调查和估算，在该区，家庭暴力的实际发生数量要远远高于从法院审判卷宗中所统计出来的数字。至于其原因，则主要是由于调查小组发现，家庭暴力的最初发生以及后续的发展具有一定的过程性和规律性，在起诉到法院之前，一般都会先经历一个内部自行消解的阶段。比如，通过双方的直接对话，通过亲友们的劝解或者调解。即使是在经过上述解决路径之后，家庭暴力的问题如果还没有得到彻底化解，受害者也通常只会寻求某些特别的外部救济，如向社区人民调解委员会进行求助，向妇联、警察等机构和组织寻求救济，而不会诉诸法院。只有当上述

① 参见臧聚慧《当代农村妇女土地权益保障研究》，硕士学位论文，山东大学，2012年。

② 陈苇：《我国农村家庭暴力调查研究——以对农村妇女的家庭暴力为主要分析对象》，《法商研究》2007年第6期。

所有路径都没有奏效的时候，受害者往往才会向法院提起诉讼，走司法审判这一路径。①

在文化教育权益上，以福建省福州市为例，根据相关调查统计，随着社会发展水平的逐步提高以及九年义务教育的日渐普及，福州市农村妇女的受教育程度在整体上得到了大幅度提高。截止到2010年，福州市农村妇女的文盲和半文盲的比例只为3.1%，比2000年的12.2%整整降低了9.1%，可以说这个成绩是相当不错的。另外，福州市只有小学文化程度的妇女人数所占的比例也出现了一定下降，由2000年的48.7%下降到了2010年的38.3%，在10年内下降了10.4个百分点，这方面也非常值得称赞。同时，福州市农村妇女中具有初中与高中以上文化程度的比例均有不同程度地提高。这其中，初中文化程度的提升幅度最大，由2000年的36.5%，增长到了2010年的53.7%，整整提高了17.2个百分点。总而言之，上述数据已经显示，在过去的十年，福州市农村妇女的受教育程度获得了较为明显的提升。但是，仔细从数据中分析，我们还是可以看出其中的“性别差异”。十年间，农村妇女文盲、半文盲教育程度所占比例高出农村男性大约有1.9%，小学教育程度的农村妇女所占比例高出农村男性大约有14.3%。但是，福州市农村妇女初中教育程度的所占比例却比农村男性低了大约3.9%，高中及以上教育程度的农村妇女所占比例同样比农村男性低了大约12.3%。可见，福州市农村妇女受教育程度普遍低于农村男性。至于其原因，在调查中我们发现，竟然会有91%的农村妇女由于得不到家人的有力支持而未能获得教育，当被问及“家人或朋友不支持您参与教育时您会怎么办”的时候，近六成的农村妇女竟然表示：会选择直接退出教育，而不是寻求相关的法律救济。②

在劳动权益上，妇女在我国的劳动力市场当中仍旧处于一种相对弱势的地位，即便是在一些同等资历的条件下，甚或是妇女的资

① 陈苇、段伟伟：《法院在防治家庭暴力中的作用实证研究——以重庆市某区人民法院审理涉及家庭暴力案件情况为对象》，《河北法学》2012年第8期。

② 张丽萍：《农村妇女教育参与障碍研究——以福州市为例》，硕士学位论文，福建农林大学，2011年。

历条件更加优越的情况下，妇女最后落选也是一种比较常见的事情。总而言之，时至今日，就业领域中的性别歧视现象依然是一种我们必须加以正视和重视的客观存在。这几年来，针对这种现象，我国很多媒体以及一些政府机构都作了一定的实证调查，并用这些实践中所收集到的数据来准确反映我国妇女在就业中所遭受的各种歧视。例如，《光明日报》就曾经撰文报道过："2003 年，劳保部的调查报告显示，有 67%的用人单位提出性别限制；2008 年，中国政法大学的研究指出，用人单位对求职者的性别要求是大学生就业过程中所面临的最主要的歧视问题；全国妇联相关负责人最近也表示，北京、广州、上海、武汉、重庆等大城市在校女大学生数量已经超过男大学生，但有九成以上的女大学生表示自己在求职过程中曾经遭遇过不同程度的性别歧视，平均一共投出 9 份简历才会有可能得到一次面试或者笔试的机会。"① 2010 年，全国妇联与国家统计局联合实施的第 3 期"中国妇女社会地位调查"所获得的一系列数据也在一定程度上证明了就业领域中性别歧视的广泛存在——在就业中遭受过性别歧视的女性所占的比例大约为 10%，而同时男性遭受过性别歧视的比例只为 4.5%。② 可以说，在我国就业市场中，针对女性的性别歧视，几乎是一种司空见惯的现象。但更为可怕的是，面对这些显性或者隐性的性别歧视行为，我国很多女性却基本都选择了忍气吞声，而不会诉诸相关公权力救济路径。当然，这里有我国现今相关救济路径不健全的因素，③ 但是，广大妇女维权意识的薄弱也是其中的一个重要原因，需要日后加以重视。

在婚姻家庭权益上，司法实践操作中的很多因素都给离婚妇女的损害赔偿救济造成阻碍。根据相关调查与统计，在某某某基层法院已经审结的 1175 件离婚案件当中，判决离婚的总共有 161 件，

---

① 安萧宇：《不让性别成隐形屏障》，《光明日报》2013 年 5 月 23 日。

② 第三期中国妇女社会地位调查课题组：《第三期中国妇女社会地位调查主要数据报告》，《妇女研究论丛》2011 年第 6 期。

③ 通常认为，我国在性别歧视法律规制方面的弊端有：对性别歧视行为缺乏比较明确的法律责任配置；行政执法主体不明确；司法救济路径欠佳，等等。参见刘英《妇女平等就业权法律救济制度的缺陷及其完善》，《西北大学学报》（哲学社会科学版）2007 年第 9 期。

占到所有离婚案件的 13.7%，调解离婚的总共有 221 件，占到了所有离婚案件的 18.8%，其余为判决不准离婚、当事人撤诉或者双方协议离婚等情形。在上述这些调解离婚的案件当中，竟然没有一件提起了损害赔偿。即便是属于我国《婚姻法》第四十六条所规定的离婚损害赔偿的法定事由，也没有见到妇女提出过损害赔偿请求。只是在一些个别案件中，仅仅采用经济帮助的形式对受害方实施补偿。例如，实践中有一件案例刚好印证了这一现状。原被告双方在 2001 年结婚，婚后因感情长期不和，从 2003 年 5 月就已经开始分居。在 2004 年 3 月，原告向法院提起诉讼，请求与对方离婚。在 2004 年 6 月，法院经过审理，依法判决不准许双方离婚。此后双方一直分居至今。被告刘某某辩称，原、被告婚后感情一直较好，但后来由于原告与其他女性关系比较暧昧，致使双方分居，现如今双方感情早已破裂，无法继续下去。其同意离婚，但要求对方支付自己的精神损害费 2 万元。法院审理后认为，原、被告因感情不和分居已满两年，且无任何和好的可能，原被告感情确实破裂，原告提出离婚的诉讼请求应予以支持。但是，感情破裂是由原告与他人有暧昧关系造成的，这给被告造成了很大伤害。对此，原告可以说具有较大的过错，原告王某某应给付被告刘某某 2000 元的精神补偿费。在此案中，被告作为受害方因原告与他人暧昧关系，而要求 2 万元的精神损害赔偿，法院最后仅支持她 2000 元的诉求，这到底有何依据？是法官的自由裁量？还是有别的考量呢？①

### 三　提升我国妇女自身维权意识的预期目标

维护妇女合法权益的主体是妇女本身，妇女权利的实现归根结底也还得靠妇女自己去完成。因此，必须准确把握妇女在心理、生理等各方面特点，注重对其思想和品行进行正确的教育和引导，鼓励、支持妇女进行积极维权。只有这样，广大妇女的综合素质以及自我维权的能力才能获得真正提高，我国的妇女权益保障工作才能够得以不断发展和进步。具体而言，未来我国提升妇女自身维权意

---

① 参见周光清《论农村离婚妇女权益保障》，硕士学位论文，湖南大学，2008 年。

识的预期目标主要有如下三个：①

（一）调动妇女维权的积极性

作为这个社会的一个重要群体，妇女也当然应该具备完全的主体意识，并积极、有效地发挥自身维护合法权益的主动性。因此，我们开展妇女权益法治宣传活动的主要目标就是要帮助广大妇女切实克服她们那种男尊女卑和弱势依附的传统思想观念，从而培养和发扬她们“自尊、自信、自立、自强”的现代精神，使广大妇女能够真正意识到自己在这个社会中所占据的重要位置以及所发挥的重要作用。然后，在此基础上，让广大妇女群体认识并稳固自己在这个社会中的主体位置，调动其维权的积极性，进而使其自信满满地维护自身的合法权益，同各种侵权行为做斗争，而不是对一些常见的，侵犯其合法权益的行为忍气吞声。

（二）培养妇女维权的鉴别能力

长期以来，性别歧视就像顽疾一样始终毒害着我国妇女权益保障事业的健康发展。然而，我国妇女却往往对此难以及时察觉，即使已经有所察觉，也大都为时晚矣。有鉴于此，我们的妇女权益法治宣传工作的预期目标之二就是要培养广大妇女群体维权的鉴别意识，加强其在鉴别社会不公和性别歧视的敏感度，这也是上述第一个目标的前提和基础。唯有如此，我国妇女们的权益才能够得到真正的保障与实现，男女平等才能够变为一种现实。故此，在以后，我们需要着力培养和提高妇女在社会多方面进行维权的鉴别能力。例如，在进行就业时，要监督用人企业对妇女的资格要求是否与公平公正原则相悖，是否可能存在采用一些比较隐性的条件来限制妇女的就业；在家庭生活中，要树立相对平等的家庭地位意识以及培养男女一起承担家庭事务的责任；在社交场合中，对那些嘲笑或者以有色眼镜对待妇女的行为，应当予以严肃惩处。总而言之，唯有让广大妇女们不断提高自身的维权鉴别意识与能力，让她们非常清晰地知道妇女维权到底要维什么、究竟该怎么维，方能真正地实现

① 参见李雪《新时期完善我国妇女权益保障的问题与对策研究》，硕士学位论文，渤海大学，2014年。

对妇女合法权益的有效保障与维护。

（三）树立妇女独立价值观

我国是一个有着两千多年封建历史的国家，一些封建腐朽思想根深蒂固。受这些传统观念的影响，“男人在外打拼事业，女人在内承担家务，男人负责挣钱养家，女人负责貌美如花”似乎成为一个亘古不变的真理。甚至时至今日，这种思想和观念仍在我国具有很大的影响力和号召力。也正是因为这种对男人的依附性，使很多妇女把自己的人生幸福和价值观树立在男人如何成功以及子女如何成才上，缺乏自己独立的人生价值观。毫无疑问，这严重禁锢了我国广大妇女思想的解放，不仅束缚了妇女自身的发展进步，而且极易激发社会矛盾。因此，我们的妇女权益法治宣传工作的预期目标之三就是要使广大妇女逐渐摒弃这种不良的依附，转变传统的“夫为妻纲”的观念，进而使其适应时代要求，牢固树立独立、自主的人生观、价值观，锐意进取，以“巾帼不让须眉”的豪情，追求自己的理想和生活，成就自己的人生辉煌，这也是我国妇女维权工作的根本所在。[①]

## 四 提升我国妇女自身维权意识的路径

从上述的分析中，我们可以看出，自《妇女权益保障法》颁布和实施以来，我国公民对其的知悉程度业已得到了很大幅度的改善和提升，并且总体来说女性与男性公民都有一定的提高。然而，仔细来看，女性对该法的知悉率依旧要低于男性。还有，农村妇女、文化程度较低的妇女以及年纪大的妇女与职业层次较低的妇女对此部法律的知悉率还是要低于城镇妇女、文化程度较高的妇女以及年轻的妇女和职业层次较高的妇女。当然，这可能是和一些传统的思想观念有关，也可能是和我国《妇女权益保障法》的宣传不够全面、不够深入有关。另外，在公民对《妇女权益保障法》在保障妇女权益方面所起的功能的社会评价方面，与2000年前相比，公民

① 参见李雪《新时期完善我国妇女权益保障的问题与对策研究》，硕士学位论文，渤海大学，2014年。

的正面评价竟然出现了较大幅度的降低。这些都导致我国妇女在实际的侵权案件中，维权意识不是太高。有鉴于此，我国今后《妇女权益保障法》宣传和普及的重点人群还是应该放在女性上，尤其是农村的女性，普及的地域重点应当主要放在农村。总而言之，就是宣传的对象要覆盖广泛，宣传的内容要深刻有效，宣传的形式要多种多样。

### （一）宣传对象要覆盖广泛

在我国，妇女群体总体数量比较多，占据着整个社会的“半边天”，她们在社会的发展和现代化的建设中都发挥着至关重要的作用，不可或缺。这意味着我们的妇女权益法治宣传工作绝不能厚此薄彼，只重视城市妇女群体的宣传教育，却忽视了广大农村妇女群体的宣传教育，只重视文化程度较高妇女群体的宣传教育，却忽视了文化程度相对较低的妇女群体的宣传教育，只重视对职场妇女群体的宣传教育，却忽视了对家庭妇女群体的宣传教育，只重视对广大中年妇女群体的宣传教育，却忽视了对一些老年以及年轻妇女的宣传教育，等等。相反，新时期的妇女权益法治宣传工作的对象，覆盖范围一定要广泛，而不能有所遗漏。具体而言，就是要分年龄，即老年妇女、中年妇女以及年轻妇女等，分地域，即城市、农村等，分类型，即职场妇女、家庭妇女等，对不同的妇女群体，也就是所有的妇女群体，展开妇女权益保障法制宣传和教育。唯有如此，才可能使我国广大妇女群体知晓法律并充分运用法律武器同侵权行为做斗争，做新时代的强者。①

以全国范围内正在如火如荼进行的“建设法治中国 · 巾帼在行动”② 为例，其在宣传的对象上就特别注意到了全覆盖，按照“1+X”组织建设模式，抓牢“一根线”，张开“一张网”，面向全国所

---

① 具体可参见北京市顺义区妇联《创新妇女维权工作，营造良好社会环境》，《中国妇运》2012 年第 9 期。

② 2014 年 10 月，党的十八届四中全会做出全面推进依法治国、建设社会主义法治国家的整体部署之后，全国妇联认真学习领会，在深入调查研究的基础上，决定在亿万妇女中开展“建设法治中国 · 巾帼在行动”活动，引导广大妇女积极行动起来，自觉尊法学法守法用法，增强法治观念、提升法治素养、践行法治精神，以实际行动为全面推进依法治国贡献巾帼力量。

有妇女开展普法宣传教育活动。以厦门市为例，厦门市妇联为了响应全国妇联的“建设法治中国·巾帼在行动”的号召，积极推动“妇女之家”建设，因地制宜探索灵活多样的“妇女之家”设置模式，并在此基础上逐步推动“妇女之家”的全覆盖。据统计，截至2015年12月，厦门市已经建成“妇女之家”775个，2015年在机关事业单位、非公组织中新创建57个“妇女之家”。在村、社区“妇女之家”全覆盖的基础上，积极拓展建家领域，向机关、事业单位、“两新组织”和工业园区、来厦务工人员集中区、商务楼宇以及女性协会、广场舞基地等区域进行延伸。比如，集美区妇联在来厦务工人员集中的灌口镇、侨英街道成立“两新”组织妇女活动中心；同安区妇联在惠尔康、金宇兴等非公企业组建妇委会；翔安区妇联将“妇女之家”向青年创业促进会等社会组织延伸；市直机关妇工委在机关事业单位、“巾帼文明岗”、行业窗口单位推广创建“妇女之家”。[①] 另外，在辽宁省普兰店市，为进一步扩大“妇女之家”的创建领域和覆盖面，普兰店市妇联积极引导有条件的地区在辖区企业和两新组织中开展“妇女之家”创建工作。在工作中，石河街道妇联积极争取党委政府的支持，放眼于非公有制经济组织，抓住时机创建了大连市魁氏食品有限公司妇女之家。魁氏妇女之家的建立，无论是对企业文化的建设，还是对女职工归属感的增强，都发挥了比较积极的促进作用，进而得到了企业和女职工的认可，也对“妇女之家”的创建领域拓展起到了很大的引领作用。[②]

### （二）宣传内容要深刻有效

卢梭说：“法律既不是铭刻在大理石上，也不是铭刻在铜表上，而是铭刻在公民们的内心里。”[③] 妇女权益保障是一个长期性、综合性的系统工程，其是一个复杂的社会大问题，其往往涉及人大、法

---

① 参见福建省妇联《厦门市积极推动“妇女之家”建设，逐步推动“父女之间”全覆盖》，2015年12月16日（http：//www. women. org. cn/zdzl/cdgz/fnzj/gddt/926340. shtml）。

② 参见辽宁省妇联《普兰店市“妇女之间”创建工作取得丰硕成果》，2015年12月16日（http：//www. women. org. cn/zdzl/cdgz/fnzj/gddt/821556. shtml）。

③ 李玮、胡丽萍：《强化法律意识　维护妇女合法权益》，《党政干部学刊》2008年第3期。

院、公安、民政、人社以及国土和财政等多个部门，产生的纠纷也可能被归属于民事、刑事以及行政等多个案件类型。妇女群体享有众多的权益（政治权利、财产权利、文化教育权益、劳动权益以及人身权益和婚姻家庭权益等），该权益所涉及的法律也多种多样。这就意味着我们的妇女权益法治宣传工作绝不能浅尝辄止，蜻蜓点水式地开展和进行，只重视《婚姻法》《妇女权益保障法》等与妇女权益有着较重要关联的法律的宣传教育，而忽视了《劳动法》《农村土地法》等与妇女权益有着一般关联的法律的宣传教育，只重视对诉讼救济路径的宣传教育，而忽视了对一些行政救济路径的宣传教育，等等。相反，新时期的妇女权益法治宣传工作的内容，一定要深刻且有效，一句话，就是既要全面，又要接地气，而不能过于片面，过于理论。具体而言，就是要针对广大妇女的不同权益类型，对所有涉及妇女权益的法律都要进行仔细的归类、宣传和讲解，就是要针对妇女权益侵权纠纷的不同性质和特点，对所有政府部门涉及妇女权益的职能进行详细的介绍、宣传和讲解。唯有如此，我国的妇女权益法治宣传工作才能真正落地生根，发挥其实效。

以全国范围内正在如火如荼进行的“建设法治中国·巾帼在行动”为例，其在宣传的内容上就比较丰富，不仅仅局限于单纯法律知识的宣传和教育，而是尽可能地向其他相关联领域进行拓展。以大连市为例，近年来，大连市妇联为响应全国妇联“建设法治中国·巾帼在行动”的号召，着力拓展领域、规范管理、创新实践，在“妇女之家”中广泛开展“六进六送”活动，以努力做实、做活、做优“妇女之家”，激发了基层妇女组织的活力。其内容主要如下：一是维权维稳工作进家，送保障。依托基层妇女之家中的1698个妇女儿童维权服务站和103个婚姻家庭指导站，将妇女维权服务送到基层、送到妇女家门口。瓦房店市依托“妇女之家”成立“妇女、家庭矛盾纠纷说和团”，将维权工作阵地前移，与妇女需求对接，297个说和团走进2万余户家庭，化解矛盾纠纷1500余件。二是创业就业指导进家，送服务。市妇联妇女创业就业指导中心积极加强与街道、社区妇女之家的联系，送服务到基层，先后到凌水街道等地举办了创业就业培训，两年来帮扶就业上岗人数53500余人，培训25000余人。三是教育培训课堂进家，送知识。市妇联幸福女性课堂在基层设立流动课堂，组织专家、学者送课到社区、村“妇女之家”，2014年实现100场的讲座目标。基层“妇女之家”借助“家长学校”“妈妈沙龙”“心理驿站”“小巷讲坛”等，举办健康生活、时尚礼仪等专题讲座，满足不同层次妇女的需求。四是帮扶救助项目进家，送温暖。在贫困地区投资建设了6所“阳光儿童成长乐园”，为30多个村的2000多名留守儿童提供了集教育、保护和服务于一身的儿童快乐之家。基层“妇女之家”：积极开展各类扶贫济困、爱心奉献活动，将家的温暖传递给广大妇女群众。五是关爱妇女行动进家，送健康。在普兰店市偏远落后的乡镇和村建成并投入使用5个具有洗浴、保健、科普宣传、卫生讲座等基本功能的“母亲健康服务站”，使之成为农村妇女的“健康之家”。有些企业“妇女之家”设立休息室和女性哺乳室，为处于生育、哺乳期的准妈妈和年轻妈妈们解决了孕期休息、哺乳等场所。六是文体娱乐活动进家，送文化。启动大型文化公益活动——“好书传万家”阅读接力活动，首批100个“好书传万家”阅读接力站设在“妇女之家”，通过传递阅读记录、举办书友会和读书会等形式，倡导“阅读改变家庭生活方式，阅读提升家庭生活质量”。各基层“妇女之家”纷纷组建秧歌队、腰鼓队、健身操队、空竹表演队、木兰团扇队、说唱团、鼓乐团、小剧团、青年舞蹈团等健身娱乐活动队伍，广泛开展文化娱乐活动，全面提升广大妇女素质和生活质量。①

（三）宣传形式要多种多样

众所周知，在整个妇女群体的内部，可以进行多种类型划分，这既有生理上的内在原因，如年轻女性、中年女性和老年女性，也有教育上的外在原因，如不识字女性、小学文化女性和中学文化女性，等等。这些不同类型的妇女群体，往往在性格、能力以及认知

---

① 参见辽宁省妇联《大连市妇联“六进六送”做实“妇女之家”》，2015年12月16日（http://www.women.org.cn/zdzl/cdgz/fnzj/gddt/819206.shtml）。

等多方面存在着较大的差异。再加上，在我国，受城乡二元体制的影响，还存在着城镇妇女和农村妇女的划分，两者的差异则更加明显。这就意味着我们的妇女权益法治宣传工作绝不能“千篇一律”，对不同类型的妇女群体采取差异不大，乃至完全相同的宣传教育形式，这只会使其效果大打折扣，事倍功半。相反，新时期的妇女权益法治宣传工作的形式要灵活多变，多种多样，而不能进行一刀切。具体而言，就是要根据广大妇女的具体情况，具体特点，选择相适当的宣传形式。比如，针对偏远农村的女性，可以采用“送法下乡”“马锡五审判”等方式进行宣传教育；针对城市地区的女性，可以采用“法律专栏”“法律讲堂”等方式进行宣传教育；针对大学校园里的女性，则可以多采用一些“组织旁听法院审判”“法律知识竞赛”等方式进行宣传教育。唯有如此，我国的妇女权益法治宣传工作才能取得事半功倍的效果。

以全国范围内正在如火如荼进行的“建设法治中国·巾帼在行动”为例，在2015年，全国妇联联合中国女法官协会、中国女检察官协会以及中国女律师协会共同开展了多项形式各异的活动，这些活动都对提高我国广大妇女群体的维权意识产生了重要作用。具体而言，主要活动有如下三项：第一，万家联动，送法到家。主要是由各级妇联组织积极组织该领域的法官、检察官以及律师与高校学者，赶赴全国各地的基层“妇女之家”，进行送法到家活动。这些人往往会采取比较生动的方式给广大妇女群众说法、讲法，希望将一些法律知识传送到妇女群众的身边，继而引导她们知晓法律，并依法维权。第二，万家联动，服务到家。主要是由各级妇联组织向基层“妇女之家”赠送相关维权服务指南以及12338热线服务指南。同时，它们还会把网页版同步上线，以网上网下相互联动、远程服务和面对面服务相互结合的形式，来提升基层“妇女之家”的维权服务能力，继而为广大妇女群众提供贴心的维权服务。第三，万家联动，行动到家。各级妇联通过基层“妇女之家”开展丰富多彩的群众性法治文化活动，调动广大妇女的参与热情，激发广大妇女的创造活力，让每一个“妇女之家”都活跃起来，让每一位妇女都行动起来，从我做起，自觉尊法学法守法用法，争做好典型，创造好经验，发现好案例，人人为法治中国建设做贡献。[①] 可以说，上述种类多样的宣传形式使我国妇女权益法治宣传工作取得了事半功倍的效果，而且其后期效用也值得我们期待。

## 第二节　树立全民妇女保障观念

不可否认，加强对广大妇女的法治宣传和法治教育，提升其自身的维权意识，是改善我国妇女权益保障现状的一个治本之策。然而，要想使这个策略能够得到更好的落实，继而更好地发挥其效用，还必须辅之以全民守法、护法观念的培养和树立。也唯有两者同时进行，相互促进，方可达到事半功倍的效果。正如十八届四中全会所言："坚持把全民普法和守法作为依法治国的长期基础性工作，深入开展法治宣传教育，引导全民自觉守法、遇事找法、解决问题靠法。"

### 一　提升国家机关的妇女权益保障观念

孟德斯鸠曾言："一切有权力的人都容易滥用权力，这是万古不易的一条经验，有权力的人使用权力一直到遇有界限的地方才休止。"[②] 规制政府权力即因此成为法律不得不面对的一个主要任务。同私权利相比，公权力对妇女合法权益的威胁和侵害往往更为可怕，也大都更具有破坏性。尤其是在当今这个法治建设时期，我国政府的法治思维和法治意识显然还没有跟上时代发展的大步伐。在实践中，国家机关违法行使公权力，侵害妇女合法权益的现象俯拾即是。[③] 有鉴于此，我们也可以得出这样的结论，即所谓"普法"，就是要首先对我国政府及其工作人员进行普法，提升他们的法治意

---

① 女界报道：《建设法治中国巾帼在行动》，《中国妇女报》2015年2月28日第A02版。

② ［法］孟德斯鸠：《论法的精神》，许明龙译，商务印书馆1982年版，第54页。

③ 陈飞强：《领导干部推进社会性别主流化的工作实践及其影响因素》，《山东女子学院学报》2015年第3期。

识和法治观念。

（一）观念现状

第一，政府妇女权益保障责任有所缺失。目前，在我国，政府在妇女权益保障方面的责任意识还不是太高。主要表现为许多应当由政府承担的社会事务却是由企业、家庭，甚至是个人在一直承担着。所以，这也就使得妇女群体的某些权益根本无法得到很好的保护，继而导致一系列的社会矛盾。譬如，对那些遭受家庭暴力的受害者的救助问题，本应该是政府的主要责任，但是由于我国至今还未建立起太多专门由政府组织设立的庇护中心，而那些由一些有爱心的企业老板出资兴建的小型家庭暴力庇护中心的规模与效用又都十分有限。又譬如，在就业中，企业对女性的歧视问题，主要是由于企业往往追求的是一种利润的最大化。可是，如果企业招收大量的女性员工，考虑到她们生理的那种特殊性，日后可能会因生育等原因而影响到她们工作的质量和效果，继而对企业的业绩和利润产生影响。另外，依据相关规定，企业大都还得担负起女性员工的部分生育费用、产假期间的工资，等等。很明显，上述这些都表明招收女性员工是与企业的本质目标相悖的。然而，我们经常却忽视了这样一个问题，女性的生育实际上是国家社会保障的一个重要构成部分，它按理说应该主要是由政府来担负起这个过程中的绝大多数费用。除此之外，对于我国妇女的参政问题，她们也是在经过了长期的计划经济时代以行政命令来确保女性参政的“结果平等”之后，一些市场经济的因素促使社会从观念到行为上逐步开始接受“机会平等”这一概念，也就是忽视性别上的差异而应该凭借自身的努力和能力来争取和竞争。这种转变对于提高妇女参政的程度是非常有利的。然而，我们也需要注意到市场经济的发展并不能立即就会产生消除男女不平等这一社会现实之效果，数千年的性别分工已经造成男女两性在观念以及能力上的巨大差异。在此种情况下，如果我们盲目地去鼓吹完全化的市场竞争，则有很大可能会导致相反的结果，即我们将看到在市场经济“机会平等”表面的背后是妇女天然弱势地位所造成的妇女并不能获得真正的机会平等。在上述这些情况下，妇女权益的保障才需要政府这只“看得见的手”，并用这只“看得见的手”对市场经济那只“看不见的手”进行及时纠正和监督。换而言之，就是在倡导“机会平等”的同时我们也要兼顾“结果平等”。在这方面，同世界一些发达国家相比，我国政府显然做得还很不够。①

第二，政府决策时社会性别意识有所不足。2004 年，全国妇联对全国人大、全国政协、卫生部以及国家人口和计生委等部门在内的 242 位决策者展开了高层决策者对社会性别平等意识的实证调查研究。在这 242 位决策者当中，其中副部级以上有九人，正局级 87 人，副局级 146 人，层次可以说非常高。然而，此次实证调查的数据却显示，意识到男女平等这一国策地位的只有不到 45%的人，占总数的比例还不到一半；有 55%的人选择了男女平等是一项重要举措或是一项公共政策，但是还没有纳入到国策的高度；另外，竟然还有 28%的人认为一项政策根本就不会给男女两性带来不公正的后果。该项摄政调查清楚地显示出一部分高层决策者对我国的性别平等状况以及国际社会性别主流化的趋势非常缺乏了解，这势必会影响到他们对妇女社会地位以及中国性别发展形势的判断。② 与此同时，传统的性别文化仍然于无形之中影响着一部分决策者的思想观念，主要表现在决策者对我国某些传统的社会性别文化以及家庭地位差异和职能分工的认可、对当代现实生活中的各种性别差异现象以及性别间不平等的权责关系欠缺深刻的了解、对各项公共政策中所可能涉及的性别问题欠缺应有的意识之上。最后，还需要指出的是，即便长期以来，我国政府一直奉行男女平等的国家政策，然而伴随着近年来社会经济的发展和进步，我国公众尤其是政府的决策者们逐步形成了“社会不断发展的情况下自然而然能够带来妇女的发展”的想法和观念。也正因为此，他们也就容易忽视社会经济发展所可能带来的“贫富差距扩大、弱势群体缺乏发展机会”等一系列负面效应。此种政府决策过程中体现出来的性别意识缺失，容易让男性占据主导的决策层在起草各项公共政策的时候，本

① 参见刘宇《公共政策与妇女权益问题研究》，硕士学位论文，天津大学，2006 年。

② 陈飞强：《领导干部推进社会性别主流化的工作实践及其影响因素》，《山东女子学院学报》2015 年第 3 期。

能地或者无意地把女性的利益与诉求抛之脑后，进而造成在今天的政治经济文化生活中，广大妇女的合法权益很难得到全面地保护和有效地实现。①

第三，实践中政府侵犯妇女权益行为屡有发生。经过20多年的发展，我国已经基本形成了以《宪法》为依托，以《妇女权益保障法》为主体，包括《婚姻法》《继承法》《劳动法》以及《母婴保健法》和《女职工劳动保护规定》等涉及妇女参政、劳动、教育、卫生、婚姻家庭等各个方面权益的一整套具有中国特色的保护妇女权益的法律体系。但在实践中，作为执法的主体，政府仍然存在着诸多侵犯妇女权益的行为。比如，在侵权行为人“糖衣炮弹”的激烈轰击之下，有一部分执法工作人员难以抵挡诱惑，将公共权力作为筹码，与私人或者私人集团展开权钱交易，进而影响到公正执法。我们以女职工的劳动保护为例，《妇女权益保障法》《劳动法》以及《女职工劳动保护规定》之中都给予了劳动妇女以特殊的劳动保护，但是仍有很多非公企业女职工的劳动保护相当欠缺，劳动权益受到严重损害。企业和女职工不签或者少签劳动合同，工资水平低、肆意克减工资、加班现象严重、“四期”的禁忌保护并没有落实，等等。而当执法机关要严格依法行政，进行行政处分或者行政处罚之时，相关单位或者人员便开始了有目的的“进贡”，以此来收买国家执法人员，直到最后是大事化小，小事化了，以“下不为例”而告终。此外，因受“重实体轻程序”这种传统观念的影响，部分行政执法人员坚持认为只要行政行为符合实体法的规定，程序上就是无所谓的。这导致由程序违法而引起的侵害妇女合法权益的事件经常发生。我们以计划生育行政执法为例，部分计生干部不依法定程序办事，对于违反计划生育法规的当事人不发《计划生育行政处理决定》而直接征收“计划生育社会抚养费”，采用“白条”或者“收据”收款；有些甚至不经法定程序强行把当事人的财物抵交计划外生育费，剥夺了当事人的陈述权与申辩权；有些还把执法中的违法行为美其名曰为“加大执法力度”。纵然行政执法人员面

① 参见杨凤《社会性别的马克思主义诠释》，《妇女研究论丛》2005年第5期。

对的是一些计划外生育者，然而他们的合法权益依然应该要受到保护（尤其是孕妇）。若计生干部不严格依法行政，侵害了妇女的合法权益，那么必然会损害到法律的权威，继而致使广大妇女遭受难以弥补的心理损失。[①]

（二）提升路径

第一，完善公务员业务培训制度。建设法治国家和法治政府，加强我国对妇女权益的法律保障，必须打造一个懂法、用法以及守法的高素质公务员队伍体系。[②] 正如十八届四中全会《决定》所指出："坚持把领导干部带头学法、模范守法作为树立法治意识的关键，完善国家工作人员学法用法制度，把宪法法律列入党委（党组）中心组学习内容，列为党校、行政学院、干部学院、社会主义学院必修课。"在我国，时至今日，已经基本构建起一个相对完备的公务员培训制度。1993 年 8 月发布的《国家公务员暂行条例》规定："国家行政学院、地方行政学院以及其他培训机构按照有关规定承担国家公务员的培训任务。"2005 年 4 月公布的《中华人民共和国公务员法》规定："机关根据公务员工作职责的要求和提高公务员素质的需要，对公务员进行分级分类培训，国家建立专门的公务员培训机构。机关根据需要也可以委托其他培训机构承担公务员培训任务。"2008 年 3 月，中组部、人力资源和社会保障部联合下发《公务员培训规定（试行）》，明确了公务员培训的类型、方式及培训保障、管理和纪律监督等，提高了公务员培训工作的科学化、制度化和规范化水平。至此，我国公务员培训制度框架正式形成。[③] 但是，通过同一些域外国家的公务员培训机制相比较，我国还存在着很大的差距，诸如培训内容的针对性不强、培训机构的开放度不够、优质培训的资源缺乏以及干部学习的动力不足和学风不

---

① 参见李艳梅、欧仁山《行政执法对妇女权益的法律保障》，《黑龙江社会科学》2004 年第 5 期。

② 参见曹杰《我国公务员培训及其法律规制》，硕士学位论文，苏州大学，2014 年。

③ 俞晓波：《我国公务员培训现状分析：国际趋势的反思》，《云南行政学院学报》2012 年第 5 期。

正等问题，需要我们加以正视。[①] 因此，在妇女权益保障领域，为了提升我国广大公务员在这方面的法治意识，今后应当逐步建立起如下两个相互协调、相互配合的培训机制：一则是组织妇女权益研究领域的知名专家学者赴政府机关开展讲座。换言之，就是通过政府采购的方式，定期邀请一些妇女权益研究领域的专家学者赴政府机关开展相关讲座。这种路径的优点在于针对性比较强，并且能够通过现场互动的方式极大地调动公务员的学习热情和兴趣。二则是组织政府人员赴相关高校进行妇女权益保障业务培训。也就是由各级政府定期组织批次公务人员赴高校或者一些专业机构以上课的方式来进行相关妇女权益保障业务培训。这种路径的优点在于持续的时间比较长，并且培训机构的开放度也比较高，这就容易取得比较好的成效。当然，上述两种路径的培训内容应当主要集中在妇女权益保障的必要性、妇女权益保障的重点方向以及妇女权益保障的可能路径等相关内容上，继而使我国的广大公务员能够真正意识到开展妇女权益保障的重要意义和价值，以激发其自身内在动力。

第二，建立政府法律顾问制度。所谓“政府法律顾问制度”，就是指政府聘请具有法律执业能力的人员担任政府的法律顾问，积极参与到政府的各项相关事务当中，继而为提升政府依法执政水平贡献智慧和力量的一种制度安排。追本溯源，政府法律顾问制度主要发端于西方一些资本主义国家，这项制度在促进各国治理体系与治理能力现代化的进程中一直都扮演着非常重要的角色。[②] 正如十八届四中全会所指出：“积极推行政府法律顾问制度，建立政府法制机构人员为主体、吸收专家和律师参加的法律顾问队伍，保证法律顾问在制定重大行政决策、推进依法行政中发挥积极作用。”我国自 20 世纪 90 年代开始该项制度的试点工作，1993 年 12 月，国务院第 41 号文件《关于深化律师改革的方案》明确提出：“通过试点，逐步在国家机关内部建立专门提供法律服务的律师队伍，担任

---

① 参见王晓军《我国公务员培训现状及对策分析》，《继续教育研究》2006 年第 1 期。

② 松智敏：《我国政府法律顾问制度的实践与完善》，《法学杂志》2015 年第 3 期。

法律顾问，代理行政诉讼，维护政府和行政部门的合法权益。”在经过二十多年的探索与努力下，我国政府的法律顾问制度已经实现了从无到有，从虚到实，从不完善到逐步完善，展现出了远大的发展前景与强大的生命力。迄今为止，据有关调查和统计显示，我们国家目前大约共有3万多名各行业的律师接受政府聘任担任自己部门的法律顾问，其数量大约占到了我国律师总数的十分之一。另外，许多省份甚至还通过努力构建了一个健全、完整的省、市、县三级政府法律顾问体系。[①] 这些法律顾问在政府重大决策的科学论证、重大建设项目的审核、批准以及重大突发事件的处理应对等政府重大事务方面发挥了极为重要的影响和作用。然而，囿于各种理念和体制性因素，我国目前还没有形成一个规范化、制度化以及常态化的政府法律顾问运作机制，导致各个地区在具体的实践中还存在很多急需解决的问题。尤其是在妇女权益保障领域，作为中国特色社会主义事业至关重要的一个构成部分，在政府的法律顾问中，不仅相当缺乏这方面的专业人才，而且即使有，也会面临着诸如独立性不强、服务范围狭窄以及参与力度不够等一些现实问题。[②] 有鉴于此，在今后，为提高政府机关工作人员在履行职权时的妇女权益保障意识，应当尽可能地增加妇女权益保障专家在法律顾问中的人数比例。因为可以说，几乎绝大部分的决策和政府事务都会或多或少地与妇女权益存在一定的关联。另外，在适当的时候，还应该考虑给予政府法律顾问独立的行政编制，并且在制度构建上适当增强其在政府行政决策以及具体履行职务中的发言权，让政府的每一项行为都能看到她们的“身影”。

（三）宣传目标

第一，明确规定政府在妇女权益保障方面所应承担的责任。国家责任说表明：作为一个国家公权力机构，政府往往对社会成员承担着一种“契约”上的责任与义务。这种责任与义务具体表现在政

---

① 李旺荣：《建立完善政府法律顾问制度》，《人民日报》2014年1月15日第18版。

② 参见朱顺《关于建立法律顾问制度的几点思考》，《大庆社会科学》2015年第1期。

府应当对这个社会成员的一些比较基本的需求提供帮助，并且在此基础上还要努力营造和构建出一个相对宽松与公平的竞争环境，继而为每一位社会成员的发展和进步提供一个相对平等的条件。[①] 另外，为了确保整个社会的稳定与发展，继而维护自身的统治地位，政府也必须采用调整社会利益的方法，及时有效地化解各种社会公共事件，使整个社会矛盾得到缓和与平息。[②] 就这个角度来说，政府也应该承担起推动妇女发展与权益实现的责任。由此可见，之所以采取各种措施和路径增强政府及其工作人员对妇女权益保障相关知识的法治宣传，其首要目标就是要明确政府在妇女权益保障方面的责任，继而使其意识到：加强对妇女权益的保障是其一项不可推卸的责任和义务，并在具体的实践中将妇女发展与权益落实过程中的各种问题予以细化，并加以归类。对属于政府职责的，要以公共政策加以明确，这样更容易引起各级政府对此问题的重视，也有利于这一责任的落实。最后，还可以考虑把妇女权益保障工作纳入到对各级领导干部的培训和考核评估机制当中，继而进一步增强各级领导干部对妇女权益维护的责任意识。

第二，增强政府决策时的社会性别意识。针对我国政府在决策过程中，社会性别意识较低的现状，应该积极开展有针对性的政府妇女权益保障相关知识的法治宣传，逐步提升决策者对各项社会政策的性别分析和判断能力，力求在更高、更广的维度上使社会性别的主流化成为一种共识，让社会性别意识不但被政府领导干部所认可和接受，而且还能被落实在我国各项政府政策的起草、审批、实施以及评估的全过程中，进而让更多体现性别平等和性别公正的法律文本和公共政策出台。总而言之，希望通过这种富有意义的法律宣传，让妇女的各项基本权益都能够得到落实，让妇女能够真正成为这个社会发展的参与者、受益者。另外，还要通过法治宣传，促使各级政府在遴选工作人员时，能够给予女性同志更多的考虑，逐步提升女性在政府决策者中的数量和比例（30%），这会在源头上

① 参见张岳峰《有限国家责任说的理论发展》，《山西高等学校社会科学学报》2008 年第 6 期。

② 杨思斌：《论社会救助法中的国家责任原则》，《山东社会科学》2010 年第 1 期。

预防和制止侵害女性权益现象的发生。[1] 另外，还需要强调说明的是，在政府政策的起草和审查之前，对那些起草者和审查者的性别意识展开一定评估，并据此作出相应的培训，也理应作为一项重要的制度和环节来进行设计。最后，在可能的时候，我们还应该建议我国政府参照某些发达国家的经验，[2] 形成并搭建一个全面、科学、合理、动态的公共政策性别平等监控指标体系。

第三，减少政府侵犯妇女权益的行为发生。明确了政府在妇女权益保障方面的责任，并增强政府在决策时的一种性别意识，这只是“万里长征走完了第一步”。我们加强对国家机关工作人员的培训与宣传，其最终目标都是要落实到具体的政府行为当中。也唯有如此，妇女权益才能够真正得到保护。“行政执法指的是行政主体实施宪法、法律、行政法规、地方性法规、自治条例和单行条例、规章等法律所规范的行为。行政机关作为重要的执法机关，根据相关统计，我国80%的法律均是由行政机关来实施的。行政执法于保障妇女的合法权益方面享有非常重要的地位与作用。”[3] 广大妇女群众在自己的一生中要经常性地和民政行政机关、劳动行政机关、公安行政机关以及基层人民政府打交道。因此，这些行政主体于行政执法中对保护妇女的合法权益承担着不可推卸的责任，并发挥着非常重要的作用。如果连政府都在时不时地侵犯广大妇女的权益，那么整个妇女权益保障的机制也将陷入停滞。有鉴于此，在今后，应当通过宣传和培训，让政府能够在实践中真正落实对妇女权益的保障，减少自身侵犯行为的发生。

## 二　提升企事业单位的妇女权益保障观念

企事业单位对妇女权益的侵害主要集中在劳动权益和文化教育

---

① 参见刘宇《公共政策与妇女权益问题研究》，硕士学位论文，天津大学，2006年。

② 比如，在国家性别平等监督机制方面，加拿大司法部早就已经启动“性别平等项目”，派往各部委的性别顾问，把关审查政府所有的行政政策，以防有性别歧视的政策出台。

③ 李艳梅、欧仁山：《行政执法对妇女权益的法律保障》，《黑龙江社会科学》2004年第5期。

权益上。在现实中，个别企业公开不招女性职工，一些学校任意劝退女性学生都属于这一范畴。虽然，这类侵害并没有公权力侵害那么具有破坏性，但是，其分布的范围往往更加广泛，对妇女权益的影响也更为直接和具体。故此，在今后，我们也要注意加大对这类主体的法治宣传和教育，提升他们妇女权益保障的观念，继而促使他们正确地行使自身权利，减少实践中侵犯妇女权益现象的发生。

（一）观念现状

第一，招聘时存在性别歧视。我国女性在招聘过程中所面临的就业性别歧视问题十分突出，其主要的形式表现有两种，一种是显性的，另一种则是隐性的。显性歧视的主要表现形式为用人单位在招聘之时就明确作出表示，只招收男性应聘者或者对于女性应聘者所要求具备的条件明显要高于男性；而隐性歧视的主要表现方式为用人单位于整个招聘过程之中并未明确说明男性和女性应聘者的应聘条件差别，但是却在筛选简历、参加面试或者是最终录用时都事实上把男性作为优先考虑的对象。依据第三期中国妇女社会地位的相关调查数据显示，在就业方面曾遭遇过性别歧视的女性远多于男性，而在曾经历求职的女大学生之中，部分人表示曾经遭到过不平等对待。目前我国的用人单位在招聘过程中表现出性别歧视的现象非常普遍，尤其是在面对一些高级人才的招聘之时，纵使参加应聘的一部分女性可能比男性应聘者拥有更高的学历以及更强的工作能力，但是只因性别这一方面，用人单位就早已把她们从备选项中剔除。除此之外，近些年来，另一个现象也开始受到社会的广泛热议和探讨，即作为接受过高等教育的知识女性，女大学生竟然也面临着非常严峻的就业形势。与普通女性相比，这一群体在阐释和说明我国女性遭受就业歧视方面可能会更具有实质意义；另外，“就业难”是指劳动力在进入市场时所发生的困难，即对于女性的拒绝仅仅是因为雇主（企业）对女性的一种不良预期，而并不是现实的效率问题，这对于女性而言就更加的不公。[①] 中国人民大学劳动人事

---

① 王小波：《大学生劳动力市场入口性别差异与性别歧视》，《青年研究》2002年第9期。

学院于2003年8月开展的“用人单位对大学生需求行为调查”的结果，充分表现了雇主偏见对性别歧视的影响。在“支付同样的工资水平下，用人单位愿意招用男大学生还是女大学生”的调查之中，选择“愿招用男大学生”和选择“愿招用女大学生”的比例是16.33∶1。在“婚姻对男女大学生工作业绩的影响”的调查之中，用人单位选择婚姻会引起女大学生业绩下降还是上升的比例为4.62∶1，选择会引起男大学生业绩下降还是上升的比例为1∶16.5。[①] 可以很明显地看出，用人单位在潜意识里就已经认为男性在工作上会比女性更加有优势，因此他们大多更加愿意录用男性员工。

第二，工作时关注有所不够。当女性闯过了一关又一关的难关，取得了就业的机会之后，是否就意味着她们将不再遭受性别歧视了呢？答案显而易见是否定的。我国女性在就业发展阶段遭受的性别歧视并不会随着女性走上就业岗位就停止，相反，很可能会比在就业准备过程中遭到更多的性别歧视。譬如，在工资方面，女性和男性之间就存在着非常大的差距。从全国来看，女性的平均工资往往只为男性的工资的三分之二。而在这之中，商业人员与专业技术人员之中男女年平均工资的差异最大，尤其是商业人员，女性的就业人数和男性就业人数的差距并不算太大，但是在收入上却比男性差出太多。追其缘由，则多半是因为企业或者商业合作伙伴通常具有一定的性别歧视，他们往往认为相较于女性，男性在从事一些商业活动，尤其是那些专业的技术性工作上更具优势和竞争力。这使得男性在此类方面获得工作和晋升的机会远远大于女性，因此其获得的工资也要比女性高出很多；再比如，在职位的晋升方面，同男性相比，我国女性获得的关注也相对较少。在大多数企业事业单位之中，女性员工多数从事的都是较为低层的工作，她们也十分希望获得更高层的职位。这些本来并不是一个不可实现的愿望，然而，在现实中，却因为广大女性自身的性别因素，变得遥不可及。在中国传统文化的影响之下，我国多数人仍旧保有着“男主外、女

① 张抗私：《劳动力市场性别歧视与社会性别排斥》，科学出版社2010年版，第34页。

主内”的观念。随着越来越多的女性接受更高等的教育以及市场化竞争的日益加剧，越来越多的女性走入就业领域，并构成了我国劳动市场中一个扮演着重要角色，并发挥着重要作用的一部分。她们逐步从传统家庭妇女的束缚中摆脱出来，并蜕变成为一个职业女性。这种身份上的巨大转变给我国传统“男尊女卑”的观念造成了巨大冲击。多数的男性职员对女性领导存在抵触心理，而处于高层的男性领导者也总是想尽办法排斥女性进入高层，想出各种办法打压那些优秀的女性管理者。另外，在社会保障方面，女性也显然处于一种劣势地位。虽然，第三期的中国妇女社会地位调查结果显示，在享受劳动保障权益方面我国的女性已经比几年前有了很大幅度的提高，但是在诸如享受医疗保险、养老保险、失业保险与工伤以及生育保险等方面上仍然受到一定程度上的损害。譬如，除了没有办法享受正规的社会保险之外，有些用人单位甚至在签订劳动合同之时就对女性员工在合同期内禁止结婚与生育这一方面做出了明确规定。这一系列的规定都严重地损害了女性平等地享受劳动和社会保障的权利。女性在先天的生理构造上以及后天的生育过程中都比男性担负着更大的痛苦，然而，她们在权利的获取和享有上，却比男性少很多，总体上处于一种更为弱势的地位。这是性别歧视的一种主要表现，必须要引起政府和社会的广泛关注和高度重视。[①]

第三，保护妇女权益动力不足。我国现行有关女职工劳动权益保障的一系列法律文本，其实并没有真正对用人单位或企业的合理利益诉求进行一个很好的考察、衡量以及排解。当前，主要通过用人单位来实现女职工的劳动权益保障，从而造成了用人单位选择女职工的成本会比较高一点，这就导致我国许多立法对女职工的真正保护意图很难在具体实践中得到贯彻与落实。相反，实际情况通常是这样的：用人单位所可能承担责任的大小与用人单位所可能录用女职工的动力的大小，是一种反比关系。在这种情况下，它们就会很容易地陷入到一种“越想好好保护却越得不到保护”的怪圈之

① 参见王筠《我国女性就业性别歧视研究——以中国人寿保险股份有限公司厦门市分公司为例》，硕士学位论文，厦门大学，2014年。

中。比如，以我国女性职工的法定产假期为例，通过多次的实证调查和统计，我们发现，企业单位特别是一些私营性企业单位，对于这种法定的产假期，基本都存在着“不欢迎、不支持、不执行”的想法。而追其缘由，主要就在于这些企业的工作岗位基本上都是“一个萝卜一个坑”，假如有一个员工因为生孩子请了产假，那么这个企业的整体运行就会受到一定的影响，显然“得不偿失”。企业在综合经济利益和产假制度冲突不能一味进行道德谴责的考量下，保障女职工权益的责任主体及方式有待体现科学化、多元化。[①] 由此，我们可以推断出，现今企事业单位的妇女权益保护的动力不足是由多方面的原因所共同造成的。

（二）提升路径

第一，加大宣传和监督力度。维护妇女权益是全社会的共同责任，做好女职工合法权益的保护工作，不仅关系女职工的身心健康，更关系到企业自身的健康、有序发展。因此，需要国家的宣传和监督。对此，全国妇联、总工会要积极联合各种宣传媒体，加大对企业维护妇女权益的宣传力度，增进企业对女职工权益的保护意识，继而营造一个“尊重女性、关爱女性、保护女性”的良好企业氛围。[②] 另外，虽然国家已出台了一系列保护妇女权益的法律法规，各地也制定了相应的实施办法，但是维护妇女合法权益更需要一个完善的配套监督制度的支持。比如，建议可以由地方人力资源社会保障行政部门组织领导，并由工会负责具体牵头，搭建一个涵盖人力资源管理专家、女性健康领域的医学专家以及相关女性权益保障律师等代表的女职工劳动保障监督委员会。由这个委员会来具体负责针对用人单位中女职工劳动保护的检查、评价及监督制度的制定；建议联合人大、政协、妇联与政府监督执法部门，定期或不定期地深入到劳动用工单位内部，对女职工的劳动合同签订情况、工资发放情况、在“四期”享有的待遇情况、社会保险落实情况等进

① 参见张国才、洪宇光《女职工劳动保护之亮点与细化》，《中国社会保障》2012年第12期。

② 邓晓玲、汤晓文、王美艳：《林区女职工权益保障状况调研报告》，《国家林业局管理干部学院学报》2010年第2期。

行监督和检查，及时地制止损害女职工权益的行为，以确保用人单位在女职工劳动保护方面符合法律法规的要求；建议由各级政府工会和妇联组织来联合牵头，安排专门的工作人员来负责受理女职工劳动权益遭受侵害的各种申诉和投诉，并给受害者提供出切实有效的答复和解决措施。①

第二，强化企业工会的作用。作为企业中基于共同利益而自发组成的一个社会团体，工会在正确处理好国家、企业、职工的三者利益关系，更好地维护职工权益等方面扮演着极为关键的角色，并发挥着至关重要的作用。而对于企业女性职工权益的保护，工会当然也可以大有作为。② 具体而言，主要有三点：首先，充分扮演好“娘家”的角色。在很长一段时间，我国工会的妇女干部并没有固定的编制，她们基本上都是以一种兼职的形式存在。这就导致她们在开展工作时会面临很大的困难，通常只有在取得党和政府的授权和支持以及广大女职工的信赖时，才会取得一定成效。而要打破现在这种局面，一是要开动脑筋，对发现的问题进行调查研究，为领导的决策提供有用的信息。二是要充分发挥“娘家”的作用。当一些女职工的合法权益遭受到侵犯的时候，工会的妇女干部要努力采取各种措施让那些最需要帮助和关怀的受害者及时获得救济，让她们真正体验到被保护的感觉。三是对《工会法》《妇女权益保障法》进行积极宣传，并加以贯彻落实，以提升广大女职工的学习热情，并提高她们自身的工作素质。其次，要及时与女职工进行沟通，充分发挥桥梁的作用。一个工会的妇女干部，自己必须要做到作风正派、办事公道、宽厚待人。针对女职工反映的符合政策，事

---

① 参见张稷锋、汪路勇、张凯《女职工劳动保护的规则检讨与立法完善——基于完善〈妇女权益保障法〉和〈工会法〉之考量》，《南方论刊》2014 年第 4 期。

② 在一些西方国家，企业工会中的女性职工都占有一定的比例。比如，在英国，在机械制造、电子仪器以及保健等几个大行业的工会中，女性职工的比例都达到了 33%。另外，在近些年来，随着妇女权益保障意识的增强，一些国家还专门成立了全部由妇女组成的工会。比如，1974 年美国的芝加哥市成立了全部由妇女组成的工会组织——妇女联盟。其主要任务是坚决争取改善妇女的劳动条件，吸引妇女积极参加维护自己利益的活动。在比利时，两大全国性的工会中都建立了女职工问题全国委员会，在各级工会都设有女工部。参见窦国春《外国工会的妇女状况》，《当代工会》1997 年第 2 期。

实清楚，同时又有能力解决的问题，要及时向相关领导作汇报，并且督促相关部门进行解决。对于那些无法解决的，也要必须做好思想工作，以理服人，避免矛盾进一步激化。对于关系到职工特别是女职工切身利益的相关事项，依据政策，完整有效地为女职工传递工作信息，在政策允许的情况下，切实维护她们的政治权益及劳动权益。最后，保障女职工的合法权益，调动女职工的积极性。在维护女职工合法权益方面，女性干部必须要做到为她们说话，随时随地维护女职工的尊严，及时解决相关问题。坚持将女职工的相关问题置于整个工会的工作全局中来加以思考和落实。加大对女职工的教育、选拔以及培养的力度，将那些政策觉悟高、业务水平强的女性干部调配到工会女职工委员会的岗位上来，以充分发挥和利用她们的长处与优点，努力将女职工委员会打造成为一个“坚持团结、务实高效、群众信赖”的女性职工之家。①

第三，采用新型行政执法手段。众所周知，实现自身利润的最大化是企业的一个天然本性。然而，由于特殊的生理方面的原因，女性的雇佣成本通常确实要比男性高一些。从这个角度来说，如果企业作出少用，甚至是根本不用女性的决定，那么这也是完全符合其企业本质的一种决定。反而，从实质上来说，对女性劳动权益的保护并非是企业的天然责任，相反，它更应该是政府的一种责任和义务。② 因而，建议由国家财政部、国家人力资源和社会保障部以及国家税务总局等诸多相关部门，研究采用税收政策，对那些大量聘用女职工，并且进行有效保护的企业予以补偿或者奖励。同时，政府也可以尝试采用一些新型的执法方式来提高企业招收和保护女性职工的动力。这其中，最典型的莫过于行政合同和行政奖励了。众所周知，我国行政机关传统的执法方式大都含有单方性、强制性等因素，“命令与服从”为其基本特质——行政机关是完全的决策者和支配者，它做出的行为，相对人必须予以服从，而无任何商量

① 马晓云：《发挥工会妇女干部作用，维护女职工权益》，《中国城乡企业卫生》2006 年第 1 期。

② 参见鹿锦秋《南希·哈萨克的马克思主义女性研究》，博士学位论文，山东大学，2014 年。

和妥协的余地。倘若相对人没有做出很好的配合，行政机关还享有采取强制性措施的权力。行政机关在执法过程中经常采用一些单方性、强制性行为方式，有时难以取得预期效果，反而会加剧行政机关与相对人之间的矛盾。因为这种僵硬的方式没有使相对人感受到程序中的“主人翁地位”，也就容易招致相对人本能的抵触和反抗。[①] 故此，一种直接参与到行政活动做出的过程中，体现双向意志交流的新型执法方式便应运而生，如行政合同、行政奖励，等等。这种新型执法方式昭示着行政机关不再将行政活动视为贯彻行政单方意志的过程，而在行政活动中更多地吸纳当事人的参与，保持与当事人之间的平等地位，听取和记录相对人意见，并在此基础上做出行政决定。这样就更容易拉近政府机关和相对人之间的情感距离，提升相对人对政府机关的认可度和信赖度，当然也就会对搭建政府与人民之间那种长期稳定的信任和合作关系大有裨益。[②] 对于企业而言，政府通过行政合同、行政奖励的方式，同其建立一种妇女权益保障上的合作关系，不仅能够降低执法过程中的强制性因素，而且还能够增强企业在这方面的“主人翁”意识，继而极大地提升企业在妇女权益保障上的动力。

---

① 参见吴华《论行政指导的性质及其法律控制》，《行政法学研究》2001 年第 2 期。

② 陈林跃：《我国公共行政转型对行政法学的影响》，《江西社会科学》2015 年第 11 期。

# 结　语

随着全球化的发展，广大妇女的权利已然被全社会公认为人权中不可或缺的一部分。构建一个完善的妇女权益保障机制，继而对妇女权益进行一个良好的保障，亦成为世界各主要法治发达国家极为重视的一项基本任务。在我国，维护妇女权益，实现男女平等，不仅是全面推进中国特色社会主义伟大事业、积极投入全面建成小康社会的必然要求，而且是扎实树立和贯彻科学发展观、实现伟大中国梦的必然选择。然而，殊不知，妇女权益保障是一个长期性、综合性的系统工程，我们不可能指望依靠妇联组织这一个部门，凭借《妇女权益保障法》这一部法律，短期内就去解决“男女不平等”这个复杂的社会大问题。细言之，其具有如下双重意味：第一，妇女权益保障是一个长期性的工程，而完成这个工程的关键，与其说是各种配套制度和配套设施的构建，不如说是实现整个社会观念的转变。从这个角度而言，《妇女权益保障法》的作用主要在于对人们观念的引导，其内容、条款也理应是纲领性、宣言性以及协调性的，而不可能面面俱到。第二，妇女权益保障是一个综合性的工程，其往往涉及人大、法院、公安、民政、人社以及国土和财政等多个部门，产生的纠纷也可能被归属于民事、刑事以及行政等多个案件类型，这就决定了妇女权益的保障不仅需要在妇联组织的统筹下各机关部门协调推进，更需要适时制定和修改部分法律法规，以将我国妇女的各项基本权益落到实处。也唯有如此，我国妇女权益的保障才能赢得世界的认可和称赞。

# 附录 1

## 有关妇女权益保障的主要法律目录索引

《中华人民共和国宪法》（2004 年）：第三十三条、第三十四条、第四十八条、第四十九条；

《中华人民共和国全国人民代表大会和地方各级人民代表大会选举法》（2015 年）：第三条、第六条；

《中华人民共和国村民委员会组织法》（2010 年）：第六条、第九条、第十三条；

《中华人民共和国义务教育法》（2015 年）：第二条、第四条；

《中华人民共和国妇女权益保障法》（2005 年）：全文；

《中华人民共和国反家庭暴力法》（2015 年）：全文；

《中华人民共和国母婴保健法》（2009 年）：全文；

《中华人民共和国刑法》（2015 年）：第四十九条、第七十二条、第二百三十六条、第二百三十九条、第二百四十条、第三百五十七条、第三百五十八条、第三百六十一条；

《中华人民共和国劳动法》（2009 年）：第十二条、第十三条、第二十九条、第五十八条、第五十九条、第六十条、第六十一条、第六十二条、第六十三条、第七十条、第七十三条、第九十五条；

《中华人民共和国婚姻法》（2001 年）：第二条、第十三条、第十四条、第十五条、第三十四条、第三十六条、第三十九条、第四十条、第四十三条、第四十六条；

《中华人民共和国继承法》（1985 年）：第九条、第十条、第十二条、第二十八条、第三十条；

《中华人民共和国农村土地承包法》（2009 年）：第六条、第三十条。

## 《中华人民共和国宪法》（2004 年）

第三十三条：“……中华人民共和国公民在法律面前一律平等。国家尊重和保障人权……”

第三十四条：“中华人民共和国年满十八周岁的公民，不分民族、种族、性别、职业、家庭出身、宗教信仰、教育程度、财产状况、居住期限，都有选举权和被选举权；但是依照法律被剥夺政治权利的人除外。”

第四十八条：“中华人民共和国妇女在政治的、经济的、文化的、社会的和家庭的生活等各方面享有同男子平等的权利。国家保护妇女的权利和利益，实行男女同工同酬，培养和选拔妇女干部。”

第四十九条：“婚姻、家庭、母亲和儿童受国家的保护……禁止破坏婚姻自由，禁止虐待老人、妇女和儿童。”

## 《中华人民共和国全国人民代表大会和地方各级人民代表大会选举法》（2015 年）

第三条：中华人民共和国年满十八周岁的公民，不分民族、种族、性别、职业、家庭出身、宗教信仰、教育程度、财产状况和居住期限，都有选举权和被选举权。

第六条：全国人民代表大会和地方各级人民代表大会的代表应当具有广泛的代表性，应当有适当数量的基层代表，特别是工人、农民和知识分子代表；应当有适当数量的妇女代表，并逐步提高妇女代表的比例。

## 《中华人民共和国村民委员会组织法》（2010 年）

第六条：“村民委员会由主任、副主任和委员共三至七人组成。村民委员会成员中，应当有妇女成员，多民族村民居住的村应当有人数较少的民族的成员。对村民委员会成员，根据工作情况，给予适当补贴。”

第九条：“村民委员会应当宣传宪法、法律、法规和国家的政策，教育和推动村民履行法律规定的义务、爱护公共财产，维护村民的合法权益，发展文化教育，普及科技知识，促进男女平等，做好计划生育工作……”

第十三条：“年满十八周岁的村民，不分民族、种族、性别、职业、家庭出身、宗教信仰、教育程度、财产状况、居住期限，都有选举权和被选举权……”

## 《中华人民共和国义务教育法》（2015 年）

第二条：“国家实行九年义务教育制度。义务教育是国家统一实施的所有适龄儿童、少年必须接受的教育，是国家必须予以保障的公益性事业。实施义务教育，不收学费、杂费……”

第四条：“凡具有中华人民共和国国籍的适龄儿童、少年，不分性别、民族、种族、家庭财产状况、宗教信仰等，依法享有平等接受义务教育的权利，并履行接受义务教育的义务。”

## 《中华人民共和国妇女权益保障法》（2005 年）

**第一章　总则**

第一条　为了保障妇女的合法权益，促进男女平等，充分发挥妇女在社会主义现代化建设中的作用，根据宪法和我国的实际情况，制定本法。

第二条 妇女在政治的、经济的、文化的、社会的和家庭的生活等各方面享有同男子平等的权利。

实行男女平等是国家的基本国策。国家采取必要措施，逐步完善保障妇女权益的各项制度，消除对妇女一切形式的歧视。

国家保护妇女依法享有的特殊权益。

禁止歧视、虐待、遗弃、残害妇女。

第三条 国务院制定中国妇女发展纲要，并将其纳入国民经济和社会发展规划。

县级以上地方各级人民政府根据中国妇女发展纲要，制定本行政区域的妇女发展规划，并将其纳入国民经济和社会发展计划。

第四条 保障妇女的合法权益是全社会的共同责任。国家机关、社会团体、企业事业单位、城乡基层群众性自治组织，应当依照本法和有关法律的规定，保障妇女的权益。

国家采取有效措施，为妇女依法行使权利提供必要的条件。

第五条 国家鼓励妇女自尊、自信、自立、自强，运用法律维护自身合法权益。

妇女应当遵守国家法律，尊重社会公德，履行法律所规定的义务。

第六条 各级人民政府应当重视和加强妇女权益的保障工作。

县级以上人民政府负责妇女儿童工作的机构，负责组织、协调、指导、督促有关部门做好妇女权益的保障工作。

县级以上人民政府有关部门在各自的职责范围内做好妇女权益的保障工作。

第七条 中华全国妇女联合会和地方各级妇女联合会依照法律和中华全国妇女联合会章程，代表和维护各族各界妇女的利益，做好维护妇女权益的工作。

工会、共产主义青年团，应当在各自的工作范围内，做好维护妇女权益的工作。

第八条 对保障妇女合法权益成绩显著的组织和个人，各级人民政府和有关部门给予表彰和奖励。

**第二章　政治权利**

第九条　国家保障妇女享有与男子平等的政治权利。

第十条　妇女有权通过各种途径和形式，管理国家事务，管理经济和文化事业，管理社会事务。

制定法律、法规、规章和公共政策，对涉及妇女权益的重大问题，应当听取妇女联合会的意见。

妇女和妇女组织有权向各级国家机关提出妇女权益保障方面的意见和建议。

第十一条　妇女享有与男子平等的选举权和被选举权。

全国人民代表大会和地方各级人民代表大会的代表中，应当有适当数量的妇女代表。国家采取措施，逐步提高全国人民代表大会和地方各级人民代表大会的妇女代表的比例。

居民委员会、村民委员会成员中，妇女应当有适当的名额。

第十二条　国家积极培养和选拔女干部。

国家机关、社会团体、企业事业单位培养、选拔和任用干部，必须坚持男女平等的原则，并有适当数量的妇女担任领导成员。

国家重视培养和选拔少数民族女干部。

第十三条　中华全国妇女联合会和地方各级妇女联合会代表妇女积极参与国家和社会事务的民主决策、民主管理和民主监督。

各级妇女联合会及其团体会员，可以向国家机关、社会团体、企业事业单位推荐女干部。

第十四条　对于有关保障妇女权益的批评或者合理建议，有关部门应当听取和采纳；对于有关侵害妇女权益的申诉、控告和检举，有关部门必须查清事实，负责处理，任何组织或者个人不得压制或者打击报复。

**第三章　文化教育权益**

第十五条　国家保障妇女享有与男子平等的文化教育权利。

第十六条　学校和有关部门应当执行国家有关规定，保障妇女在入学、升学、毕业分配、授予学位、派出留学等方面享有与男子平等的权利。

学校在录取学生时，除特殊专业外，不得以性别为由拒绝录取女性或者提高对女性的录取标准。

第十七条　学校应当根据女性青少年的特点，在教育、管理、设施等方面采取措施，保障女性青少年身心健康发展。

第十八条　父母或者其他监护人必须履行保障适龄女性儿童少年接受义务教育的义务。

除因疾病或者其他特殊情况经当地人民政府批准的以外，对不送适龄女性儿童少年入学的父母或者其他监护人，由当地人民政府予以批评教育，并采取有效措施，责令送适龄女性儿童少年入学。

政府、社会、学校应当采取有效措施，解决适龄女性儿童少年就学存在的实际困难，并创造条件，保证贫困、残疾和流动人口中的适龄女性儿童少年完成义务教育。

第十九条　各级人民政府应当依照规定把扫除妇女中的文盲、半文盲工作，纳入扫盲和扫盲后继续教育规划，采取符合妇女特点的组织形式和工作方法，组织、监督有关部门具体实施。

第二十条　各级人民政府和有关部门应当采取措施，根据城镇和农村妇女的需要，组织妇女接受职业教育和实用技术培训。

第二十一条　国家机关、社会团体和企业事业单位应当执行国家有关规定，保障妇女从事科学、技术、文学、艺术和其他文化活动，享有与男子平等的权利。

**第四章　劳动和社会保障权益**

第二十二条　国家保障妇女享有与男子平等的劳动权利和社会保障权利。

第二十三条　各单位在录用职工时，除不适合妇女的工种或者岗位外，不得以性别为由拒绝录用妇女或者提高对妇女的录用标准。

各单位在录用女职工时，应当依法与其签订劳动（聘用）合同或者服务协议，劳动（聘用）合同或者服务协议中不得规定限制女职工结婚、生育的内容。

禁止录用未满十六周岁的女性未成年人，国家另有规定的除外。

第二十四条　实行男女同工同酬。妇女在享受福利待遇方面享有与男子平等的权利。

第二十五条　在晋职、晋级、评定专业技术职务等方面，应当坚持男女平等的原则，不得歧视妇女。

第二十六条　任何单位均应根据妇女的特点，依法保护妇女在工作和劳动时的安全和健康，不得安排不适合妇女从事的工作和劳动。

妇女在经期、孕期、产期、哺乳期受特殊保护。

第二十七条　任何单位不得因结婚、怀孕、产假、哺乳等情形，降低女职工的工资，辞退女职工，单方解除劳动（聘用）合同或者服务协议。但是，女职工要求终止劳动（聘用）合同或者服务协议的除外。

各单位在执行国家退休制度时，不得以性别为由歧视妇女。

第二十八条　国家发展社会保险、社会救助、社会福利和医疗卫生事业，保障妇女享有社会保险、社会救助、社会福利和卫生保健等权益。

国家提倡和鼓励为帮助妇女开展的社会公益活动。

第二十九条　国家推行生育保险制度，建立健全与生育相关的其他保障制度。

地方各级人民政府和有关部门应当按照有关规定为贫困妇女提供必要的生育救助。

**第五章　财产权益**

第三十条　国家保障妇女享有与男子平等的财产权利。

第三十一条　在婚姻、家庭共有财产关系中，不得侵害妇女依法享有的权益。

第三十二条　妇女在农村土地承包经营、集体经济组织收益分配、土地征收或者征用补偿费使用以及宅基地使用等方面，享有与男子平等的权利。

第三十三条　任何组织和个人不得以妇女未婚、结婚、离婚、丧偶等为由，侵害妇女在农村集体经济组织中的各项权益。

因结婚男方到女方住所落户的，男方和子女享有与所在地农村集体经济组织成员平等的权益。

第三十四条　妇女享有的与男子平等的财产继承权受法律保护。在同一顺序法定继承人中，不得歧视妇女。

丧偶妇女有权处分继承的财产，任何人不得干涉。

第三十五条　丧偶妇女对公、婆尽了主要赡养义务的，作为公、婆的第一顺序法定继承人，其继承权不受子女代位继承的影响。

**第六章　人身权利**

第三十六条　国家保障妇女享有与男子平等的人身权利。

第三十七条　妇女的人身自由不受侵犯。禁止非法拘禁和以其他非法手段剥夺或者限制妇女的人身自由；禁止非法搜查妇女的身体。

第三十八条　妇女的生命健康权不受侵犯。禁止溺、弃、残害女婴；禁止歧视、虐待生育女婴的妇女和不育的妇女；禁止用迷信、暴力等手段残害妇女；禁止虐待、遗弃病、残妇女和老年妇女。

第三十九条　禁止拐卖、绑架妇女；禁止收买被拐卖、绑架的妇女；禁止阻碍解救被拐卖、绑架的妇女。

各级人民政府和公安、民政、劳动和社会保障、卫生等部门按照其职责及时采取措施解救被拐卖、绑架的妇女，做好善后工作，妇女联合会协助和配合做好有关工作。任何人不得歧视被拐卖、绑架的妇女。

第四十条　禁止对妇女实施性骚扰。受害妇女有权向单位和有关机关投诉。

第四十一条　禁止卖淫、嫖娼。

禁止组织、强迫、引诱、容留、介绍妇女卖淫或者对妇女进行猥亵活动。

禁止组织、强迫、引诱妇女进行淫秽表演活动。

第四十二条　妇女的名誉权、荣誉权、隐私权、肖像权等人格权受法律保护。

禁止用侮辱、诽谤等方式损害妇女的人格尊严。禁止通过大众传播媒介或者其他方式贬低损害妇女人格。未经本人同意，不得以营利为目的，通过广告、商标、展览橱窗、报纸、期刊、图书、音像制品、电子出版物、网络等形式使用妇女肖像。

**第七章　婚姻家庭权益**

第四十三条　国家保障妇女享有与男子平等的婚姻家庭权利。

第四十四条　国家保护妇女的婚姻自主权。禁止干涉妇女的结婚、离婚自由。

第四十五条　女方在怀孕期间、分娩后一年内或者终止妊娠后六个月内，男方不得提出离婚。女方提出离婚的，或者人民法院认为确有必要受理男方离婚请求的，不在此限。

第四十六条　禁止对妇女实施家庭暴力。

国家采取措施，预防和制止家庭暴力。

公安、民政、司法行政等部门以及城乡基层群众性自治组织、社会团体，应当在各自的职责范围内预防和制止家庭暴力，依法为受害妇女提供救助。

第四十七条　妇女对依照法律规定的夫妻共同财产享有与其配偶平等的占有、使用、收益和处分的权利，不受双方收入状况的影响。

夫妻书面约定婚姻关系存续期间所得的财产归各自所有，女方因抚育子女、照料老人、协助男方工作等承担较多义务的，有权在离婚时要求男方予以补偿。

第四十八条　夫妻共有的房屋，离婚时，分割住房由双方协议解决；协议不成的，由人民法院根据双方的具体情况，按照照顾子女和女方权益的原则判决。夫妻双方另有约定的除外。

夫妻共同租用的房屋，离婚时，女方的住房应当按照照顾子女和女方权益的原则解决。

第四十九条　父母双方对未成年子女享有平等的监护权。

父亲死亡、丧失行为能力或者有其他情形不能担任未成年子女的监护人的，母亲的监护权任何人不得干涉。

第五十条　离婚时，女方因实施绝育手术或者其他原因丧失生育能力的，处理子女抚养问题，应在有利子女权益的条件下，照顾女方的合理要求。

第五十一条　妇女有按照国家有关规定生育子女的权利，也有不生育的自由。

育龄夫妻双方按照国家有关规定计划生育，有关部门应当提供安全、有效的避孕药具和技术，保障实施节育手术的妇女的健康和安全。

国家实行婚前保健、孕产期保健制度，发展母婴保健事业。各级人民政府应当采取措施，保障妇女享有计划生育技术服务，提高妇女的生殖健康水平。

**第八章　法律责任**

第五十二条　妇女的合法权益受到侵害的，有权要求有关部门依法处理，或者依法向仲裁机构申请仲裁，或者向人民法院起诉。

对有经济困难需要法律援助或者司法救助的妇女，当地法律援助机构或者人民法院应当给予帮助，依法为其提供法律援助或者司法救助。

第五十三条　妇女的合法权益受到侵害的，可以向妇女组织投诉，妇女组织应当维护被侵害妇女的合法权益，有权要求并协助有关部门或者单位查处。有关部门或者单位应当依法查处，并予以答复。

第五十四条　妇女组织对于受害妇女进行诉讼需要帮助的，应当给予支持。

妇女联合会或者相关妇女组织对侵害特定妇女群体利益的行为，可以通过大众传播媒介揭露、批评，并有权要求有关部门依法查处。

第五十五条　违反本法规定，以妇女未婚、结婚、离婚、丧偶等为由，侵害妇女在农村集体经济组织中的各项权益的，或者因结婚男方到女方住所落户，侵害男方和子女享有与所在地农村集体经济组织成员平等权益的，由乡镇人民政府依法调解；受害人也可以依法向农村土地承包仲裁机构申请仲裁，或者向人民法院起诉，人民法院应当依法受理。

第五十六条　违反本法规定，侵害妇女的合法权益，其他法律、法规规定行政处罚的，从其规定；造成财产损失或者其他损害的，依法承担民事责任；构成犯罪的，依法追究刑事责任。

第五十七条　违反本法规定，对侵害妇女权益的申诉、控告、检举，推诿、拖延、压制不予查处，或者对提出申诉、控告、检举的人进行打击报复的，由其所在单位、主管部门或者上级机关责令改正，并依法对直接负责的主管人员和其他直接责任人员给予行政处分。

国家机关及其工作人员未依法履行职责，对侵害妇女权益的行为未及时制止或者未给予受害妇女必要帮助，造成严重后果的，由其所在单位或者上级机关依法对直接负责的主管人员和其他直接责任人员给予行政处分。

违反本法规定，侵害妇女文化教育权益、劳动和社会保障权益、人身和财产权益以及婚姻家庭权益的，由其所在单位、主管部门或者上级机关责令改正，直接负责的主管人员和其他直接责任人员属于国家工作人员的，由其所在单位或者上级机关依法给予行政处分。

第五十八条　违反本法规定，对妇女实施性骚扰或者家庭暴力，构成违反治安管理行为的，受害人可以提请公安机关对违法行为人依法给予行政处罚，也可以依法向人民法院提起民事诉讼。

第五十九条　违反本法规定，通过大众传播媒介或者其他方式贬低损害妇女人格的，由文化、广播电影电视、新闻出版或者其他有关部门依据各自的职权责令改正，并依法给予行政处罚。

**第九章　附则**

第六十条　省、自治区、直辖市人民代表大会常务委员会可以根据本法制定实施办法。

民族自治地方的人民代表大会，可以依据本法规定的原则，结合当地民族妇女的具体情况，制定变通的或者补充的规定。自治区的规定，报全国人民代表大会常务委员会批准后生效；自治州、自治县的规定，报省、自治区、直辖市人民代表大会常务委员会批准后生效，并报全国人民代表大会常务委员会备案。

第六十一条　本法自1992年10月1日起施行。

## 《中华人民共和国反家庭暴力法》（2015年）

**第一章　总则**

第一条　为了预防和制止家庭暴力，保护家庭成员的合法权益，维护平等、和睦、文明的家庭关系，促进家庭和谐、社会稳定，制定本法。

第二条　本法所称家庭暴力，是指家庭成员之间以殴打、捆绑、残害、限制人身自由以及经常性谩骂、恐吓等方式实施的身体、精神等侵害行为。

第三条　家庭成员之间应当互相帮助，互相关爱，和睦相处，履行家庭义务。

反家庭暴力是国家、社会和每个家庭的共同责任。

国家禁止任何形式的家庭暴力。

第四条　县级以上人民政府负责妇女儿童工作的机构，负责组织、协调、指导、督促有关部门做好反家庭暴力工作。

县级以上人民政府有关部门、司法机关、人民团体、社会组织、居民委员会、村民委员会、企业事业单位，应当依照本法和有关法律规定，做好反家庭暴力工作。

各级人民政府应当对反家庭暴力工作给予必要的经费保障。

第五条　反家庭暴力工作遵循预防为主，教育、矫治与惩处相结合原则。

反家庭暴力工作应当尊重受害人真实意愿，保护当事人隐私。

未成年人、老年人、残疾人、孕期和哺乳期的妇女、重病患者遭受家庭暴力的，应当给予特殊保护。

**第二章　家庭暴力的预防**

第六条　国家开展家庭美德宣传教育，普及反家庭暴力知识，增强公民反家庭暴力意识。

工会、共产主义青年团、妇女联合会、残疾人联合会应当在各自工作范围内，组织开展家庭美德和反家庭暴力宣传教育。

广播、电视、报刊、网络等应当开展家庭美德和反家庭暴力宣传。

学校、幼儿园应当开展家庭美德和反家庭暴力教育。

第七条　县级以上人民政府有关部门、司法机关、妇女联合会应当将预防和制止家庭暴力纳入业务培训和统计工作。

医疗机构应当做好家庭暴力受害人的诊疗记录。

第八条　乡镇人民政府、街道办事处应当组织开展家庭暴力预防工作，居民委员会、村民委员会、社会工作服务机构应当予以配合协助。

第九条　各级人民政府应当支持社会工作服务机构等社会组织开展心理健康咨询、家庭关系指导、家庭暴力预防知识教育等服务。

第十条　人民调解组织应当依法调解家庭纠纷，预防和减少家庭暴力的发生。

第十一条　用人单位发现本单位人员有家庭暴力情况的，应当给予批评教育，并做好家庭矛盾的调解、化解工作。

第十二条　未成年人的监护人应当以文明的方式进行家庭教育，依法履行监护和教育职责，不得实施家庭暴力。

**第三章　家庭暴力的处置**

第十三条　家庭暴力受害人及其法定代理人、近亲属可以向加害人或者受害人所在单位、居民委员会、村民委员会、妇女联合会等单位投诉、反映或者求助。有关单位接到家庭暴力投诉、反映或者求助后，应当给予帮助、处理。

家庭暴力受害人及其法定代理人、近亲属也可以向公安机关报案或者依法向人民法院起诉。

单位、个人发现正在发生的家庭暴力行为，有权及时劝阻。

第十四条　学校、幼儿园、医疗机构、居民委员会、村民委员会、社会工作服务机构、救助管理机构、福利机构及其工作人员在工作中发现无民事行为能力人、限制民事行为能力人遭受或者疑似遭受家庭暴力的，应当及时向公安机关报案。公安机关应当对报案人的信息予以保密。

第十五条　公安机关接到家庭暴力报案后应当及时出警，制止家庭暴力，按照有关规定调查取证，协助受害人就医、鉴定伤情。

无民事行为能力人、限制民事行为能力人因家庭暴力身体受到严重伤害、面临人身安全威胁或者处于无人照料等危险状态的，公安机关应当通知并协助民政部门将其安置到临时庇护场所、救助管理机构或者福利机构。

第十六条　家庭暴力情节较轻，依法不给予治安管理处罚的，由公安机关对加害人给予批评教育或者出具告诫书。

告诫书应当包括加害人的身份信息、家庭暴力的事实陈述、禁止加害人实施家庭暴力等内容。

第十七条　公安机关应当将告诫书送交加害人、受害人，并通知居民委员会、村民委员会。

居民委员会、村民委员会、公安派出所应当对收到告诫书的加害人、受害人进行查访，监督加害人不再实施家庭暴力。

第十八条　县级或者设区的市级人民政府可以单独或者依托救助管理机构设立临时庇护场所，为家庭暴力受害人提供临时生活帮助。

第十九条　法律援助机构应当依法为家庭暴力受害人提供法律援助。

人民法院应当依法对家庭暴力受害人缓收、减收或者免收诉讼费用。

第二十条　人民法院审理涉及家庭暴力的案件，可以根据公安机关出警记录、告诫书、伤情鉴定意见等证据，认定家庭暴力事实。

第二十一条　监护人实施家庭暴力严重侵害被监护人合法权益

的，人民法院可以根据被监护人的近亲属、居民委员会、村民委员会、县级人民政府民政部门等有关人员或者单位的申请，依法撤销其监护人资格，另行指定监护人。

被撤销监护人资格的加害人，应当继续负担相应的赡养、扶养、抚养费用。

第二十二条　工会、共产主义青年团、妇女联合会、残疾人联合会、居民委员会、村民委员会等应当对实施家庭暴力的加害人进行法治教育，必要时可以对加害人、受害人进行心理辅导。

**第四章　人身安全保护令**

第二十三条　当事人因遭受家庭暴力或者面临家庭暴力的现实危险，向人民法院申请人身安全保护令的，人民法院应当受理。

当事人是无民事行为能力人、限制民事行为能力人，或者因受到强制、威吓等原因无法申请人身安全保护令的，其近亲属、公安机关、妇女联合会、居民委员会、村民委员会、救助管理机构可以代为申请。

第二十四条　申请人身安全保护令应当以书面方式提出；书面申请确有困难的，可以口头申请，由人民法院记入笔录。

第二十五条　人身安全保护令案件由申请人或者被申请人居住地、家庭暴力发生地的基层人民法院管辖。

第二十六条　人身安全保护令由人民法院以裁定形式作出。

第二十七条　作出人身安全保护令，应当具备下列条件：

（一）有明确的被申请人；

（二）有具体的请求；

（三）有遭受家庭暴力或者面临家庭暴力现实危险的情形。

第二十八条　人民法院受理申请后，应当在七十二小时内作出人身安全保护令或者驳回申请；情况紧急的，应当在二十四小时内作出。

第二十九条　人身安全保护令可以包括下列措施：

（一）禁止被申请人实施家庭暴力；

（二）禁止被申请人骚扰、跟踪、接触申请人及其相关近亲属；

（三）责令被申请人迁出申请人住所；

（四）保护申请人人身安全的其他措施。

第三十条　人身安全保护令的有效期不超过六个月，自作出之日起生效。人身安全保护令失效前，人民法院可以根据申请人的申请撤销、变更或者延长。

第三十一条　申请人对驳回申请不服或者被申请人对人身安全保护令不服的，可以自裁定生效之日起五日内向作出裁定的人民法院申请复议一次。人民法院依法作出人身安全保护令的，复议期间不停止人身安全保护令的执行。

第三十二条　人民法院作出人身安全保护令后，应当送达申请人、被申请人、公安机关以及居民委员会、村民委员会等有关组织。人身安全保护令由人民法院执行，公安机关以及居民委员会、村民委员会等应当协助执行。

## 第五章　法律责任

第三十三条　加害人实施家庭暴力，构成违反治安管理行为的，依法给予治安管理处罚；构成犯罪的，依法追究刑事责任。

第三十四条　被申请人违反人身安全保护令，构成犯罪的，依法追究刑事责任；尚不构成犯罪的，人民法院应当给予训诫，可以根据情节轻重处以一千元以下罚款、十五日以下拘留。

第三十五条　学校、幼儿园、医疗机构、居民委员会、村民委员会、社会工作服务机构、救助管理机构、福利机构及其工作人员未依照本法第十四条规定向公安机关报案，造成严重后果的，由上级主管部门或者本单位对直接负责的主管人员和其他直接责任人员依法给予处分。

第三十六条　负有反家庭暴力职责的国家工作人员玩忽职守、滥用职权、徇私舞弊的，依法给予处分；构成犯罪的，依法追究刑事责任。

## 第六章　附则

第三十七条　家庭成员以外共同生活的人之间实施的暴力行

为，参照本法规定执行。

第三十八条 本法自2016年3月1日起施行。

## 《中华人民共和国母婴保健法》（2009年）

### 第一章 总则

第一条 为了保障母亲和婴儿健康，提高出生人口素质，根据宪法，制定本法。

第二条 国家发展母婴保健事业，提供必要条件和物质帮助，使母亲和婴儿获得医疗保健服务。

国家对边远贫困地区的母婴保健事业给予扶持。

第三条 各级人民政府领导母婴保健工作。

母婴保健事业应当纳入国民经济和社会发展计划。

第四条 国务院卫生行政部门主管全国母婴保健工作，根据不同地区情况提出分级分类指导原则，并对全国母婴保健工作实施监督管理。

国务院其他有关部门在各自职责范围内，配合卫生行政部门做好母婴保健工作。

第五条 国家鼓励、支持母婴保健领域的教育和科学研究，推广先进、实用的母婴保健技术，普及母婴保健科学知识。

第六条 对在母婴保健工作中做出显著成绩和在母婴保健科学研究中取得显著成果的组织和个人，应当给予奖励。

### 第二章 婚前保健

第七条 医疗保健机构应当为公民提供婚前保健服务。

婚前保健服务包括下列内容：

（一）婚前卫生指导：关于性卫生知识、生育知识和遗传病知识的教育；

（二）婚前卫生咨询：对有关婚配、生育保健等问题提供医学意见；

（三）婚前医学检查：对准备结婚的男女双方可能患影响结婚和生育的疾病进行医学检查。

第八条 婚前医学检查包括对下列疾病的检查：

（一）严重遗传性疾病；

（二）指定传染病；

（三）有关精神病。

经婚前医学检查，医疗保健机构应当出具婚前医学检查证明。

第九条 经婚前医学检查，对患指定传染病在传染期内或者有关精神病在发病期内的，医师应当提出医学意见；准备结婚的男女双方应当暂缓结婚。

第十条 经婚前医学检查，对诊断患医学上认为不宜生育的严重遗传性疾病的，医师应当向男女双方说明情况，提出医学意见；经男女双方同意，采取长效避孕措施或者施行结扎手术后不生育的，可以结婚。但《中华人民共和国婚姻法》规定禁止结婚的除外。

第十一条 接受婚前医学检查的人员对检查结果持有异议的，可以申请医学技术鉴定，取得医学鉴定证明。

第十二条 男女双方在结婚登记时，应当持有婚前医学检查证明或者医学鉴定证明。

第十三条 省、自治区、直辖市人民政府根据本地区的实际情况，制定婚前医学检查制度实施办法。

**第三章 孕产期保健**

第十四条 医疗保健机构应当为育龄妇女和孕产妇提供孕产期保健服务。

孕产期保健服务包括下列内容：

（一）母婴保健指导：对孕育健康后代以及严重遗传性疾病和碘缺乏病等地方病的发病原因、治疗和预防方法提供医学意见；

（二）孕妇、产妇保健：为孕妇、产妇提供卫生、营养、心理等方面的咨询和指导以及产前定期检查等医疗保健服务；

（三）胎儿保健：为胎儿生长发育进行监护，提供咨询和医学指导；

（四）新生儿保健：为新生儿生长发育、哺乳和护理提供的医疗保健服务。

第十五条 对患严重疾病或者接触致畸物质，妊娠可能危及孕妇生命安全或者可能严重影响孕妇健康和胎儿正常发育的，医疗保健机构应当予以医学指导。

第十六条 医师发现或者怀疑患严重遗传性疾病的育龄夫妻，应当提出医学意见。育龄夫妻应当根据医师的医学意见采取相应的措施。

第十七条 经产前检查，医师发现或者怀疑胎儿异常的，应当对孕妇进行产前诊断。

第十八条 经产前诊断，有下列情形之一的，医师应当向夫妻双方说明情况，并提出终止妊娠的医学意见：

（一）胎儿患严重遗传性疾病的；

（二）胎儿有严重缺陷的；

（三）因患严重疾病，继续妊娠可能危及孕妇生命安全或者严重危害孕妇健康的。

第十九条 依照本法规定施行终止妊娠或者结扎手术，应当经本人同意，并签署意见。本人无行为能力的，应当经其监护人同意，并签署意见。

依照本法规定施行终止妊娠或者结扎手术的，接受免费服务。

第二十条 生育过严重缺陷患儿的妇女再次妊娠前，夫妻双方应当到县级以上医疗保健机构接受医学检查。

第二十一条 医师和助产人员应当严格遵守有关操作规程，提高助产技术和服务质量，预防和减少产伤。

第二十二条 不能住院分娩的孕妇应当由经过培训合格的接生人员实行消毒接生。

第二十三条 医疗保健机构和从事家庭接生的人员按照国务院卫生行政部门的规定，出具统一制发的新生儿出生医学证明；有产妇和婴儿死亡以及新生儿出生缺陷情况的，应当向卫生行政部门报告。

第二十四条 医疗保健机构为产妇提供科学育儿、合理营养和母乳喂养的指导。

## 第四章 技术鉴定

第二十五条 县级以上地方人民政府可以设立医学技术鉴定组织，负责对婚前医学检查、遗传病诊断和产前诊断结果有异议的进行医学技术鉴定。

第二十六条 从事医学技术鉴定的人员，必须具有临床经验和医学遗传学知识，并具有主治医师以上的专业技术职务。

医学技术鉴定组织的组成人员，由卫生行政部门提名，同级人民政府聘任。

第二十七条 医学技术鉴定实行回避制度。凡与当事人有利害关系，可能影响公正鉴定的人员，应当回避。

## 第五章 行政管理

第二十八条 各级人民政府应当采取措施，加强母婴保健工作，提高医疗保健服务水平，积极防治由环境因素所致严重危害母亲和婴儿健康的地方性高发性疾病，促进母婴保健事业的发展。

第二十九条 县级以上地方人民政府卫生行政部门管理本行政区域内的母婴保健工作。

第三十条 省、自治区、直辖市人民政府卫生行政部门指定的医疗保健机构负责本行政区域内的母婴保健监测和技术指导。

第三十一条 医疗保健机构按照国务院卫生行政部门的规定，负责其职责范围内的母婴保健工作，建立医疗保健工作规范，提高医学技术水平，采取各种措施方便人民群众，做好母婴保健服务工作。

第三十二条 医疗保健机构依照本法规定开展婚前医学检查、遗传病诊断、产前诊断以及施行结扎手术和终止妊娠手术的，必须符合国务院卫生行政部门规定的条件和技术标准，并经县级以上地方人民政府卫生行政部门许可。

严禁采用技术手段对胎儿进行性别鉴定，但医学上确有需要的除外。

第三十三条　从事本法规定的遗传病诊断、产前诊断的人员，必须经过省、自治区、直辖市人民政府卫生行政部门的考核，并取得相应的合格证书。

从事本法规定的婚前医学检查、施行结扎手术和终止妊娠手术的人员以及从事家庭接生的人员，必须经过县级以上地方人民政府卫生行政部门的考核，并取得相应的合格证书。

第三十四条　从事母婴保健工作的人员应当严格遵守职业道德，为当事人保守秘密。

**第六章　法律责任**

第三十五条　未取得国家颁发的有关合格证书的，有下列行为之一，县级以上地方人民政府卫生行政部门应当予以制止，并可以根据情节给予警告或者处以罚款：

（一）从事婚前医学检查、遗传病诊断、产前诊断或者医学技术鉴定的；

（二）施行终止妊娠手术的；

（三）出具本法规定的有关医学证明的。

上款第（三）项出具的有关医学证明无效。

第三十六条　未取得国家颁发的有关合格证书，施行终止妊娠手术或者采取其他方法终止妊娠，致人死亡、残疾、丧失或者基本丧失劳动能力的，依照刑法有关规定追究刑事责任。

第三十七条　从事母婴保健工作的人员违反本法规定，出具有关虚假医学证明或者进行胎儿性别鉴定的，由医疗保健机构或者卫生行政部门根据情节给予行政处分；情节严重的，依法取消执业资格。

**第七章　附 则**

第三十八条　本法下列用语的含义：

指定传染病，是指《中华人民共和国传染病防治法》中规定的艾滋病、淋病、梅毒、麻风病以及医学上认为影响结婚和生育的其他传染病。

严重遗传性疾病，是指由于遗传因素先天形成，患者全部或者部分丧失自主生活能力，后代再现风险高，医学上认为不宜生育的遗传性疾病。

有关精神病，是指精神分裂症、躁狂抑郁型精神病以及其他重型精神病。

产前诊断，是指对胎儿进行先天性缺陷和遗传性疾病的诊断。

第三十九条　本法自1995年6月1日起施行。

# 《中华人民共和国刑法》（2015年）

第四十九条："犯罪的时候不满十八周岁的人和审判的时候怀孕的妇女，不适用死刑。……"

第七十二条："对于被判处拘役、三年以下有期徒刑的犯罪分子，同时符合下列条件的，可以宣告缓刑，对其中不满十八周岁的人、怀孕的妇女和已满七十五周岁的人，应当宣告缓刑……"

第二百三十五条："以暴力、胁迫或者其他手段强奸妇女的，处三年以上十年以下有期徒刑。奸淫不满十四周岁的幼女的，以强奸论，从重处罚。强奸妇女、奸淫幼女，有下列情形之一的，处十年以上有期徒刑、无期徒刑或者死刑：（一）强奸妇女、奸淫幼女情节恶劣的；（二）强奸妇女、奸淫幼女多人的；（三）在公共场所当众强奸妇女的；（四）二人以上轮奸的；（五）致使被害人重伤、死亡或者造成其他严重后果的。"

第二百三十六条："以暴力、胁迫或者其他方法强制猥亵他人或者侮辱妇女的，处五年以下有期徒刑或者拘役。聚众或者在公共场所当众犯前款罪的，或者有其他恶劣情节的，处五年以上有期徒刑。"

第二百三十九条："拐卖妇女、儿童的，处五年以上十年以下有期徒刑，并处罚金；有下列情形之一的，处十年以上有期徒刑或者无期徒刑，并处罚金或者没收财产；情节特别严重的，处死刑，并处没收财产：（一）拐卖妇女、儿童集团的首要分子；（二）拐卖妇女、儿童三人以上的；（三）奸淫被拐卖的妇女的；（四）诱骗、强迫被拐卖的妇女卖淫或者将被拐卖的妇女卖给他人迫使其卖淫的；（五）以出卖为目的，使用暴力、胁迫或者麻醉方法绑架妇女、儿童的；（六）以出卖为目的，偷盗婴幼儿的；（七）造成被拐卖的妇女、儿童或者其亲属重伤、死亡或者其他严重后果的；（八）将妇女、儿童卖往境外的。拐卖妇女、儿童是指以出卖为目的，有拐骗、绑架、收买、贩卖、接送、中转妇女、儿童的行为之一的。"

第二百四十条："收买被拐卖的妇女、儿童的，处三年以下有期徒刑、拘役或者管制。收买被拐卖的妇女，强行与其发生性关系的，依照本法第二百三十五条的规定定罪处罚。收买被拐卖的妇女、儿童，非法剥夺、限制其人身自由或者有伤害、侮辱等犯罪行为的，依照本法的有关规定定罪处罚。收买被拐卖的妇女、儿童，并有第二款、第三款规定的犯罪行为的，依照数罪并罚的规定处罚。收买被拐卖的妇女、儿童又出卖的，依照本法第二百三十九条的规定定罪处罚。收买被拐卖的妇女、儿童，对被买儿童没有虐待行为，不阻碍对其进行解救的，可以从轻处罚；按照被买妇女的意愿，不阻碍其返回原居住地的，可以从轻或者减轻处罚。"

第三百五十七条："组织、强迫他人卖淫的，处五年以上十年以下有期徒刑，并处罚金；情节严重的，处十年以上有期徒刑或者无期徒刑，并处罚金或者没收财产。组织、强迫未成年人卖淫的，依照前款的规定从重处罚。犯前两款罪，并有杀害、伤害、强奸、绑架等犯罪行为的，依照数罪并罚的规定处罚。"

第三百五十八条："……引诱不满十四周岁的幼女卖淫的，处五年以上有期徒刑，并处罚金。"

第三百六十条："旅馆业、饮食服务业、文化娱乐业、出租汽车业等单位的人员，利用本单位的条件，组织、强迫、引诱、容留、介绍他人卖淫的，依照本法第三百五十七条、第三百五十八条的规定定罪处罚。前款所列单位的主要负责人，犯前款罪的，从重处罚。"

# 《中华人民共和国劳动法》（2009 年）

第十二条："劳动者就业，不因民族、种族、性别、宗教信仰不同而受歧视。"

第十三条："妇女享有与男子平等的就业权利。在录用职工时，除国家规定的不适合妇女的工种或者岗位外，不得以性别为由拒绝录用妇女或者提高对妇女的录用标准。"

第二十九条："劳动者有下列情形之一的，用人单位不得依据本法第二十六条、第二十七条的规定解除劳动合同：……（三）女职工在孕期、产期、哺乳期内的；（四）法律、行政法规规定的其他情形。"

第五十八条："国家对女职工和未成年工实行特殊劳动保护……"

第五十九条："禁止安排女职工从事矿山井下、国家规定的第四级体力劳动强度的劳动和其他禁忌从事的劳动。"

第六十条："不得安排女职工在经期从事高处、低温、冷水作业和国家规定的第三级体力劳动强度的劳动。"

第六十一条："不得安排女职工在怀孕期间从事国家规定的第三级体力劳动强度的劳动和孕期禁忌从事的劳动。对怀孕七个月以上的女职工，不得安排其延长工作时间和夜班劳动。"

第六十二条："女职工生育享受不少于九十天的产假。"

第六十三条："不得安排女职工在哺乳未满一周岁的婴儿期间从事国家规定的第三级体力劳动强度的劳动和哺乳期禁忌从事的其他劳动，不得安排其延长工作时间和夜班劳动。"

第七十条："国家发展社会保险事业，建立社会保险制度，设立社会保险基金，使劳动者在年老、患病、工伤、失业、生育等情况下获得帮助和补偿。"

第七十三条："劳动者在下列情形下，依法享受社会保险待遇：……（四）失业；（五）生育。……"

第九十五条："用人单位违反本法对女职工和未成年工的保护

规定，侵害其合法权益的，由劳动行政部门责令改正，处以罚款；对女职工或者未成年工造成损害的，应当承担赔偿责任。”

## 《中华人民共和国婚姻法》（2001年）

第二条：“实行婚姻自由、一夫一妻、男女平等的婚姻制度。保护妇女、儿童和老人的合法权益。……”

第十三条：“夫妻在家庭中地位平等。”

第十四条：“夫妻双方都有各用自己姓名的权利。”

第十五条：“夫妻双方都有参加生产、工作、学习和社会活动的自由，一方不得对他方加以限制或干涉。”

第三十四条：“女方在怀孕期间、分娩后一年内或中止妊娠后六个月内，男方不得提出离婚。女方提出离婚的，或人民法院认为确有必要受理男方离婚请求的，不在此限。”

第三十六条：“……离婚后，哺乳期内的子女，以随哺乳的母亲抚养为原则。哺乳期后的子女，如双方因抚养问题发生争执不能达成协议时，由人民法院根据子女的权益和双方的具体情况判决。”

第三十九条：“离婚时，夫妻的共同财产由双方协议处理；协议不成时，由人民法院根据财产的具体情况，照顾子女和女方权益的原则判决。”

第四十条：“夫妻书面约定婚姻关系存续期间所得的财产归各自所有，一方因抚育子女、照料老人、协助另一方工作等付出较多义务的，离婚时有权向另一方请求补偿，另一方应当予以补偿。”

第四十三条：“实施家庭暴力或虐待家庭成员，受害人有权提出请求，居民委员会、村民委员会以及所在单位应当予以劝阻、调解。对正在实施的家庭暴力，受害人有权提出请求，居民委员会、村民委员会应当予以劝阻；公安机关应当予以制止。实施家庭暴力或虐待家庭成员，受害人提出请求的，公安机关应当依照治安管理处罚的法律规定予以行政处罚。”

第四十六条：“有下列情形之一，导致离婚的，无过错方有权请求损害赔偿：……（三）实施家庭暴力的；（四）虐待、遗弃家庭成员的。”

## 《中华人民共和国继承法》（1985 年）

第九条：“继承权男女平等。”

第十条：“遗产按照下列顺序继承：第一顺序：配偶、子女、父母；第二顺序：兄弟姐妹、祖父母、外祖父母……”

第十二条：“丧偶儿媳对公、婆，丧偶女婿对岳父、岳母，尽了主要赡养义务的，作为第一顺序继承人。”

第二十八条：“遗产分割时，应当保留胎儿的继承份额。胎儿出生时是死体的，保留的份额按照法定继承办理。”

第三十条：“夫妻一方死亡后另一方再婚的，有权处分所继承的财产，任何人不得干涉。”

## 《中华人民共和国农村土地承包法》（2009 年）

第六条：“农村土地承包，妇女与男子享有平等的权利。承包中应当保护妇女的合法权益，任何组织和个人不得剥夺、侵害妇女应当享有的土地承包经营权。”

第三十条：“承包期内，妇女结婚，在新居住地未取得承包地的，发包方不得收回其原承包地；妇女离婚或者丧偶，仍在原居住地生活或者不在原居住地生活但在新居住地未取得承包地的，发包方不得收回其原承包地。”

# 附录 2

# 妇女各项基本权益典型司法案例的评析

## 【妇女劳动权益典型司法案例】

**郭晶与杭州市西湖区东方烹饪职业技能培训学校人格权纠纷上诉案**

【裁判要旨】用人单位招收文案岗位工作人员不属于国家规定的“不适合妇女的工种或岗位”，故不得以应聘者为女性而拒绝录用。否则，就侵犯了妇女的平等就业权，应当承担相应的赔偿责任。

【案号】（2015）浙杭民终字第 101 号

【案情】

上诉人（原审原告）郭晶。

委托代理人许英，江苏衡鼎律师事务所律师。

委托代理人刘明辉，北京市道融律师事务所律师。

被上诉人（原审被告）杭州市西湖区东方烹饪职业技能培训学校。

法定代表人黄源，该校董事。

上诉人郭晶因与被上诉人杭州市西湖区东方烹饪职业技能培训学校（以下简称东方烹饪学校）人格权纠纷一案，不服杭州市西湖区人民法院（2014）杭西民初字第 1848 号民事判决，向本院提起上诉。本院于 2014 年 12 月 23 日立案受理后，依法组成合议庭审理了本案，现已审理终结。

东方烹饪学校在“58 同城”网上发布了关于文案职位的招聘要求，未写明招聘人数、性别。2014 年 6 月郭晶在网上向东方烹饪学校投递了个人简历，简历中载明性别“男”、年龄“20”，网上显示东方烹饪学校查看了郭晶的简历。郭晶就招聘事宜打电话给东方烹饪学校的联系人，同时说明在所投简历中不小心将其性别写成男性，东方烹饪学校联系人以文案职位需经常与校长出差、校长为男性、出差时间较长等为由回复学校定位只招男性，建议郭晶可考虑应聘东方烹饪学校的人事、文员等岗位。东方烹饪学校在“赶集”网上发布招聘文案策划（全职）职位的信息，招聘人数1人，最低学历大专，工作经验不限（应届生亦可），性别要求为男性。2014年6月郭晶在网上向东方烹饪学校投递了个人简历，东方烹饪学校未反馈。郭晶就招聘事宜打电话给东方烹饪学校的联系人，东方烹饪学校联系人以文案职位需早晚加班等为由回复不考虑女生，想招男生。郭晶还到东方烹饪学校招聘现场去人力资源部招聘面试处应聘文案职位，东方烹饪学校工作人员仍以文案职位需与校长出差、女性有很多不方便为由回复文案职位招男生、不考虑女生，同时建议郭晶可考虑应聘东方烹饪学校的人事、文员等岗位。2014年8月，郭晶诉至原审法院，请求判令：东方烹饪学校书面赔礼道歉，并赔偿郭晶精神损害抚慰金50000元。

【审判】

原审法院认为：根据我国相关法律规定，劳动者享有平等就业的权利，劳动者就业不因性别等情况不同而受歧视，国家保障妇女享有与男子平等的劳动权利，用人单位招用人员，除国家规定的不适合妇女的工种或者岗位外，不得以性别为由拒绝录用妇女或者提高对妇女的录用条件。本案中东方烹饪学校需招聘的岗位为文案策划，东方烹饪学校并未举证证明该岗位属于法律、法规所规定的女职工禁忌从事的工作，根据其发布的招聘要求，女性完全可以胜任该岗位工作，其所辩称的需招录男性的理由与法律不符。在此情况下东方烹饪学校不对郭晶是否符合其招聘条件进行审查，而直接以郭晶为女性、其需招录男性为由拒绝郭晶应聘，其行为侵犯了郭晶平等就业的权利，对郭晶实施了就业歧视，给郭晶造成了一定的精神损害，故郭晶要求东方烹饪学校赔偿精神损害抚慰金的理由充分，至于具体金额原审法院根据东方烹饪学校在此过程中的过错程度及给郭晶造成的损害后果酌情确定为2000元。郭晶要求东方烹饪学校书面赔礼道歉的请求法律依据不足，原审法院不予支持。东方烹饪学校经原审法院传票传唤无正当理由拒不到庭，不影响本案的审理。综上，原审法院依照《中华人民共和国劳动法》第三条、第十二条、第十三条，《中华人民共和国就业促进法》第三条、第二十七条、第六十二条，《中华人民共和国侵权责任法》第二十二条以及《中华人民共和国民事诉讼法》第一百四十四条之规定，判决：一、东方烹饪学校于判决生效之日起十日内赔偿郭晶精神损害抚慰金2000元。二、驳回郭晶的其他诉讼请求。如果未按判决指定的期间履行给付金钱义务，应当依照《中华人民共和国民事诉讼法》第二百五十三条之规定，加倍支付迟延履行期间的债务利息。一审案件受理费200元（已减半收取），由东方烹饪学校负担，于判决生效之日起七日内交纳至原审法院。

宣判后，郭晶不服，向本院上诉称：一、赔礼道歉的诉讼请求应予支持。原审法院确认了被上诉人侵犯了上诉人的人身权益，并适用《中华人民共和国侵权责任法》判决被上诉人赔偿上诉人精神损害抚慰金，却认为赔礼道歉没有法律依据，实属矛盾。《中华人民共和国侵权责任法》第三条、第十五条，最高人民法院《关于确定民事侵权精神损害赔偿责任若干问题》第八条，均规定了侵权人承担侵权责任的形式包括赔礼道歉，而平等就业权归属人格权或一般人格利益范围，属于上述法律、司法解释的适用范围。二、上诉人遇到就业歧视，精神上受到重大损害，维权过程也非常劳心费神。虽然请了专业律师，但对诉讼充满担忧，包括能否立案受理，是否能得到法院支持等，还要支付律师代理费，这些均加重了上诉人的精神负担。这一切均是被上诉人的侵权行为导致，所以2000元赔偿金明显过低，完全不足以补偿上诉人所受到的精神损失。综上，上诉人请求撤销原判，改判被上诉人向上诉人赔偿精神损害抚慰金50000元并向上诉人出具书面赔礼道歉函。

被上诉人东方烹饪学校答辩称：一、被上诉人对上诉人无任何侵权行为。1. 上诉人以“不小心”将简历信息写错为由，掩盖其欺诈包括被上诉人在内的相关用人单位的事实。上诉人滥用诉权、恶意炒作、损害被上诉人名誉等事实，被上诉人在一审答辩和举证中已经充分证明。2. 被上诉人是基于对女性的关爱，出于所招聘的岗位需经常陪同被上诉人校长（男性）出差的考虑，建议上诉人应聘被上诉人处其他更加合适的岗位，此事实被上诉人已在一审答辩及举证中充分证明。3. 一审忽视了被上诉人平等自愿、协商一致的基本用工权利，在没有任何证据证明上诉人遭受严重精神损害的情况下，判令被上诉人支付所谓的精神损害抚慰金，有牺牲用人单位合法权益、息事宁人之嫌，被上诉人对一审判决并不认同。上诉人故意扭曲事实，谋求不当利益，不仅造成司法资源的浪费，也在客观上对被上诉人的名誉造成了损害，被上诉人保留追究其相关责任的权利。二、上诉人根本无任何证据证明其遭受了精神损害，更谈不上严重的精神损害。退一步讲，即便存在侵权事实，但根据最高人民法院《关于确定民事侵权精神损害赔偿责任若干问题的解释》第八条的规定，也应判决驳回上诉人的诉讼请求。综上，被上诉人请求驳回上诉，维持原判。

二审中，各方当事人均未提交新证据。

本院经审理查明认定的事实与原审法院认定事实一致。另查明，二审中郭晶自认现已应聘某创意公司的策划类岗位。

本院认为：我国宪法明确规定：妇女在政治的、经济的、文化的、社会的和家庭生活等各方面享有同男子平等的权利。用人单位在发布招聘启事和进行岗位说明时应尽可能的充分详尽，方便应聘者对竞聘岗位了解和选择，但用人单位不能以性别差异等理由限制妇女平等就业和自主择业的权利。本案中东方烹饪学校直接以郭晶为女性、其需招录男性为由拒绝郭晶应聘，一审认定其行为侵犯了郭晶平等就业的权利正确，本院予以确认。根据《中华人民共和国侵权责任法》第十五条规定，赔礼道歉与赔偿损失等均为侵权人承担侵权责任的具体方式，可以单独适用，也可合并适用。一审综合侵权人的过错程度等因素，判令被上诉人赔偿郭晶精神损害抚慰金2000元并无不当。郭晶主张东方烹饪学校赔偿精神损害抚慰金50000元，并对其进行赔礼道歉，本院不予支持。综上，原审判决认定事实清楚，适用法律准确，实体处理恰当，依照《中华人民共和国民事诉讼法》第一百七十条第一款第（一）项之规定，判决如下：

驳回上诉，维持原判。

二审案件受理费400元，由上诉人郭晶负担。

本判决为终审判决。

【评析】

此案出来后，中国政法大学法学院教授刘小楠曾评论说："中国在女性就业歧视案件上最大的问题是没有判例，虽然中国不是判例法国家，但是对于法律只有原则性规定的性别歧视案件，判例对于实践该部分法律起到至关重要的作用。这个案件为消除女性就业歧视起到了良好的示范作用。"这是中国第二起影响较大的就业性别歧视诉讼案件。就在两年前，一名叫曹菊的女生也曾状告过一家企业，但在上次事件中，案件最终以双方和解而结束，企业给予曹菊3万元的"关爱女性平等就业专项资金"为补偿。

虽然中国已经在《妇女权益保障法》《劳动法》等法律中对女性的平等就业权进行了附带规定，但是，在现实中，仍然存在女性就业遭歧视的现象。对此，妇女权利专家吕频表示，企业经常会计算女性的生育成本，而没有看到女性在企业中所能发挥的创新和调和人际关系的作用。吕频认为中国企业需要扭转这种短视的眼光。另外，中国妇联妇女发展部2011年发布的《女大学生就业创业状况调查报告》指出，56.7%的受访女大学生在求职过程中感到"女生机会更少"，91.9%的受访女大学生感受到用人单位的性别偏见。虽然我国在《劳动法》《妇女权益保护法》等法律法规中都提出反对就业歧视，但有专家认为，由于没有明确规定用人单位应承担何种行政和民事责任，也没有规定具体的执行机关，对就业歧视起不到实质的规范和监督作用。这就是目前多数企业有恃无恐，法院遇到此类诉讼不乐意立案，相关监管部门不主动采取措施保护女性的原因。反性别歧视专家马寅娜呼吁国家出台反就业性别歧视方面的专门法律，从制度和操作层面给予女性就业全面支持。"比如考虑到企业的负担，国家应该帮助企业分担，当企业有休产假的女职工时，可给予一定税收的减免，这样企业招收女性就没有后顾之忧了。"

## 【妇女财产权益典型司法案例】

**芦利霞与河南省新乡市开发区东杨村民委员会侵害集体经济组织成员权益纠纷上诉案——集体经济组织成员资格不因放弃而取消**

【裁判要旨】村民具有集体经济组织成员的资格和享有获得征地补偿费用的权利，不是村民会议民主议定的范围和问题，村委会不得以村民会议民主表决为由剥夺其成员的正当、合法权益；村民具有的集体经济组织成员资格是特定的，不因出具放弃保证而取消。

【案号】（2006）红民一初字第838号；（2008）新中民一终字第545号

【案情】

原告：芦利霞。

被告：河南省新乡市开发区东杨村民委员会（以下简称东杨村委会）。

芦利霞系新乡市开发区东杨村村民。1996年12月23日，芦利霞与延津县榆林乡大杨村郭树法结婚，婚后一直在朱召村居住。其户籍仍保留在东杨村，在其丈夫所在村未分配承包地。1999年11月19日，芦利霞给东杨村委会出具保证书，保证其和儿子的户口为空头户口，今后不参与东杨村的分配，不划宅基地，不分耕地。2002年7月3日至2005年10月27日，东杨村同新乡市开发区土地部门和有关单位共签订了7份征地补偿安置方案。东杨村自2002年8月10日至2005年11月20日每人共分配土地补偿费42412.45元。但东杨村委会在多次分配土地补偿款时，均未分配给芦利霞。芦利霞提起诉讼，称保证书系村委会以不给自己刚出生的孩子上户口为胁迫，迫使自己在其事先写好的保证书上签的字，村委会无权剥夺自己的基本权利。要求判令东杨村委会支付其土地补偿款43112.45元。东杨村委会以不分给芦利霞土地补偿款是由村民会议表决决定，村委会必须执行，芦利霞已写过保证，放弃了其村民待遇相辩称。

【审判】

河南省新乡市红旗区人民法院经审理认为：芦利霞虽具备东杨村户籍，但其未在该村居住，且芦利霞于1999年11月19日出具保证书，保证其和儿子的户口为空头户口，今后不参与东杨村的分配，不划宅基地，不分耕地。该保证书系芦利霞的真实意思表示，视为其自愿放弃自身权利，故芦利霞无权再要求参加分配征地补偿款，对其要求东杨村委会支付土地补偿款的请求，不予支持。芦利霞称其出具的保证书系在被威逼之下所写，没有相关证据予以证实，理由不充分，不予采信。根据民法通则第四条、第五十七条的规定，判决：驳回芦利霞的诉讼请求。

宣判后，芦利霞不服一审判决，向新乡市中级人民法院提起上诉，请求撤销一审判决，支持上诉人的诉讼请求。

河南省新乡市中级人民法院经审理认为：土地补偿费是因国家征用土地而对土地所有人和使用人的损失给予的补偿，在土地补偿安置方案确定时具有该集体经济组织成员资格的人，应当享有分配该笔土地补偿费的权利。芦利霞系东杨村人，婚后在其丈夫所在村未分配有土地，户籍也未迁出东杨村，芦利霞在2002年7月3日第一次制定土地补偿安置方案时便具有东杨村集体经济组织成员资格，依法应当享受土地补偿款的待遇。故芦利霞请求分配相应土地补偿费的请求，应予以支持。关于芦利霞签字的保证书的法律效力问题，东杨村委会以不给芦利霞刚出生的孩子上户口迫使芦利霞在其事先写好的保证书上签字，东杨村委会的行为显系违法，违法的民事行为为无效行为，故对于该保证应当认定为无效。原审认定事实不清，判决不当，依照民事诉讼法第一百五十三条第一款第（三）项之规定，判决：一、撤销一审判决。二、东杨村委会于本判决生效后10日内给付芦利霞土地补偿费共计42412.45元。三、驳回芦利霞的其他诉讼请求。

【评析】

一、芦利霞给东杨村委会出具保证的效力问题

东杨村委会作为被征地单位对土地补偿费进行分配，具备其集

体经济组织成员资格的人，都享有相应的份额。但东杨村委会却在其多次进行的土地补偿款分配过程中，以芦利霞出具保证书，承诺并保证不参与东杨村的分配为由均未给芦利霞分配土地补偿款。东杨村委会让芦利霞给其出具保证书，即保证其和儿子的户口为空头户口，不参与东杨村的分配，不划宅基地、不分耕地的这一约定行为，无论就形式还是内容都是违法的。从形式上看，尽管芦利霞对其受胁迫这一事实没有从形式上予以举证证明，且东杨村委会对此又予否认，但从保证约定的内容可以推断，由于出具这一保证本身，严重损害和剥夺了芦利霞作为一个村民乃至公民应当享有的基本权利和经济利益，显然不是其自愿所为。所以这一约定在形式上不具有合法性。从内容上看，宪法、土地管理法、物权法都对作为征地补偿对象的权利人享有获得征地补偿费用的权利做了明确规定，这是作为土地被征对象享有获得相应经济补偿的法定利益，是任何组织和个人都不得非法侵害和剥夺的。而东杨村委会却以让芦利霞出具保证的这一约定的形式，非法剥夺芦利霞应当享有的基本权利，严重违反宪法和法律的行为，应属无效民事行为。

二、本案芦利霞的集体经济组织成员的资格认定问题

农民依附于土地的各项权利，是基于农村土地家庭承包经营这一基本政策而产生的，其法律依据是农村土地承包法、土地管理法等。农村土地家庭承包，是以家庭为单位的人人有份的承包。农村土地承包法第五条规定："农村集体经济组织成员有权依法承包由本集体经济组织发包的农村土地。""任何组织和个人不得剥夺和非法限制农村集体经济组织成员承包土地的权利。"同时，土地管理法第十四条规定："农民集体所有的土地由本集体经济组织的成员承包经营……"这就表明，农户只有在本集体经济组织内享有基本的土地家庭承包经营的权利，在其外部则不享有此权利。换句话说，如果集体经济组织不论以何种理由和借口剥夺和非法限制其成员所享有的土地家庭承包经营的权利，那么，该成员就会成为一个无地可种而失去基本生产资料的人。目前我国农村尚未建立社会保障制度，每个农户通过家庭承包取得的承包地，是其自身家庭生产和生活的基本保障手段，在某种意义上具有社会保障和福利的性

质。因此，农民的土地家庭承包经营权利是受法律绝对保护的。

农村土地家庭承包的农户一般是指，在按照国家规定统一组织承包时户口在本集体经济组织的农户。也就是说，确定本集体经济组织成员主要是依照户籍为标准，特别是自然取得的本村户籍。在土地家庭承包的具体实施上，比较普遍的做法是按照每个农户家庭的人口、劳动力数量等因素计算承包地面积。但承包合同一旦签订后，在有效期限内非因法定原因不能随着人口的增减而变动面积，否则，就难以保障农村土地家庭承包经营权的长期稳定和有效。显然，农村土地家庭承包经营的承包地的原始取得对于集体经济组织成员的自身利益至关重要。但同时也表明，农户的家庭成员错过统一组织承包时分配承包地机会的，会在一定期限内难以获得承包地。但这并不意味着其农村土地家庭承包经营权的绝对丧失，其仍享有和具有农村土地家庭承包经营的权利。农村集体经济组织成员所享有的土地被征用获得土地补偿费用的权利，即是依附于这种农村土地家庭承包经营权之上的。本案芦利霞户籍在东杨村，而且是自然取得的本村户籍，毫无疑问其具有东杨村集体经济组织成员的资格。尽管其因婚嫁而未在东杨村居住生活，但这只是居住形式的问题，其户口并未从东杨村迁出，户籍仍保留在东杨村；况且芦利霞在其丈夫所在村亦并未分配有承包地，芦利霞仍属东杨村集体经济组织的成员，其仍享有承包东杨村集体经济组织土地的权利。最高人民法院《关于审理涉及农村土地承包纠纷案件适用法律问题的解释》第 24 条规定："农村集体经济组织或者村民委员会、村民小组，可以依照法律规定的民主议定程序，决定在本集体经济组织内部分配已经收到的土地补偿费。征地补偿安置方案确定时已经具有本集体经济组织成员资格的人，请求支付相应份额的，应予支持。"这就规定了已经具有本集体经济组织成员资格的人，不论有无承包地，均有权参与分配已经收到的土地补偿费的相应份额。所以，芦利霞向东杨村委会主张分配并支付其相应的土地补偿费份额的请求自然应当得到支持。

三、农村土地承包过程中妇女权益的保护问题

宪法规定妇女在政治、经济、文化、社会和家庭各个方面享有

与男子同等的权利。农村土地承包法第六条规定:“农村土地承包,妇女与男子享有平等的权利。承包中应当保护妇女的合法权益,任何组织和个人不得剥夺、侵害妇女应当享有的土地承包经营权。”妇女权益保护法第三十二条规定:“妇女在农村土地承包经营、集体经济组织收益分配、土地征收或者征用补偿费使用以及宅基地使用等方面,享有与男子平等的权利。”该法第三十三条规定:“任何组织和个人不得以妇女未婚、结婚、离婚、丧偶等为由,侵害妇女在农村集体经济组织中的各项权益。”由此可见,在农村土地的实际承包中,侵害妇女土地承包经营权的行为是一种严重的侵权行为,必须得到有效制止和坚决纠正。在征地补偿费的分配问题上,妇女与男子享有平等的权利,任何组织和个人不得以妇女未婚、结婚、离婚、丧偶等为由,剥夺、侵害其依法应当享有的土地补偿权益。农村集体经济组织可以召开村民会议通过民主议定程序就征地补偿费如何分配进行民主表决,但村民所在其村的集体经济组织成员的资格和其享有的获得土地补偿费用的权利,不是村民会议民主议定的范围和问题。那种以土地补偿费分配经村民会议民主表决,村委会必须执行,从而剥夺妇女正当、合法权益的理由是不能成立的,这是一个必须明晰和应当澄清的问题。广大妇女应当不断增强权利意识,自觉运用法律手段维护自身合法权益。

## 【妇女人身权益典型司法案例一】

### 李金诉李阳离婚纠纷案——离婚案件中家庭暴力的认定与处理

【裁判要旨】婚姻和同居关系中,只要一方对另一方实施了殴打行为,即构成家庭暴力。施暴方是离婚案件中的过错方,无过错方主张精神损害赔偿的,人民法院应当根据过错方的过错程度、暴力发生时的情境以及过错方的经济能力等情节确定赔偿数额。确定未成年子女抚养权时,人民法院应当将家庭暴力列为重要考虑因素。人民法院认为确有必要的,可以在宣判的同时,发出人身安全保护裁定。

【案号】一审：（2012）朝民初字第03041号

【案情】

原告：李金（KIM LEE LI）。

被告：李阳。

李金诉称：我于1999年来到中国，与李阳相识、相恋。2002年5月19日，我们的大女儿出生。2005年4月22日，我与李阳在美国内华达州克拉克县登记结婚。2006年4月21日，二女儿出生。2008年9月21日，三女儿出生。2010年7月7日，我和李阳在中国广东省广州市登记结婚。我是美国注册的英文专业教师，在1999年至2011年的12年间，我为李阳的疯狂英语事业做了大量工作，贡献很大，但是李阳控制着疯狂英语的所有收入，从不向我披露，只给我日常生活的必要费用，我没有任何可支配的财产。李阳每月只回家一两天，对家庭照顾极少。李阳还多次对我实施家庭暴力，2011年8月30日李阳对我进行殴打，造成我身体严重受伤，也极大地伤害了我的感情。为此，我请求：1. 解除我与李阳的婚姻关系；2. 判决由我抚养三个女儿，李阳一次性支付抚养费6552800元；3. 判决李阳支付财产折价款1200万元，房屋剩余贷款由李阳负责偿还；4. 判决李阳支付家庭暴力精神损害抚慰金5万元。

李阳辩称：2011年8月30日，我和李金因孩子教育等琐事发生口角，李金长达几个小时的语言暴力致双方发生冲突。之后，我已经保证不再发生肢体冲突，并在微博上公开道歉。同时按照李金的要求积极寻求心理医生辅导，还进行了社会组织捐款。我的行为不构成家庭暴力，只是家庭纠纷。2006年，我还和李金发生过一次冲突，二次冲突间隔5年，并不是频繁发生。我认为认定家庭暴力必须要求造成受害方身体上、精神上一定程度的伤害后果，我和李金虽然发生了冲突，但并未造成法律上的伤害后果，所以不属于家庭暴力。我和李金之间存在巨大的文化差异，我同意与李金离婚，但我要求直接抚养三个女儿，不要求李金支付任何抚养费。如果法院判决女儿由李金抚养，也应按照普通义务教育的收费标准确定我支付抚养费的数额。关于共同财产分割，我同意向李金支付财产折价款1200万元。

法院经审理查明：1995 年 5 月 19 日，李阳与前妻林某在广州市东山区民政局登记结婚，1999 年 4 月 22 日双方在该民政局协议离婚。2000 年 5 月 19 日，李阳与林某又在该民政局办理了复婚手续。李金、李阳于 1999 年相识。2000 年 9 月 26 日，李金与前夫在美国解除婚姻关系。2002 年 5 月 19 日，李金与李阳生育一女。2005 年 4 月 22 日，李金与李阳在美国内华达州克拉克县领取了结婚证书。2006 年 4 月 21 日，李金、李阳生育了第二个女儿。2006 年 11 月 15 日，李阳与林某在广州市越秀区民政局协议离婚。2008 年 9 月 21 日，李金、李阳又生育一女。三个女儿均为美国国籍。2010 年 7 月 7 日，李金与李阳在广州市民政局办理了结婚登记。

2006 年 2 月 27 日，因李金将电脑上的有关资料删除，李阳对李金进行了殴打。2011 年 8 月 30 日，双方在北京居住地因子女教育问题发生争议，李阳再次殴打李金，造成李金头部、腿部多处受伤。对此，李金提交了报警记录、治安调解笔录、调解备忘录，以及李阳接受多家电视台采访承认自己对李金施暴的视频。

2012 年 4 月 12 日 16 时 30 分，李金到北京市公安局朝阳分局团结湖派出所报案称，自 2012 年 3 月以来，李阳经常发来辱骂短信；4 月 9 日，李阳又发来短信扬言要杀了她。李金感觉人身安全受到威胁，后向法院提出了人身安全保护裁定申请。

双方对财产分割无异议。

【审判】

2013 年 2 月 3 日，北京市朝阳区人民法院依法做出如下判决：一、准许原告李金与被告李阳离婚；二、原告李金与被告李阳所生的三个女儿由原告李金抚养；三、被告李阳从本判决书生效之日起 7 日内分别向三个女儿支付自 2013 年 7 月至 2013 年 12 月的抚养费各人民币 5 元。自 2014 年起，被告李阳于每年 1 月 31 日前，按每人每年人民币 10 万元的标准分别向三人支付该年度的抚养费，至三人分别年满 18 周岁时止；四、被告李阳于本判决生效之日起 3 个月内向原告李金支付财产折价款人民币 1200 万元；五、位于广州市的房屋 9 套及深圳市的房屋 1 套归被告李阳所有，剩余房屋贷款由被告李阳负责偿还；六、被告李阳所持有的 5 家公司的股权归被告李阳所有；七、被告李阳名下的商标权归被告李阳所有；八、被告李阳于本判决生效之日起7日内向原告李金支付精神损害抚慰金人民币5万元；九、驳回原告李金的其他诉讼请求。

同日，北京市朝阳区人民法院发出了人身安全保护裁定：禁止李阳殴打、威胁李金。

宣判后，双方均未提起上诉，一审判决已生效。

【评析】

本案争议焦点有四个，一是家庭暴力的司法认定；二是如何确定精神损害抚慰金的赔偿数额；三是确定未成年子女抚养权时，是否应当考虑家庭暴力因素；四是当事人提出人身安全保护裁定申请的，人民法院是否应当支持。

一、家庭暴力的认定

李金主张李阳多次对她实施家庭暴力，但李阳辩称双方的冲突是家庭纠纷，不属于家庭暴力。他的理由是，他与李金的二次冲突间隔五年，不属于反复和频繁地发生，因此不符合最高人民法院《关于适用婚姻法若干问题的解释（一）》（以下简称婚姻法解释（一））关于家庭暴力的定义。

笔者认为，家庭纠纷是夫妻双方争执的事情，其目的是说服对方，不存在殴打和威胁行为，而家庭暴力则不然。婚姻法解释（一）第1条规定："家庭暴力是指行为人以殴打、捆绑、残害、强行限制人身自由或者其他手段，给其家庭成员的身体、精神等方面造成一定伤害后果的行为。持续的、经常的家庭暴力，构成虐待。"可见，该条第1款定义的是家庭暴力行为，并不要求多次和反复发生。第2款定义的是虐待行为，需要有多次和反复发生的暴力行为作为构成要件。本案中，李阳对李金实施了殴打行为，造成了李金头部和腿部多处受伤，完全符合婚姻法解释（一）第1条关于家庭暴力的规定，故他的行为属于家庭暴力行为。

二、家庭暴力离婚案件中损害赔偿数额的确定

婚姻法解释（一）第28条规定："损害赔偿，包括物质损害赔偿和精神损害赔偿。"但是，法律并没有规定精神损害抚慰金的标准。本案中，合议庭根据过错方的过错程度、暴力发生时的情境，

及过错方经济能力等具体情节来确定精神损害抚慰金数额。

（一）过错方的过错程度。家庭暴力是我国法律明确禁止的行为。李阳在社会上有一定的知名度，且从事的是教书育人的工作，却在家中因为与李金意见不同就对其进行殴打，造成李金头部、腿部多处受伤。而且，李阳无视自己的施暴行为给李金造成的身心伤害，在其施暴行为被李金曝光后，多次接受境内外媒体的采访，面对镜头描述自己对李金施暴的过程和细节，给李金造成了二次伤害，在社会上造成了不良影响。因此，李阳行为的过错程度较高。

（二）暴力发生时的情境。李阳殴打李金时，双方的未成年女儿在现场，目睹了整个殴打过程，她一直哭着求李阳不要打妈妈，并试图阻止李阳的殴打行为。让幼小的孩子目睹父亲殴打母亲的场景，使她感受到对暴力的恐惧和自己无力阻止母亲受暴的无助，必然给孩子造成巨大的心理创伤，属于情节比较恶劣的情形。

（三）过错方的经济能力。据庭审查明，李阳名下拥有10套房产、5家公司股权等，具有较强的经济支付能力。据此，李金提出5万元精神损害抚慰金的诉讼请求，数额合理，应当予以支持。

三、确定未成年子女抚养权时，应当将家庭暴力列为最重要的考虑因素

最高人民法院《关于人民法院审理离婚案件处理子女抚养问题的若干具体意见》规定："人民法院审理离婚案件，对子女抚养问题，应当依照法律规定，从有利于子女身心健康，保障子女的合法权益出发，结合父母双方的抚养能力和抚养条件等具体情况妥善解决。"合议庭在确定子女抚养权时，着重从以下两个方面考虑：

（一）家长的家庭暴力倾向对未成年子女的成长不利。

有暴力倾向的家长直接抚养双方的未成年子女，对后者的健康成长不利，这已是大多数人的共识。这是因为暴力源于施暴人内心的不安全感，因此施暴人会过度看重自己在家庭中的权威，并强调家庭成员对自己的服从，其结果很可能使孩子产生自卑、胆小，缺乏安全感，学习时难以集中注意力等后果。另外，由施暴方直接抚养未成年子女，还可能让其有机会利用直接抚养的权利限制另一方家长的探视权从而控制另一方家长。李阳有施暴倾向，且至今不承

认自己的行为构成家庭暴力，因此，将直接抚养双方的未成年子女的权利交给他，不仅不利于双方未成年子女的健康成长，也不利于李金行使对孩子的探视权。

（二）经济条件很重要，但不是确定抚养权归属的决定性因素。

李阳在经济条件上比李金优越，但经济能力不是衡量家长中哪一方更具备抚养能力的决定性因素。对于夫妻双方离婚时争夺子女抚养权的案件，除考虑家庭暴力因素和经济因素外，还要考虑谁更能给子女以细心的关爱照顾，谁更能给孩子营造安全稳定的生活环境。李金虽然是全职母亲，但她长期照顾3个孩子，与3个孩子感情较深，而李阳因工作原因长年不在家，客观上很难给孩子提供必要的关爱和照顾。另外，李阳也多次表示李金比他更懂得教育孩子。综合以上因素，李金具有直接抚养子女的有利条件。考虑到双方已满10周岁的大女儿表示愿意跟李金一起生活，李金也多次表达了希望离婚后仍继续直接抚养三个女儿的强烈愿望，合议庭将3个孩子的直接抚养权全部判归李金，由李阳承担子女抚养费直至3个孩子分别满18周岁。这样，能够在基本上不降低双方未成年人子女生活和学习水平的基础上，让双方的未成年子女生活在一个没有家庭暴力的成长环境中，以利于孩子的健康成长。

四、人民法院认为确有必要的，可以在宣判的同时，发出人身安全保护裁定

人身安全保护裁定源于2008年最高人民法院中国应用法学研究所发布的《涉及家庭暴力婚姻案件审理指南》。目前，全国开展人身安全保护裁定试点工作的法院，已发出几百份人身安全保护裁定，止暴效果良好。基于人民法院取得的试点成效，2012年8月31日，全国人大常委会对现行的民事诉讼法进行了修改，在第一百条第一款增加了行为保全制度，为人民法院发出人身安全保护裁定提供了直接的法律依据。根据民事诉讼法第一百条规定："人民法院对于可能因当事人一方的行为或者其他原因，使判决难以执行或者造成当事人其他损害的案件，根据对方当事人的申请，可以裁定对其财产进行保全、责令其作出一定行为或者禁止其作出一定行为。"行为保全制度的引入，为当事人提供了及时有力的诉讼保障

手段。

本案中，李阳不仅在诉讼前对李金进行过殴打，诉讼期间，又多次给李金发送威胁性短信，故李金关于自己可能继续遭受暴力的恐惧心理有其合理之处，也存在现实可能性，其申请应当得到支持。2013 年 2 月 3 日，合议庭在宣判之前发出了人身安全保护裁定，禁止李阳殴打、威胁李金。

应用法学研究成果表明，离婚并不必然能制止家庭暴力，在某些情况下，离婚可能引发分手暴力，导致更严重的伤害后果。李金虽然获准与李阳离婚，但李金仍存在着遭受分手暴力的可能，故发出人身安全保护裁定是必要的。

## 【妇女人身权益典型司法案例二】

**熊勇明诉曼宁家屋面系统（成都）有限公司劳动争议案**

【裁判要旨】工作场所性骚扰应当成为用人单位劳动纪律的当然内容，即使用人单位未将其规定为违反劳动纪律、解除劳动合同的情形，只要员工在工作场所对上司、下属或同事进行性骚扰，用人单位均可将其视为违反劳动纪律和规章制度的行为，并可根据行为的严重程度、后果，对骚扰者予以批评教育、降职减薪直至开除或解雇的处理。

【案号】

一审：四川省成都市金堂县人民法院（2008）金堂民初字第 1029 号（2009 年 4 月 1 日）

二审：四川省成都市中级人民法院（2009）成民终字第 2216 号（2009 年 7 月 31 日）

【案情】

原告：熊勇明。

被告：曼宁家屋面系统（成都）有限公司。

原告熊勇明诉称：原告系被告公司的员工。1995 年 6 月 5 日起便在拉法基屋面系统（佛山）有限公司工作，2007 年 1 月后到拉法基屋面系统（成都）有限公司工作。双方于2007年4月1日签订了劳动合同，合同期限为2007年4月1日至2009年3月31日。2007年8月29日被告以莫须有的理由，解除与原告的劳动合同。原告于2007年9月4日依法向金堂县劳动争议仲裁委员会申请仲裁，仲裁委员会于2008年6月6日做出裁定，维持了被告的解聘决定。原告诉请撤销被告的解聘决定。

被告曼宁家屋面系统（成都）有限公司辩称：原告在工作时间和工作场所，多次对女同事进行性骚扰。被告多次教育、帮助原告，但原告坚持不承认错误。原告的行为，严重违反了基本的行为道德准则和保护妇女权益相关的法律法规的规定，违反了公司员工奖惩规定，不仅侵害了女同事的人身权利，而且严重影响了公司的形象，请求驳回原告的诉讼请求。

金堂县人民法院经审理查明：1995年6月5日起，原告在拉法基屋面系统（佛山）有限公司工作，2007年1月到拉法基屋面系统（成都）有限公司工作。双方于2007年4月1日签订了劳动合同，合同期限为2007年4月1日至2009年3月31日，原告任维修主管。在工作期间，原告熊勇明采用语言挑逗、通过电脑网络发送黄色照片以及趁对方不注意时触摸臀部等方式，对同一办公室的同一女员工赵某多次进行骚扰。被告经调查确认上述行为后，多次找原告熊勇明谈话、教育，但原告熊勇明拒不接受教育，拒不承认错误。2007年8月29日，被告依据《劳动法》第25条第1款第（2）项和被告公司的《员工奖惩条例》第7条的规定，以原告严重违反纪律和被告公司的规章制度，且不接受教育为由，做出解除与原告劳动合同关系的决定。

另查明，拉法基屋面系统（成都）有限公司现更名为曼宁家屋面系统（成都）有限公司，该《员工奖惩条例》第6条规定“……C违反纪律……23犯有其他严重错误的”；第7条“立即解雇”规定：“A违反纪律……3严重违反纪律或连续旷工5天以上或一年内累计旷工达10天以上，或其他未列举的严重违纪行为”；第8条“备注”规定：“2‘严重违反纪律’指的是个人行为给公司造成恶劣的后果，或损坏公司利益，使公司形象受损，或纠正面谈后，仍多次重复以上行为”。

【审判】

金堂县人民法院认为：原告作为被告单位的员工，应当遵守国家的法律、法规和用人单位的规章制度，但却利用担任公司维修主管的权力优势，在上班时间、工作场所，多次采用语言挑逗、通过电脑网络发送黄色照片、趁对方不备触摸臀部等性敏感部位等方法，骚扰同一办公室的女下属赵某，其行为不仅对赵某的身心健康及名誉造成了损害，而且严重违反了基本的行为道德准则，违反了国家保护妇女权益相关法律、法规，违反了被告公司的劳动纪律等规章制度，对被告企业形象也造成不良影响，且拒不接受教育管理，拒不承认错误。被告做出解除与原告劳动合同关系的决定，有事实依据、法律依据和单位规章制度依据，依法应予以支持，原告的诉讼请求应予以驳回。依照《中华人民共和国民事诉讼法》第一百二十八条、《中华人民共和国劳动法》第二十五条第一款第（二）项的规定，于2009年3月31日做出如下判决：驳回原告熊永明的诉讼请求。

宣判后，原告熊勇明不服，以原判认定骚扰同一办公室女员工无证据证明，均为该女员工一面之词，该女员工事后对熊勇明有关心及暧昧的事实等提出上诉，请求撤销原判，撤销曼宁家屋面系统（成都）有限公司对上诉人的解聘决定。

成都市中级人民法院经审理后认为：赵某在劳动争议仲裁及一审中，均出庭证明上诉人熊勇明对自己骚扰的事实，作为一名认知正常的女性，在明知社会对性骚扰受害妇女存在偏见的情况下，通常不可能谎称被男性骚扰，因此赵某诬陷熊勇明的可能性较小，其证言可信度较高。熊勇明与赵某之间的录音资料虽然没有母本可供核对，但该录音资料与赵某的证言相结合，可以认定熊勇明存在骚扰赵某的行为。熊勇明的行为属于曼宁家屋面系统（成都）有限公司《员工奖惩条例》第6条C款“违反纪律”第23项规定的犯有其他严重错误的违反纪律的行为，足以使曼宁家屋面系统（成都）有限公司的形象受损。曼宁家屋面系统（成都）有限公司依据《中华人民共和国劳动法》第25条第1款第（2）项及公司《员工奖惩条例》第7条的规定，做出解聘上诉人熊勇明的决定，有事实和法律依据，应予以维持。上诉人提交的证据不能否定其对赵某进行了骚扰的事实，其要求撤销解聘决定的诉讼请求，本院不予支持。原判认定事实清楚，适用法律正确，审判程序合法，应予维持。依照《中华人民共和国民事诉讼法》第一百五十三条第一款第（一）项之规定，做出判决：驳回上诉，维持原判。

【评析】

因工作场所性骚扰引发民事赔偿的案件已较为常见，但因工作场所性骚扰引发的劳动争议却不多见，如何认定工作场所性骚扰、举证责任的分配以及用人单位是否能以此解除与骚扰者的劳动合同是本案涉及的难点问题。

一、关于工作场所性骚扰行为的认定标准

性骚扰，一般指采用一种或多种方式针对某一特定对象，以不受欢迎的与性有关的言语、行为、信息、环境等方式，侵犯他人人格尊严的民事侵权行为。具体可以从以下几个方面认定性骚扰：一是违背他人的意愿。他人表示厌恶、反感、明确拒绝、警告或以反抗行为表示拒绝，都可以认定为违背他人意愿。曾经愿意进行与两性内容相关的交流或者接触，但后来表示不愿意延续的，如果继续纠缠不休，可认定为违背他人意愿。受害人迫于某种压力不得已的应酬或容忍，应当认定为违背他人意愿。二是与两性内容有关。顾名思义，性骚扰是与性有关的骚扰，因此，性骚扰行为均与两性内容有关。三是行为方式多种多样，可以是直接的，如通过口头、书面、手机信息或其他方式表达下流语言或展示具有淫秽内容的图片、裸露身体部位、以下流语言挑逗、讲述个人性经历或色情文艺内容以及强迫拥抱、接吻或故意触摸碰撞对方敏感部位等行为；也可以是间接的，如明示或暗示将性要求作为获得或失去某种利益的条件。四是行为人主观上的故意。在公共汽车、地铁等场所因为紧急刹车、拥挤等原因过失地接触他人身体甚至敏感部位等行为，不构成性骚扰。因错写手机号码或者邮件地址，将包含两性内容的短信或邮件误发他人，不构成性骚扰。工作场所性骚扰，还应当具备以下两个要素：一是该行为发生于工作时间、工作场所。工作时间，既指常规的上班时间内，也包括出差期间、加班时间；工作场所，既指固定的工作场所，也包括外派、出差的在途、食宿、工作场所等。二是行为者与承受者存在同一单位的上下级关系、同事关系。

本案中，原告熊勇明与赵某均系曼宁家屋面系统（成都）有限公司的员工，双方系上下级关系，且双方不存在恋爱关系、婚姻关系或其他暧昧关系。原告熊勇明利用其担任公司维修主管的权力优势，在上班时间、在双方上班的办公室，在女下属赵某先后不断表示厌恶、反对的情况下，仍多次用语言挑逗赵某、通过电脑网络向其发送黄色照片、趁其不备触摸其臀部等性敏感部位，其他同事均认为原告熊勇明怀有不正当企图而骚扰赵某。原告熊勇明的行为，应当认定为工作场所的性骚扰行为。

二、禁止工作场所性骚扰行为属于用人单位规章制度的当然内容

如同本案中的被告曼宁家屋面系统（成都）有限公司一样，用人单位一般未将工作场所性骚扰行为，明确规定为违反劳动纪律的情形，也没有将其明确规定为解除劳动合同的情形，其属于用人单位劳动纪律当然内容的原因在于：（1）侵犯了他人的人格尊严和性权利。不容置疑，工作场所的性骚扰，不仅违背了社会公认的基本公德，同时又是一种侵犯特定员工人格尊严和性权利的侵权行为。人格尊严是公民作为一个人所具有的最起码的社会地位，应当受到社会和他人最起码的尊重。任何公民有权自主地支配自己的身体，又亦不例外地负有尊重他人人格尊严的义务，不得以行动或语言侵犯他人人格尊严。在工作场所对他人实施性骚扰行为，就是蔑视同事的人格独立、人格平等，不尊重对方最起码的社会地位，直接侵犯他人人格尊严权和性权利、损害其身心健康的行为。（2）侵犯了他人的劳动权利。该类性骚扰发生于工作时间、工作场所或职务活动中，具有封闭性和特定性，客观上直接影响到劳动者的工作情绪、工作状态和工作效果，破坏了劳动者正常的就业环境。（3）扰乱了正常的生产工作秩序。工作场所的性骚扰，必然会影响正常的雇主与雇员关系、上司与下属关系、同事关系，导致正常生产工作秩序一定程度的失序甚至混乱，降低生产工作效率。（4）符合《劳

动法》的社会法属性。拥有稳定持续的劳动关系涉及劳动者基本的劳动权利保障，劳动立法属于社会法范畴，劳动合同也不同于一般平等民事主体之间的合同，其诸多内容带有更多、更浓的国家强制色彩，这对劳动者的权利保护而言是十分必要的。这种保护并不仅仅着眼于双方当事人的劳动合同以及用工单位的内部纪律和规章制度，同时也是基于国家通过充分尊重和实现劳动者权益而促进社会全面发展进步的公共需要。因此，一方面，《劳动法》《劳动合同法》专门用了数个条文来遏制用人单位滥用劳动合同解除权，目的是保护劳动者权益，促使劳动关系趋于稳定。另一方面，《劳动法》第 25 条、第 26 条、第 27 条，《劳动合同法》第 39 条、第 40 条、第 41 条的规定，又赋予了用人单位法定的劳动合同解除权。

三、性骚扰行为达到情节严重的证明责任与证明标准

工作场所性骚扰，大多具有突发性、当事人地位的不平等性、发生场所的特定性、行为手段的多样性、隐蔽性等诸多特点，受害者往往取证难、证明难，性骚扰事实存在与否难以认定。我们认为，认定性骚扰行为达到情节严重，一般应当符合下列情形之一并结合相关情形进行综合判定：一是持续时间长；二是骚扰次数多；三是被骚扰人精神状态、身心健康和工作因此受到严重干扰和折磨；四是其他相关情形，如被骚扰人的社会评价降低、骚扰情况被广为传播等。

由于因性骚扰引发的侵权案件、劳动争议案件，依法均不属于法律、司法解释所规定的举证责任倒置的范围，考虑该类案件的特殊性，在证据合法性、举证责任分配及证明标准方面应当注意：

第一，适度放宽证据合法性要求。依据《最高人民法院关于民事诉讼证据的若干规定》第 68 条“以侵害他人合法权益或者违反法律禁止性规定的方法取得的证据，不能作为认定案件事实的依据”的规定，以非法拘禁、胁迫、窃听等侵害生命健康、隐私等权利，或者违反程序法、实体法禁止性规定的非法证据应当予以排除。因此，在性骚扰案件中，对于未经对方同意的录音录像等视听资料、电子证据等，对于雇用他人秘密收集的有关性骚扰事实的证据，对于存在取证程序、手段或证据形式方面缺陷，但并没有严重

侵害他人合法权益，没有违反程序法、实体法禁止性规定的证据材料，仍可以作为证据使用。本案中，一、二审法院在证据的采信上，注重了性骚扰案件的特殊性，较好地适用了《最高人民法院关于民事诉讼证据的若干规定》。如对赵某未经对方同意私自录制的手机通话录音资料，并非以非法拘禁、胁迫、窃听等侵犯熊勇明合法权益的方法取得，也没有违反程序法、实体法的禁止性规定，仍作为证据予以采信。

第二，合理公平分配举证责任。依据《最高人民法院关于民事诉讼证据的若干规定》第 7 条“在法律没有具体规定，依本规定及其他司法解释无法确定举证责任承担时，人民法院可以根据公平原则和诚实信用原则，综合当事人举证能力等因素确定举证责任的承担”的规定，在性骚扰案件中，应当参酌当事人距离证据的远近、接近证据的难易、收集证据能力的强弱等，对证明责任分配予以裁量，合理地分配举证责任，而不能简单和机械适用“谁主张，谁举证”的一般规则。在主张性骚扰成立一方提供了证明被告实施了性骚扰行为证据、对方否认或反驳的情况下，应当将举证责任分配给对方。注意适用《最高人民法院关于民事诉讼证据的若干规定》第 64 条“审判人员应当依照法定程序，全面、客观地审核证据，依据法律的规定，遵循法官职业道德，运用逻辑推理和日常生活经验，对证据有无证明力和证明力大小独立进行判断，并公开判断的理由和结果”，以及第 73 条“双方当事人对同一事实分别举出了相反的证据，但都没有足够的依据否定对方证据的，人民法院应当结合案件的情况，判断一方提供的证据的证明力是否明显大于另一方提供证据的证明力，并对证明力较大的证据予以确认。因证据的证明力无法判断，导致争议事实难以认定的，人民法院应当依据举证责任分配的规则作出裁判”的规定，注重考察骚扰者与被骚扰者是否存在亲密关系、证人与当事人间是否存在利害关系、证人感知案件事实的可能性、判断的客观性等，综合审查判断证据的可采信及证明力。在多为间接证据而直接证据少或者没有直接证据的情况下，综合权衡案件所有证据，只要能够形成证据链，能够形成性骚扰事实存在的可能性很大的内心确信，就应当做出性骚扰事实存在与否的判断。

第三，注重运用经验法则综合判定证据证明力。如对赵某证言的采信及证明力的认定，一、二审法院均注重结合性骚扰案件的特殊性，运用“日常生活经验”，认为女性在明知社会对性骚扰受害妇女存在偏见的情况下，一般不会自曝自己受到性骚扰，以免引发社会对其名誉的消极评价，进而对赵某的证言予以采信。对相关录音证据证明力进行综合判定，也是本案的一点突破。在对整个案件事实的认定上，注重了原告熊勇明与赵某地位的不平等、发生于办公室这一特定场所以及多次采用语言挑逗、通过电脑网络发送黄色照片、趁对方不备触摸身体性敏感部位等手段与方法，在被告曼宁家屋面系统（成都）有限公司证明性骚扰事实存在的盖然性高的情况下，合理将证明该事实不存在的举证责任分配给原告熊勇明，认为其举出证明赵某事后对熊勇明关心、关系暧昧的材料缺乏证明力，采信了被告方的证据材料，运用高度盖然性证明标准，认定了性骚扰事实的存在。

## 【妇女婚姻家庭权益典型司法案例】

### 刘某诉李某离婚纠纷案

【裁判要旨】区分家庭纠纷和家庭暴力，尤其是精神暴力，应当以加害人是否存在控制的主观故意来判断。对于涉及精神暴力的离婚案件，调解不成时，应当尽快判决离婚，在财产分割上充分保障受害方利益。人身安全保护裁定对身体暴力的加害人有较好的警示作用，但对精神暴力应当慎用。

【案号】（2007）南民初字第1923号；（2008）中区民初字第02372号；（2009）中区民初字第03830号

【案情】

原告：刘某。

被告：李某。

刘某（男方）与李某（女方）原系夫妻。结婚后刘某的母亲常因生活琐事对李某进行侮辱、谩骂，致使刘某与李某时常争吵，刘某甚至对李某拳脚相向，夫妻矛盾不断加深。2007 年 2 月，李某在与刘某母亲发生争吵后，将其娘家人带往家中理论，刘某为此再次殴打李某。此后，刘某长期对李某侮辱或不理睬，甚至多次将其撵出家门。

2007 年，刘某以夫妻感情破裂为由，向重庆南岸区法院起诉离婚。李某认为双方的感情基础深，夫妻矛盾源于刘某母亲对其生活的干预，故不同意离婚。

2008 年，刘某向重庆渝中区法院起诉离婚。李某仍辩称两人感情基础好，因婆媳关系不睦，导致刘某长期侮辱李某，甚至将其撵出家门。刘某博士毕业后，被评为副教授和硕导，李某结婚后生育小孩、照顾家庭，失去继续深造的机会，两人的社会地位和经济能力差距增大，故不同意离婚。

2009 年，刘某再次诉至重庆渝中区法院。李某认为自己为家庭做出了巨大牺牲，而刘某为达到离婚目的对其实施暴力，多次将其撵出家门，致使李某多年来因抑郁、焦虑而无法正常生活和工作，故坚持不同意离婚。

【审判】

刘某诉李某离婚纠纷案先后经历了三次诉讼。

2007 年，重庆市南岸区人民法院经审理认为，本案系家庭纠纷，夫妻双方在处理这些矛盾时因不够冷静出现过激行为，均存在过错。现李某认为夫妻感情未破裂，希望通过共同努力妥善解决夫妻矛盾，故法院驳回了刘某的离婚请求。

2008 年，重庆市渝中区人民法院经审理认为，刘某长期冷落、不准李某回家的行为已经摧毁了李某的自尊心和自信心，故做出人身安全保护裁定，限期 7 日进行沟通和交流。因李某坚决不同意离婚，为保护家庭暴力受害人的权益，法院再次驳回了刘某的离婚请求。

2009 年，重庆市渝中区人民法院经审理认为，虽然李某不同意离婚，但夫妻感情确已破裂，应当判决离婚。在共同财产的分配上本着照顾女方利益的原则，女方分得 60%的共同财产。

一审判决已经生效。

【评析】

本案在涉及精神暴力的离婚案件中具有一定的典型性。自2008年最高人民法院中国应用法学研究所出台《涉及家庭暴力婚姻案件审理指南》以来，人民法院逐渐认识到涉及家庭暴力的婚姻案件与普通的婚姻家庭案件有不同特点和规律，处理方式也应有所不同。

一、通过“权利、控制”识别精神暴力

家庭暴力包括身体暴力、性暴力、精神暴力和经济控制四种类型。与传统意义上拳脚相加的身体暴力相比，精神暴力不易识别。这种暴力行为通过对加害人以侮辱、谩骂，或者不予理睬、不给治病、不肯离婚，严格控制夫妻共同财产和家庭收支状况等手段对受害人进行精神折磨，摧毁受害人自尊心、自信心和自我价值感，使受害人产生屈辱、恐惧、无价值感，以达到控制受害人的目的。虽然引发家庭暴力的表面原因，可能是嫉妒、缺乏自信和安全感、自我中心、习得暴力等，但家庭暴力的核心是权利和控制。加害人存在通过暴力伤害达到控制目的的主观故意，大多数家庭暴力行为呈现周期性，并不同程度地造成受害人的身体或心理伤害后果，导致受害一方因为恐惧而屈从于加害方的意愿。因此，不管是不让你离开他，还是逼迫你离开他，目的都是为了控制。

本案中，李某因不能忍受刘某母亲的质疑、侮辱、谩骂，两人时常发生口角和轻微推搡，随后刘某加入到李某与其母亲的紧张关系中，暴力发生后两人关系急剧恶化。随着暴力周期的不断重复，李某选择求助家人的帮助，但结果导致夫妻暴力的升级，以及随之而来的长期不予理睬，甚至将其赶出家门。根据家庭暴力发生发展规律分析，随着刘某事业的顺利发展，两性之间的社会地位和经济能力差距增大，刘某在精神上的控制欲望与李某的无价值感同时增加，促使刘某逐渐完全控制李某在婚姻中的角色定位。刘某对李某越冷漠，李某越想通过维持婚姻来保护自己及子女免受伤害。李某不同意离婚，刘某的控制欲望越挫越勇，致使李某遭受更多的侮辱和冷漠。很显然，双方之间的矛盾亦非第一次诉讼中定性的家庭纠纷，刘某在行为过程中的控制目的，以及李某由此产生的依赖、恐惧心理，属于精神暴力的范畴。受害人与法院对家庭暴力的错误认识，导致精神暴力在双方生活中延续和加剧。

二、判决离婚和多分财产才能真正保护受害人

从性别视角分析家庭暴力现象发生、发展、蔓延的原因，笔者发现，涉及家庭暴力离婚案件中的两性关系之间，存在权利失衡和协商能力悬殊的情况。调解离婚不能保护受害人的财产权利，调解和好又不能预防家庭暴力的再次发生，因此，对涉及家庭暴力的离婚案件一律适用调解，不利于人民法院分配公平和正义，往往难以案结事了。

（一）涉及家庭暴力的婚姻案件应当判决离婚

中国应用法学研究所陈敏副研究员指出，民事案件适用调解应具备三个前提条件：一是平等主体之间为了将来的某些或某项事务达成的协议；二是双方对纠纷的发生均负有责任；三是双方均有可放弃的权利，各自妥协一般都能达成一致意见。家庭暴力不是家庭纠纷，不完全具备上述前提条件：一是受害人被施暴人控制，难以主张权利；二是受害人即使在婚姻中有过错，也不应挨打，因此对暴力的发生无过错责任；三是家庭暴力侵害的是受害人的人身权利，而人身权利是任何公民都无法放弃的。

通过本案的三次诉讼，可发现刘某及其母亲长期对李某侮辱、冷落甚至不让其回家的行为，已经对李某造成了极大的心理压力和抑郁，但李某基于双方在婚姻关系中两性位置差别的考虑，习得无助，不愿意离婚，甚至忍辱负重、委曲求全地继续维系婚姻。这不仅是家庭暴力使其依赖感和无价值感增加的表现，也是受害人出于保护自己和子女免受伤害最无奈的办法，而不是双方夫妻感情尚未破裂的外在呈现。

法院判决驳回离婚，不仅不能改善刘某与李某的夫妻感情，保护李某的人身和财产权利不受伤害，反而使其陷入更加冷漠的婚姻生活中。正是因法院不准离婚的行为，使刘某未能达到控制目的，李某亦逐渐依赖不准离婚的判决进行反制，导致双方同时饱受精神暴力的折磨。因此，法院在审理婚姻家庭案件中，应当采取有保留的中立态度，通过对调解过程的掌控，旨在减少加害人对受害人的

不当影响，调整双方不平等的权利结构，提高受害人维护自身权利的能力。如果发现存在家庭暴力的夫妻关系已不可调和，不应久调不决或引导当事人继续委曲求全地维持婚姻，应当尽快判决离婚，帮助受害人从家庭暴力中彻底解脱出来。

（二）财产分割上保障受害方利益

离婚妇女贫困化理论认为，传统的“男主外、女主内”的性别角色导致的家庭分工，给男性带来相应的事业发展、能力增长和社会地位的提高。与此同时，女性在相夫教子的家务劳动中投入了大量时间和精力，这在很大程度上限制了她在社会上的发展。一旦离婚，多年奉献所带来的是工作能力和学习能力的丧失，以及家庭暴力造成受害人平等协商能力的下降，使她无法平等主张自己的权利，因而导致其离婚后的贫困。因此，法院在分割夫妻财产时，应当坚持性别平等的基本理念：一是公平地补偿，以平等体现离婚妇女在婚姻关系存续期间因照顾家庭投入的价值；二是有助于妇女离婚后的生存和发展。

实践中，受害人不同意离婚，经常是因为对婚姻关系解除后自己对家庭付出价值的落空和对未来生存、发展的恐惧，而加害人则试图通过控制来排除受害人对夫妻共同财产的掌控。因此，法院在分割夫妻共同财产时应当适当照顾受害人，不仅要充分击碎加害人的控制目的，而且要有利于女性离婚后在尽可能短的时间内恢复工作和学习的能力，找回自信、独立性和自主决策的能力，更好地承担家庭和社会责任。

# 参考文献

## 一　中文文献


1. 专著

1. [加] 李恩·汉森：《加拿大家庭暴力的对策及其在中国的潜在适用性》，载《女性权利——聚焦〈婚姻法〉》，刘伯红主编，当代中国出版社 2002 年版。

2. [加] 丽贝卡·J. 库克编著：《妇女的人权——国家和国际的视角》，黄列译，中国社会科学出版社 2001 年版。

3. [美] 凯思琳·内维尔：《内幕——职场权利滥用与性骚扰》，董煜韬译，中央编译出版社 2004 年版。

4. [美] 加尔布雷思：《好社会》，译林出版社 2001 年版。

5. [美] 罗伯特·C. 埃里克森：《无需法律的秩序——邻人如何解决纠纷》，苏力译，中国政法大学出版社 2003 年版。

6. [美] 罗尔斯：《正义论》，何怀宏等译，中国社会科学出版社 1988 年版。

7. [澳] 玛格丽特·桑顿：《不和谐与不信任——法律职业中的女性》，信春鹰译，法律出版社 2001 年版。

8. [法] 孟德斯鸠：《论法的精神》，许明龙译，商务印书馆 1982 年版。

9.《马克思恩格斯全集》第 9 卷，人民出版社 1961 年版。

10. 刘晓霞、王丽丽：《反家庭暴力研究》，中国政法大学出版社 2012 年版。

11. 巫昌祯、杨大文：《防治家庭暴力研究》，群众出版社 2000 年版。

12. 高凤仙：《家庭暴力法规之理论与实务》，台北：五南图书出版股份有限公司 2011 年版。

13. 高铭暄、马克昌：《刑法学》，北京大学出版社 2014 年版。

14. 薛宁兰：《社会性别与妇女权利》，社会科学文献出版社 2008 年版。

15. 李培传：《论立法》，中国法制出版社 2004 年版。

16. 郑真真、结振明：《人口流动与农村妇女发展》，社会科学文献出版社 2004 年版。

17. 北京大学妇女法律研究与服务中心主编：《当代中国妇女权益保障的理论与实践》，中国工人出版社 2001 年版。

18. 徐晓光：《原生的法——黔东南苗族侗族地区的法人类学调查》，中国政法大学出版社 2010 年版。

19. 郑玉顺主编：《中国农村少数民族妇女权益保障法律制度研究》，民族出版社 2008 年版。

20. 沈钧儒：《加强人民司法建设，巩固人民民主政权》（1951 年 10 月 28 日），载最高人民法院办公厅编《最高人民法院历任院长文选》，人民法院出版社 2010 年版。

21. 袁锦绣：《妇女权益保护法律制度研究》，人民出版社 2006 年版。

22. 余少详：《弱者的权利——社会弱势群体保护的法理研究》，社会科学文献出版社 2008 年版。

23. 许福生：《犯罪被害人保护之政策与法制》，新学林出版社股份有限公司 2013 年版。

24. 国务院妇女儿童工作委员会办公室编：《国务院妇女儿童工作委员会成员党委 2007 年工作情况及 2008 年工作思路汇编》，2008 年 2 月。

25. 郭建梅、李莹：《妇女权益与公益诉讼》，中国人民公安大学出版社 2009 年版。

26. 王菊芬：《妇女权益保障与妇女发展》，上海古籍出版社 2004 年版。

27. 邓学仁、严祖照、高一书：《DNA 鉴定——亲子关系争端之解决》，北京大学出版社 2006 年版。

28. 郑玉顺：《中国农村少数民族妇女权益保障法律制度研究》，民族出版社 2008 年版。

29. 范愉：《非诉讼纠纷解决机制研究》，中国政法大学出版社 2000 年版。

30. 张抗私：《劳动力市场性别歧视与社会性别排斥》，科学出版社 2010 年版。

2. 学位论文

1. 王琰：《性骚扰侵权责任研究》，硕士学位论文，上海交通大学，2008 年。

2. 辛世艳：《性骚扰法律问题探析》，硕士学位论文，西南政法大学，2007 年。

3. 孙荦寅：《性骚扰行为的立法规制》，硕士学位论文，西南政法大学，2010 年。

4. 庄素娟：《"性骚扰"的法律探析》，硕士学位论文，南京师范大学，2007 年。

5. 倪丹：《我国农村妇女权益法律保障调查实证研究》，硕士学位论文，西南政法大学，2008 年。

6. 莫文秀：《〈中华人民共和国妇女权益保障法〉修改研究〉，博士学位论文，中国政法大学，2009 年。

7. 郭宁：《新中国妇女参政初探》，硕士学位论文，华东政法大学，2012 年。

8. 付媛：《在立法中植入社会性别视角的法理学思考》，硕士学位论文，辽宁师范大学，2008 年。

9. 刘青：《摩塞理论下农村妇女权益保护研究——以西安周边农村为例》，硕士学位论文，西北大学，2015 年。

10. 唐华荣：《我国农村妇女参政会不足的成因分析》，硕士学位论文，贵州大学，2007 年。

11. 王春云：《村民自治中妇女政治参与问题研究》，硕士学位论文，吉林大学，2014 年。

12. 张晶：《妇女劳动权益法律保障的问题研究》，硕士学位论文，河北大学，2011 年。

13. 刘璐：《论妇女离婚时财产性权益保护——以离婚案件调研为基础》，硕士学位论文，西南政法大学，2014 年。

14. 杨莹：《婚姻家庭中女性人身权益的法律保护》，硕士学位论文，华东交通大学，2014 年。

15. 徐晶：《长春市实习护生遭受工作场所性骚扰的现状调查》，硕士学位论文，吉林大学，2013 年。

16. 钟曼丽：《社会性别视角下的我国妇女干部选拔政策研究》，硕士学位论文，华中师范大学，2006 年。

17. 李倩：《新农村建设中农村女性职业教育与培训研究》，硕士学位论文，天津大学，2011 年。

18. 赵兆：《基于社会性别视角的妇女劳动权益保护问题研究》，硕士学位论文，安徽财经大学，2014 年。

19. 倪丹：《我国农村妇女权益法律保障调查实证研究》，西南政法大学 2008 年硕士学位论文。

20. 赵雪峰：《加强河北省农村留守妇女权益保护的研究》，硕士学位论文，河北大学，2014 年。

21. 王海军：《甘肃农村妇女权益保障水平提升研究——基于甘肃省妇女社会地位调查》，硕士学位论文，兰州大学，2014 年。

22. 王胤：《农村留守妇女权益保障问题研究——以和溪镇为个案》，硕士学位论文，贵州大学，2008 年。

23. 臧聚慧：《当代农村妇女土地权益保障研究》，硕士学位论文，山东大学，2012 年。

24. 李炳凤：《村规民约合法性审查机制研究》，硕士学位论文，江西师范大学，2012 年。

25. 李雪：《新时期完善我国妇女权益保障的问题与对策研究》，硕士学位论文，渤海大学，2014 年。

26. 商万里：《中国民族地区妇女发展研究》，博士学位论文，中央民族大学，2013 年。

27. 王晓涵：《宁夏回族自治区妇女就业问题的实证研究》，硕士学位论文，西北民族大学，2008 年。

28. 付明喜：《中国民族地方立法自治研究》，博士学位论文，云南大学，2012 年。

29. 陈焱光：《公民权利救济论》，博士学位论文，武汉大学，2005 年。

30. 王向南：《中国非营利性组织发展的制度设计研究》，博士学位论文，东北师范大学，2014 年。

31. 张琳：《现代性的信仰困境与信仰塑造》，博士学位论文，复旦大学，2012 年。

32. 王黎明：《我国人民陪审员制度研究》，硕士学位论文，吉林大学，2015 年。

33. 汪宇婧：《中国司法民主化问题研究》，硕士学位论文，华东政法大学，2014 年。

34. 刘晓莹：《对我国人民陪审员制度的反思与重构》，硕士学位论文，中国社会科学院研究生院，2014 年。

35. 施鹏鹏：《陪审制研究》，硕士学位论文，西南政法大学，2007 年。

36. 谷玲：《我国人民陪审员制度探析》，硕士学位论文，苏州大学，2012 年。

37. 田依立：《离婚纠纷诉讼调解问题研究》，硕士学位论文，吉林大学，2012 年。

38. 熊巍：《村民自治制度下农村妇女政治参与研究——以“中国村民自治第一村”广西合寨村为例》，硕士学位论文，广西师范大学，2014 年。

39. 张丽萍：《农村妇女教育参与障碍研究——以福州市为例》，硕士学位论文，福建农林大学，2011 年。

40. 周光清：《论农村离婚妇女权益保障》，硕士学位论文，湖南大学，2008 年。

41. 曹杰：《我国公务员培训及其法律规制》，硕士学位论文，苏州大学，2014 年。

42. 刘宇：《公共政策与妇女权益问题研究》，硕士学位论文，天津大学，2006 年。

43. 蒋梅：《科学发展观视野下妇女权益保障体系构建研究》，博士学位论文，湖南师范大学，2009 年。

44. 刘宇：《公共政策与妇女权益问题研究》，硕士学位论文，天津大学，2006 年。

45. 喻琳：《农村社会管理创新下的村规民约研究——基于村规民约地位与功能的视角》，硕士学位论文，华中师范大学，2013 年。

46. 鹿锦秋：《南希·哈萨克的马克思主义女性研究》，博士学位论文，山东大学，2014 年。

47. 王�：《我国女性就业性别歧视研究——以中国人寿保险股份有限公司厦门市分公司为例》，硕士学位论文，厦门大学，2014 年。

3. 期刊

1. 汤水清：《从社会解放到自我解放：60 年来中国妇女解放的历程》，《江西社会科学》2009 年第 10 期。

2. 李亮：《法律文本中责任条款设置的理念与原则》，《云南大学学报》（法学版）2013 年第 3 期。

3. 李明舜：《新中国成立以来的妇女权益立法保障》，《中华女子学院学报》2009 年第 6 期。

4. 巫昌祯：《回顾与展望——记〈中华人民共和国妇女权益保障法〉的诞生与发展》，《中华女子学院学报》2008 年第 4 期。

5. 薛宁兰：《95 世妇会以来中国妇女人权法律保障述评》，《妇女研究论丛》2015 年第 6 期。

6. 薛宁兰：《中国妇女权利法律保障体系的结构》，《中华女子学院学报》2008 年第 4 期。

7. 张燕：《妇女权益条款中的预言失范研究》，《中华女子学院学报》2014 年第 1 期。

8. 金眉：《中国反家庭暴力立法述评》，《江苏警官学院学报》2009 年第 1 期。

9. 张洪林：《反家庭暴力法的立法整合与趋势》，《法学》2012 年第 2 期。

10. 肖洁、风笑天：《中国家庭的婚姻暴力及其影响因素——基于家庭系统的考察》，《社会科学》2014 年第 11 期。

11. 曹诗权：《中英维护妇女权益、防止家庭暴力研讨会综述》，《法商研究》2000 年第 3 期。

12. 叶必丰：《行政合同的司法探索及其态度》，《法学评论》2014 年第 1 期。

13. 赵颖：《美国警察针对家庭暴力的逮捕政策及其干预模式研究》，《中国人民公安大学学报》2005 年第 1 期。

14. 简-乌索尔、朱晓青：《加拿大家庭暴力项目的发展》，《环球法律评论》2003 年第 2 期。

15. 卫杰：《澳大利亚家庭法的家事调解制度对我国的启示》，《山西农业大学学报》2007 年第 2 期。

16. 汪全胜、张芃：《论我国官员财产申报立法的困境及路径选择》，《法学评论》2014 年第 1 期。

17. 李洪祥：《"家庭暴力"之法律概念解析》，《吉林大学社会科学学报》2007 年第 4 期。

18. 徐剑锋：《反家暴国家立法：呼之欲出》，《社会观察》2015 年第 4 期。

19. 王小波：《大学生劳动力市场入口性别差异与性别歧视》，《青年研究》2002 年第 9 期。

20. 王灵：《〈中华人民共和国反家庭暴力法（征求意见稿）〉座谈会会议综述》，《山东女子学院学报》2015 年第 2 期。

21. 李华：《不放弃追诉政策——国家介入家庭暴力的价值选择》，《环球法律评论》2004 年第 1 期。

22. 陈敏：《关于家庭暴力认定难的思考》，《法律适用》2009 年第 2 期。

23. 于东辉：《〈家庭暴力防治法〉立法建构的思考》，《法学杂志》2007 年第 4 期。

24. 李银河：《中国当代性法律批判》，《南京师范大学学报》（社会科学版）2004 年第 1 期。

25. 高燕竹、郑吉泉：《性骚扰法律规制问题研究》，《政法论丛》2005 年第 3 期。

26. 杨立新、张国宏：《论构建以私权利保护为中心的性骚扰法律规制体系》,《福建师范大学学报》(社会科学版)2005 年第 1 期。

27. 宋少鹏:《何为性骚扰:观念分期与范式之争——2014 年教师节前后“性学派”对“女权派的质疑”》,《妇女研究论丛》2014 年第 6 期。

28. 邓喜莲:《我国性骚扰防治之法律建构——以我国台湾地区反性骚扰法制为借鉴》,《求索》2013 年第 3 期。

29. 王恒涛:《性骚扰立法研究》,《环球法律评论》2006 年第 5 期。

30. 潘髓铭:《中国的性骚扰》,《百科知识》2005 年第 17 期。

31. 张新宝、高燕竹:《性骚扰法律规制的主要问题》,《法学家》2006 年第 4 期。

32. 刘小楠:《性骚扰的现状及法律规制——以港台地区性骚扰立法为鉴》,《妇女研究论丛》2014 年第 4 期。

33. 张迎秀:《性骚扰防治对策研究》,《政法论丛》2008 年第 4 期。

34. 曹艳春、刘秀芬:《职场性骚扰案件的证明责任研究——兼从推定角度谈举证责任的分担》,《法学杂志》2009 年第 6 期。

35. 骆东平:《美国性骚扰纠纷解决机制研究》,《环球法律评论》2010 年第 1 期。

36. 张源泉:《职场性骚扰之法制研究——以德国法为中心》,《云南大学学报》(法学版)2011 年第 2 期。

37. 郑爱青:《欧盟及其主要成员国反性骚扰立法的主要内容》,《妇女研究论丛》2006 年第 1 期。

38. 胡健:《香港的反性骚扰》,《政府法制》2009 年第 22 期。

39. 邓喜莲:《我国性骚扰防治之法律建构——以我国台湾地区反性骚扰法制为借鉴》,《求索》2013 年第 3 期。

40. 王恒涛:《性骚扰立法研究》,《环球法律评论》2006 年第 5 期。

41. 田平安、骆东平:《论性骚扰案件的举证责任分配》,《广东社会科学》2006 年第 6 期。

42. 张燕:《妇女权益条款中的语言失范研究》,《中华女子学院学报》2014 年第 1 期。

43. 李明舜:《改革开放以来我国对妇女健康权的立法保护》,《中华女子学院学报》2008 年第 4 期。

44. 李店标、刘明:《我国妇女参与立法的理论基础》,《西华大学学报》(哲学社会科学版) 2012 年第 5 期。

45. 郭慧敏、李姣:《试论妇女立法参与》,《学习与探索》2011 年第 2 期。

46. 雷扬:《我国妇女政治权利虚化问题探析》,《江西社会科学》2012 年第 3 期。

47. 杨思斌:《论社会救助法中的国家责任原则》,《山东社会科学》2010 年第 1 期。

48. 徐爽:《妇女平等权的立法保护与性别预算》,《现代法学》2012 年第 1 期。

49. 莫洪宪:《论我国立法中的社会性别意识》,《武汉大学学报》(哲学社会科学版) 2007 年第 5 期。

50. 曹胜亮:《论地方立法的科学化》,《法学论坛》2009 年第 3 期。

51. 蚌埠市村规民约修订工作调研组:《村规民约视角下的农村妇女权益保护——以蚌埠为例》,《中共四川省委党校学报》2013 年第 1 期。

52. 吴萍:《进城务工女性劳动和社会保障权益保护的现状分析及对策建议》,《行政与法》2006 年第 10 期。

53. 焦克源:《政府外包型失业/下岗妇女再就业培训机制的探索与创新》,《甘肃社会科学》2010 年第 6 期。

54. 薛宁兰:《反家庭暴力的国际人权文件与国外立法状况》,《中国妇运》2015 年第 2 期。

55. 薛宁兰:《家庭暴力专项立法与妇女权益保障研究述评》,《中华女子学院学报》2014 年第 3 期。

56. 黄列:《家庭暴力:从国际到国内的应对(上)》,《环球法律评论》2002 年第 1 期。

57. 李玉璧:《完善立法体制,深入推进立法科学化和民主化》，《西部法学评论》2014 年第 6 期。

58. 周应江：《以社会性别视角审视法律，以法律推进保障性别平等——〈中华女子学院学报〉“女性与法律”栏目15 周年回眸》，《妇女研究论丛》2011 年第 3 期。

59. 汪全胜：《立法后评估的“利益相关者”模式》，《法治研究》2010 年第 1 期。

60. 郑玉敏：《完善我国地方法规性别平等评估机制的对策与建议》，《山东女子学院学报》2015 年第 5 期。

61. 雷扬：《我国妇女政治权利虚化问题探析》，《江西社会科学》2012 年第 3 期。

62. 邹晓红：《妇女文化教育权利的法律保护》，《长春理工大学学报》（社会科学版）2008 年第 5 期。

63. 黄明光：《国家法中妇女文化教育权利条款述评》，《教育评论》1995 年第 6 期。

64. 张莹：《减少女性就业性别歧视的法律实证分析》，《东岳论丛》2007 年第 6 期。

65. 张笑寒、洪艳：《农业劳动力女性表征与妇女土地权益保障的思考》，《湖南社会科学》2012 年第 5 期。

66. 李和平：《关于农村妇女土地权益保护的法律思考》，《人民论坛》2015 年第 11 期。

67. 陈苇：《我国农村家庭暴力调查研究——以对农村妇女的家庭暴力为主要分析对象》，《法商研究》2007 年第 6 期。

68. 孟继苏：《论我国农村留守女童性安全保护问题及防范对策》，《山东女子学院学报》2014 年第 4 期。

69. 胡奥然、王峥等：《中国 2005—2015 年中小学生性暴力新闻事件分析》，《中国学校卫生》2015 年第 10 期。

70. 吴燕霞：《关于农村妇女文化教育权益保障问题的思考》，《中共福建省委党校学报》2007 年第 1 期。

71. 徐瑞：《农村留守妇女教育现状分析》，《北京教育学院学报》2013 年第 2 期。

72. 蒋平：《农村留守女童性安全与性教育问题》，《当代青年研究》2012 年第 8 期。

73. 孙纪玲：《我国儿童性教育存在的问题与策略研究》，《现代教育科学》2011 年第 2 期。

74. 李燕：《儿童性教育发展的瓶颈及对策》，《教育理论与实践》2008 年第 33 期。

75. 焦克源、达昱歧：《政府外包型失业/下岗妇女再就业培训机制的探索与创新》，《甘肃社会科学》2010 年第 6 期。

76. 杨连专：《生育保险立法问题研究》，《人口学刊》2010 年第 5 期；胡芳肖：《我国生育保险制度改革探析》，《人口学刊》2005 年第 2 期。

77. 罗虹、钟宏武：《制约我国农村妇女土地权益保护的法学分析》，《甘肃社会科学》2006 年第 1 期。

78. 陈晓敏：《关于妇女的人身安全与人身权利保障问题的探讨——〈妇女权益保障法〉修改建议》，《法治论丛》2004 年第 4 期。

79. 张岳峰：《有限国家责任说的理论发展》，《山西高等学校社会科学学报》2008 年第 6 期。

80. 郭瑞香：《美国〈针对妇女暴力法案〉专门机构和专项基金》，《妇女研究论丛》2014 年第 5 期。

81. 薛宁兰：《反家暴立法的宗旨及其对幸存者的救助》，《妇女研究论丛》2014 年第 5 期。

82. 陈婴虹：《和谐社会与农村妇女人身权利的保护——以浙江农村妇女人身权利保障状况为例》，《湖北行政学院学报》2008 年第 2 期。

83. 张聚昌：《社会主义核心价值观形成的实证分析——兼论经济基础对上层建筑的决定关系》，《理论探讨》2013 年第 3 期。

84. 陈飞强：《农村留守妇女的生存困境及其对策——基于湖南省的调查》，《山东女子学院学报》2013 年第 6 期。

85. 国务院发展研究中心农村部课题组：《从城乡二元到城乡一体——我国城乡二元体制的突出矛盾与未来走向》，《管理世界》2014 年第 9 期。

86. 严振书：《转型期中国城乡二元体制问题及对策分析》，

《理论学习》2010 年第 11 期。

87. 孙琼如：《农村留守妻子家庭地位的性别考察》，《中华女子学院山东分院学报》（现更名为《山东女子学院学报》）2006 年第 2 期。

88. 范丽娟、程一：《留守女：现代农村社区的一个新群体》，《合肥学院学报》（社会科学版）2005 年第 5 期。

89. 李春茹、陈苇、倪丹：《农村妇女参政权益及其法律保障》，《重庆社会科学》2009 年第 6 期。

90. 谭万霞：《村规民约：国家法与民族习惯法调适的路径选择》，《法学杂志》2013 年第 2 期。

91. 刘保平、万兰茹：《河北省农村妇女土地权益保护状况研究》，《妇女研究论丛》2007 年第 6 期。

92. 厉以宁：《论城乡二元体制改革》，《北京大学学报》（哲学社会科学版）2008 年第 2 期。

93. 蚌埠市村规民约修订工作调研组：《村规民约视角下的农村妇女权益保护——以蚌埠为例》，《中共四川省委党校学报》2013 年第 1 期。

94. 李霞、朱艳婷：《城乡二元体制下工业化与城镇化协调发展研究》，《四川大学学报》（哲学社会科学版）2012 年第 3 期。

95. 阎星、田昆、高洁：《破除二元体制，开拓中国新型城市化道路——以成都城乡统筹的改革创新为例》，《经济体制改革》2011 年第 1 期。

96. 吕瑛：《法治视域下的村规民约》，《北方法学》2008 年第 6 期。

97. 朱顺：《关于建立法律顾问制度的几点思考》，《大庆社会科学》2015 年第 1 期。

98. 雷明光：《少数民族妇女权益法律保护的再思考》，《中央民族大学学报》（哲学社会科学版）2009 年第 2 期。

99. 彭谦、商万里：《论少数民族妇女权利法律保护的发展思路》，《民族论坛》2012 年第 6 期。

100. 谭三桃：《改革开放以来少数民族妇女的政治参与—— 一

个新制度主义的视角》,《学术论坛》2010 年第 1 期。

101. 孙继虎、刘军奎:《藏族妇女政治参与现状及其制约因素分析——一项来自甘南藏区卓尼县的实地调查》,《西北民族大学学报》2005 年第 3 期。

102. 李莹《中国农村基层少数民族妇女政治参与困境的思考》,《云南民族大学学报》(哲学社会科学版)2015 年第 2 期。

103. 张菡、张交程:《少数民族妇女本土就业问题探讨——以海南的黎族、苗族回族妇女就业现状为例》,《海南师范大学学报》(社会科学版)2009 年第 2 期。

104. 程跟锁、郭建东、高辉:《我国少数民族地区高等教育公平问题及对策——以甘肃省为例》,《西北师大学报》(社会科学版)2011 年第 5 期。

105. 洪彩真:《中国少数民族女子高等教育现状探析与对策研究》,《贵族民族研究》2006 年第 2 期。

106. 松智敏:《我国政府法律顾问制度的实践与完善》,《法学杂志》2015 年第 36 卷第 3 期。

107. 李洪河、王颖颖:《新中国成立初期的婚姻家庭冲突和妇女权益保障》,《河北师范大学学报》(哲学社会科学版)2011 年第 3 期。

108. 薛全忠、张淑芝:《新疆少数民族婚姻习俗的法律思考》,《西北民族大学学报》(哲学社会科学版)2009 年第 1 期。

109. 古力扎提:《建国以来新疆哈萨克族婚姻家庭的变迁》,《陕西师范大学学报》2006 年第 4 期。

110. 北京市顺义区妇联:《创新妇女维权工作,营造良好社会环境》,《中国妇运》2012 年第 9 期。

111. 李凤琴:《“增权理论”视阈下的少数民族妇女发展研究——以云南少数民族妇女发展为例》,《北方民族大学学报》(哲学社会科学版)2011 年第 4 期。

112. 林伟:《从冲突到融合——论我国少数民族地区法律二院格局》,《广东省社会主义学院学报》2007 年第 1 期。

113. 田熹文、朱建华:《民族风俗习惯与刑事法律适用冲突及其消解——以湖南湘西自治州土家族、苗族为例》，《西北民族大学学报》（哲学社会科学版）2015 年第 6 期。

114. 王晓军：《我国公务员培训现状及对策分析》，《继续教育研究》2006 年第 1 期。

115. 吕建高：《论弱势群体权利法律保护的理论逻辑》，《河北法学》2006 年第 1 期。

116. 崔建周、白海彦：《伦理学视角下政府救助弱势群体的原因分析》，《中共山西省委党校学报》2004 年第 8 期。

117. 马利暖、姚本先：《留守妇女弱势群体心理压力研究现状与发展》，《社会心理科学》2015 年第 5 期。

118. 张艳：《关于弱势群体权利保障的法律思考——以农村留守妇女为例》，《湖南人文科技学院学报》2011 年第 6 期。

119. 罗小锋：《新移民妇女：一个结构性弱势群体》，《青年研究》2007 年第 9 期。

120. 朱昆：《英国社区法律咨询服务概述》，《河南省政法管理干部学院学报》2009 年第 5 期。

121. 贺海仁：《法律援助：政府责任与律师义务》，《环球法律评论》2005 年第 6 期。

122. 曹诗权：《中英维护妇女权益、防止家庭暴力研讨会综述》，《法商研究》2000 年第 3 期。

123. 湖北省高级人民法院：《湖北省妇女权益司法保护状况的统计分析》，《人民司法》2008 年第 3 期。

124. 李莉、李玲：《妇女 NGO 在反家庭暴力中的社会救助机制与行动策略——基于湖北妇女 NGO 发展的调查》，《中华女子学院山东分院学报》（现《山东女子学院学报》）2010 年第 2 期。

125. 谢海定《中国民间组织的合法性困境》，《法学研究》2004 年第 2 期。

126. 钟云萍：《妇女人权的现状、原因及保障机制》，《湖南科技学院学报》2005 年第 12 期。

127. 赵讯：《弱势群体保护的社会契约分析》，《政法论坛》2007 年第 4 期。

128. 林小毅：《从妇女权益保护看公益诉讼制度的建立》，《中华女子学院学报》2007 年第 6 期。

129. 顾秀莲：《与时俱进，开拓创新，把妇女维权工作提高到新水平——顾秀莲在全国省区市妇联主席工作会议上的报告》，《中国妇运》2002 年第 11 期。

130. 周湖勇、许悦：《公益诉讼：妇女有效维权的新途径新尝试》，《人权》2008 年第 5 期。

131. 徐卉：《反家暴立法中的证据规则与公益诉讼机制》，《妇女研究论丛》2014 年第 5 期。

132. 韩波：《公益诉讼制度的力量组合》，《当代法学》2013 年第 1 期。

133. 张兴国：《德国社会团体民事公益诉讼主体资格研究及借鉴》，《河北青年管理干部学院学报》2012 年第 5 期。

134. 肖建国：《民事公益诉讼的基本模式研究——以中、美、德三国为中心的比较法考察》，《中国法学》2007 年第 5 期。

135. 蒋小红：《通过公益诉讼推动社会变革——印度公益诉讼制度考察》，《环球法律评论》2006 年第 3 期。

136. 沈国琴：《从政治到法律：妇女权益保护公益诉讼法律框架的构建》，《新视野》2011 年第 2 期。

137. 江国华：《常识与理性（八）：司法理性之逻辑与悖论》，《政法论丛》2012 年第 3 期。

138. 汤唯建：《人民陪审团制度的评析和完善建议》，《政治与法律》2013 年第 3 期。

139. 苗炎：《司法民主：完善人民陪审员制度的价值依归》，《法商研究》2015 年第 1 期。

140. 董必武：《关于最高人民法院工作的报告（摘要）——在第一届全国人民代表大会第四次会议上（一九五七年七月二日）》，《人民司法》1980 年第 3 期。

141. 沈德咏：《关于〈关于完善人民陪审员制度的决定〉草案的说明——2004 年 4 月 2 日在第十届全国人民代表大会常务委员会第八次会议上》，《中华人民共和国全国人民代表大会常务委员会公报》2004 年第 6 期。

142. 夏冬英、林徽:《新时期人民法院完善妇女维权机制的途径》,《人民司法》2006 年第 3 期。

143. [美] 凯莎琳·巴特利:《女性主义的法律方法》,《哈佛法律评论》1990 年第 4 期。

144. 丁图、保剑:《揭开堕胎黑幕》,《检察风云》(法制新闻月刊) 2000 年第 6 期。

145. 邓祥国、李民:《冷水滩看守所惊曝强奸女囚案》,《中国社会导刊》2001 年第 6 期。

146. 李拥军:《我国人民陪审制度的现实困境与出路——基于陪审复兴背后的思考》,《法学》2012 年第 4 期。

147. 廖永安:《社会转型背景下人民陪审员制度改革路径探析》,《中国法学》2012 年第 3 期。

148. 张嘉军:《人民陪审制度:实证分析与制度建构》,《法学家》2015 年第 6 期。

149. 俞晓波:《我国公务员培训现状分析:国际趋势的反思》,《云南行政学院学报》2012 年第 5 期。

150. 刘晴辉:《对人民陪审制运行过程的考察》,《北大法律评论》2007 年第 1 期。

151. 张泽涛:《陪审制度的缺陷及其完善——以〈关于完善人民陪审员制度的决定〉为考察对象》,《华东政法大学学报》2009 年第 1 期。

152. 汪建成、刘泊宁:《论我国人民陪审制度改革的走向——基于人民陪审制度功能的思考》,《东岳论丛》2015 年第 8 期。

153. 黄学军:《论我国人民陪审员制度的改革完善》,《西藏民族学院学报》2008 年第 1 期。

154. 蒋月:《构建婚姻家庭诉讼司法调解制度》,《甘肃社会科学》2008 年第 1 期。

155. 欧仁山、李艳梅:《调解对于构建和谐婚姻家庭的独特价值》,《社会科学家》2009 年第 9 期。

156. 覃英、高思贤:《调解在解决婚姻家庭纠纷中的必要性和可行性研究》,《学理论》2009 年第 20 期。

157. 宋建立:《法治下的调节与和谐社会》,《法学杂志》2008 年第 2 期。

158. 覃英:《调解在解决婚姻家庭纠纷中的特殊功能和特点研究》,《学理论》2009 年第 20 期。

159. 丁慧、都星羽、李放:《婚姻家庭纠纷调解机制问题研究》,《辽宁师范大学学报》(社会科学版) 2008 年第 6 期。

160. 胡弘弘、邓晓静:《公民的司法参与权研究》,《现代法学》2007 年第 6 期。

161. 公丕祥:《传统东方社会司法的特殊机理——马克思的理论阐释》,《法商研究》2001 年第 5 期。

162. 刘峥:《司法改革的困境突围——以社会司法需求的多层次性为基点 》,《山东审判》2009 年第 5 期。

163. 邓丽:《论乡土社会的人民调解与现代都市的专业调解——以婚姻家庭争议的调解机制为例》,《理论学刊》2008 年第 8 期。

164. 厦门大学法学院课题组:《运用人民调解机制解决婚姻家庭纠纷调研报告——以闽南地区为样本》,《东南司法评论》2012 年第 00 期。

165. 湖南省常德市妇联:《基层妇联工作微观化的有益尝试——对婚姻家庭纠纷调解工作的初步探索和粗浅思考》,《中国妇运》2015 年第 10 期。

166. 宋明:《人民调解的现代定位》,《法制与社会发展》2008 年第 3 期。

167. 黄建武:《中国调解功能的演变及制度创新启示——基于 1988 年至 2010 年统计材料的分析》,《北方法学》2012 年第 5 期。

168. 俞少如:《多元纠纷解决机制中的行政调解》,《学术界》2007 年第 6 期。

169. 朱最新:《社会转型中的行政调解制度》,《行政法学研究》2006 年第 2 期。

170. 陈永革、肖伟:《行政调解:内涵界定、法理基础和应然价值》,《甘肃行政学院学报》2011 年第 3 期。

171. 孟昭阳：《治安调解的界定及适用范围与条件》，《中国人民公安大学学报》（社会科学版）2008 年第 6 期。

172. 姜虹：《完善婚姻家庭矛盾纠纷治安调解之管见——以“民调进所”为切入点》，《公安研究》2011 年第 4 期。

173. 蒋为群：《完善我国治安调解的几点思考》，《公安研究》2008 年第 6 期。

174. 王丛虎：《政府购买公共服务与行政法规制》，《中国行政管理》2013 年第 9 期。

175. 牟秀华：《试论事物发展的内因和外因》，《教育教学论坛》2010 年第 27 期。

176. 祁琳芳：《新时期妇女维权途径探析》，《现代妇女》2012 年第 2 期。

177. 刘守和：《论物质与意识关系中的两个层次》，《理论探讨》1989 年第 1 期。

178. 李线玲：《当前我国公民对〈妇女权益保障法〉认知状况的分析》，《山东女子学院学报》2014 年第 1 期。

179. 陈苇：《我国农村家庭暴力调查研究——以对农村妇女的家庭暴力为主要分析对象》，《法商研究》2007 年第 6 期。

180. 陈苇、段伟伟：《法院在防治家庭暴力中的作用实证研究——以重庆市某区人民法院审理涉及家庭暴力案件情况为对象》，《河北法学》2012 年第 8 期。

181. 第三期中国妇女社会地位调查课题组：《第三期中国妇女社会地位调查主要数据报告》，《妇女研究论丛》2011 年第 6 期。

182. 刘英：《妇女平等就业权法律救济制度的缺陷及其完善》，《西北大学学报》（哲学社会科学版）2007 年第 9 期。

183. 北京市顺义区妇联：《创新妇女维权工作，营造良好社会环境》，《中国妇运》2012 年第 9 期。

184. 李玮、胡丽萍：《强化法律意识　维护妇女合法权益》，《党政干部学刊》2008 年第 03 期。

185. 陈飞强：《领导干部推进社会性别主流化的工作实践及其影响因素》，《山东女子学院学报》2015 年第 3 期。

186. 杨凤：《社会性别的马克思主义诠释》，《妇女研究论丛》2005 年第 5 期。

187. 李艳梅、欧仁山：《行政执法对妇女权益的法律保障》，《黑龙江社会科学》2004 年第 5 期。

188. 邓晓玲、汤晓文、王美艳：《林区女职工权益保障状况调研报告》，《国家林业局管理干部学院学报》2010 年第 2 期。

189. 张稷锋、汪路勇、张凯：《女职工劳动保护的规则检讨与立法完善——基于完善〈妇女权益保障法〉和〈工会法〉之考量》，《南方论刊》2014 年第 4 期。

190. 吴华：《论行政指导的性质及其法律控制》，《行政法学研究》2001 年第 2 期。

191. 陈林跃：《我国公共行政转型对行政法学的影响》，《江西社会科学》2015 年第 11 期。

192. 窦国春：《外国工会的妇女状况》，《当代工会》1997 年第 2 期。

193. 马晓云：《发挥工会妇女干部作用，维护女职工权益》，《中国城乡企业卫生》2006 年第 1 期。

194. 福建省妇联：《厦门市积极推动“妇女之家”建设，逐步推动“父女之间”全覆盖》，2015 年 12 月 16 日（http：//www. women. org. cn/zdzl/cdgz/fnzj/gddt/926340. shtml）。

195. 辽宁省妇联：《普兰店市“妇女之间”创建工作取得丰硕成果》，2015 年 12 月 16 日（http：//www. women. org. cn/zdzl/cdgz/fnzj/gddt/821556. shtml）。

196. 辽宁省妇联：《大连市妇联“六进六送”做实“妇女之家”》，2015 年 12 月 16 日（http：//www. women. org. cn/zdzl/cdgz/fnzj/gddt/819206. shtml）。

4. 报纸

1. 陈丽平：《妇联持续推动立法保护妇女权益》，《法制日报》2013 年 10 月 28 日第 003 版。

2. 晏扬：《不宜硬性规定妇女参政比例》，《人民代表报》2006 年 9 月 7 日。

3. 李贤华:《国外保护家庭妇女权益的司法制度》,《人民法院报》2012 年 3 月 2 日第 008 版。

4. 温其如玉:《英国公益诉讼不乏启示》,《检察日报》2015 年 7 月 30 日第 003 版。

5. 姚建:《烟台芝罘积极推荐妇联干部担任人民陪审员》,《中国妇女报》2014 年 2 月 26 日第 A02 版。

6. 谢慧、刘峰:《四川:强化妇联系统人民陪审员选任》,《人民法院报》2010 年 12 月 19 日第 001 版。

7. 刘李娜:《陕西:妇联干部任人民陪审员人数翻番》,《中国妇女报》2010 年 9 月 3 日第 A01 版。

8. 全国妇联权益部调研组:《婚姻家庭纠纷呼唤调解创新》,《中国妇女报》2015 年 9 月 29 日。

9. 安萧宇:《不让性别成隐形屏障》,《光明日报》2013 年 5 月 23 日。

10. 女界报道:《建设法治中国巾帼在行动》,《中国妇女报》2015 年 2 月 28 日第 A02 版。

11. 李旺荣:《建立完善政府法律顾问制度》,《人民日报》2014 年 1 月 15 日第 18 版。

12. 张伟:《应将性别意识纳入立法与政策制定中》,《中国妇女报》2011 年 8 月 24 日。

13. 朱宁宁:《建立更有力反家暴牵头机构》,《法制日报》2014 年 11 月 28 日。

14. 姚建:《山东:妇女婚姻家庭权益信访量排首位》,《中国妇女报》2013 年 11 月 25 日第 A02 版。

## 二 英文文献

1. C. A. Forell & D. M. Matthews, *A Law of Her Own: The Reasonable Women as A Measure of Man*, New York University Press, 2000.

2. Bill Atkin, "Dealing with Family Violence: Family Law in New Zealand 1995", in Bainhamed, *The International Survey of Family Law 1995*, The Netherlands.

3. Kate Standley, *Family Law*, Macmillan Press Ltd., 1997.

4. Dennis J., "Hutchinson Source: Felix Frankfurter and the Business of the Supreme Court", *The Supreme Court Review*, Vol. 1980.

5. Lynch, J., "ADR and Beyond: A Systems Approach to Conflict Management", *Negotiation Journal*, Vol. 17, No. 3, July 2001.

# 后　记

本书的写作来源于两个朴素的原因：其一，在快速变迁的今日之中国，伴随着巨大的经济产能和增量，与之同时期的法律制度供给并不让人乐观，在妇女权益保障方面的立法显得尤为薄弱；其二，在貌似法律逐渐完备、法律意识不断健全的今天，一些问题被披露，被发酵，被解决，而对于广大的“沉默的大多数”，“她们”的权利如何得到切实有效的保护是一个值得持续思索并践行的问题。

正如德沃金所说的“法律是一种阐释性概念”，我们在众多繁复庞杂的法律中如何寻得连贯一致，则直接取决于法律共同体或者从事法律职业的“法律人”的执着和共同信念。而本书的写作试图分析我国妇女权益保障的法治脉络，避免法律的概念和目的完全反映男性的理解和经验，妇女的呼声被排除在外的误区，同时亦对妇女的差异性在法律领域内的立法和司法实践保持足够的洞察力。与其说是法律技术的提升，莫若说是法学品格的淬炼。

2016 年元宵节后，和国内几位朋友开始了攀登乞力马扎罗山之行，其中相当大的原因来源于海明威的某部以这座山为名的小说和说走就走的随性。3 月 1 日傍晚抵达海拔 3720 米的火隆博营地，入夜，伴随着高原反应头痛难以入眠，走出帐篷，抬头漫天星光，眼前暮色下的云海犹如沉默怪兽潜伏暗涌，心情随着身体的不适而变得布满阴霾，内心不停问自己这么一个旅程到底是为了什么？忽然，不远处传来歌声和笑声，移步过去木屋，在台阶前面的平台，两个体型稍胖的北欧姑娘在开心地随着手机音乐跳着自创的舞蹈，其中一位扎着紫色头巾的女士仿佛看到我的愁云惨淡，热情地挥舞双手，让我加入她的自创摇摆舞……就在那一刻，那头从稀树草原跑到乞力马扎罗的豹子，那个死在乞力马扎罗的浪子哈里，身边这位眼角爬满皱纹，明天还有艰辛旅程但依然快乐歌舞的异国女性似乎融合成关于生命和信仰的一曲礼赞。这也许就是我所理解的“深圳学派”的精神内核：一是外在理性和秩序所标画的超越世界的追寻，一是个体内在情绪的抒发，赞美生命，接受生命无常。两者平衡调和，方得始终。

感谢深圳市委市政府为推动深圳学术文化建设作出的努力，感谢丛书评委将本书纳入学派丛书出版，感谢恩师徐亚文教授、钟立国教授，感谢西南政法大学行政法学院林孝文副教授，感谢武汉大学、西南政法大学、深圳市社会科学院的师友，他们或对本书的写作体例提供了指导，或对本书的部分内容提供了建议，或对本书的实证调研提供了协助，在此，笔者一并表示感谢，也请学界师友不吝批评指正。最后，也是最重要的是，我要感谢我的父母多年来的支持和鼓励。

“法律的生命不在于逻辑而在于经验”，本书立足于国内妇女权益保障的域内经验，在法律实然与应然之间以多元和理性进行制度架构。在写作逻辑和写作风格上不同于其他相关书籍，更为着重以一种法治的逻辑来看待妇女权益保障所存在的问题，并从法治的视角为我国妇女权益保障工作的改善和进步出谋划策。本书共耗费笔者长达三年的时间，期间，笔者曾赴多地展开实证调研，并获取了大量的一手资料和数据，这些都在本书中有所展现。期待着本书中所提示的有关理念、原则、制度以及研究方法和研究逻辑能够有助于我国妇女权益保障领域研究的进一步发展。诚如汉娜·阿伦特所践行的，藉由对世界的爱与思，以言语之光穿透黑暗。以此与诸君共勉。

邓达奇

2016 年 9 月 28 日于深圳